身体文化・メディア・象徴的権力

化粧とファッションの社会学

Body Culture, Media and Symbolic Power: Sociology of Cosmetic and Fasion

黄　順姫

Whang, Soon Hee

学文社

まえがき

後期近代において身体に関心が高まっている。それは身体が人々に最も確実な実体として認識されるモノとしてみなすことができるからである。後期近代は、近代社会でのように社会関係で安全・安心が担保できなくなり、不確実で、リスクの高い社会である。さらに、後期近代社会の消費は、近代のそれのように大量生産、大量消費ではなく、人々の個性、ライフスタイルに合わせて少量生産し、多様化したモノを消費している。

さらに流行は常に変動するため、人々は多様な情報から自分が欲しいものを慎重に収集し、消費活動を行う際にはそれに解釈や意味を持たせて物語を楽しむようになっている。したがって、人々は自分の身体を確実なモノとして解釈し、意味を付与し、演技・演出を通して他者と象徴的に相互作用を行い、物語を作りながら楽しむことができるのである。身体それ自体が魅力を表すモノとして作り上げられた演出であると同時に、物語として消費する対象でもある。化粧とファッションは身体技法の象徴として自己の演技・演出や物語消費の両方に最も適合している。

本書は、全体で次の三つに特徴づけられる。

第一に、化粧とファッションを同時に身体文化の観点から捉えたことである。従来の研究では、化粧とファッションを別途に区分してどちらかの一つを研究しているものが多いが、本書では、化粧とファッションを両方一緒に研究の対象として分析した。身体文化論の観点からアプローチをすることで、化粧とファッションが自己の呈示、演出、相互作用を行う際に、文化的・象徴的な弁別の記号やシンボルとして調和し統一の事象を発信するからである。

身体文化は、身体に関する思考、認識、価値観、審美性などからなる生活様式の総体として捉えられる。化粧やファッションの身体実践は、個人が所属している社会構造によって条件づけられ、また社会構造を構築していくとする、P・ブルデューのハビトゥス理論、再帰的社会学に依拠するところが大きい。化粧やファッションは、個人が社会化を通して身体化されている半ば無意識の実践感覚の身体文化である。また、化粧・ファッションを、個人の身体で知覚し、自己と身体の統一された経験として見なし、個人の社会的、文化的アイデンティティを重視したところはメルロ＝ポンティの現象学につながる。さらにまた、本書では、化粧とファッションを社会学だけでなく、社会心理学からの観点も融合して捉えた。化粧とファッションを実践する個人を感情・感性・感覚を有する「生きられる心理的身体」としてみなし、年齢・世代の差異を視野に入れて考察した。なおまた、それが時代によっていかに変動してきたのか、歴史社会学の観点を取り入れて描いた。したがって、本書は、化粧とファッションの身体文化を単に社会構造に条件づけられるとする構造主義を超えて、社会構造のなかで生きる個人が心的性向を合わせもって能動的に働きかけるダイナミズムの産物として捉えたことに一つの特徴がある。

第二に、本書の特徴は、化粧とファッションを、社会的、心理的、文化的な構造化された構造だけでなく、それ以上にさまざまな領域が関係し影響を及ぼして構築した「複合的なもの」として捉えて分析したことである。

J・エントウィスルは著書『ファッションと身体』で、E・レオポルド、G・アッシュ、L・ライト、G・ウィリス、D・ミジリらを参考にし、ファッションを「ハイブリッドなもの」であるとした。そして、テクノロジー、政治、経済、社会的コンテクスト、共同体、個人を結ぶ統合的な分析が望ましいとしている。しかしながら、このような統合的な研究はなされておらず、ほとんど供給か消費のどちらかの観点から研究が行われていると述べている。

本書では、化粧とファッションを経済、国内・国外企業のサバイバル戦略、メディア、政治、戦争、歴史、社会のグローバル・グローカルシステム、SNSなど通信システムやヴァーチャル空間、身体への象徴的権力、セクシュアリティとジェンダーの観点を取り入れて、各章のテーマに合わせて総合的、統合的に捉えて分析している。なお、時代の変動のなかで、各領域がいかに関係して化粧・ファッションの構造と実践を再生成し表出してきたのかを文化史のアプローチによって具体的に描いた。これによって、エントウィスルらが望ましいとする研究の立場や捉え方に一つの回答を提示しているとみることができる。

第三に、本書の特徴は、化粧とファッションを実践する個人に象徴的権力が付与されるが、その象徴的権力を生成する個人間の「社会的まなざし」が身体文化に内包される「恣意的な表象・イメージ」の力であることを描いたことである。従来の化粧やファッションについての研究では象徴的権力を用いての理論的および事例的分析があまりない。本書は身体に関するM・フーコーの権力論、ブルデューの象徴的権力論を取り入れ、化粧とファッションの身体文化が生起する象徴的権力について分析を行った。

化粧やファッションは社会的環境や社会的状況のなかで規範化された身体文化の正当性により「象徴的闘争」を呼び起こす。個人は身体文化の半ば無意識的な心身の性向システムによって他者に象徴的権力を振るうが、また、個人はそれに対して対抗権力を示したり、象徴的権力の回避の手法を使用したり、象徴的権力への同化や調和を求めて演技・演出を実践する。

さらに、化粧とファッションについてセクシュアリティとジェンダーの観点からも分析した。化粧とファッションに関して、ジェンダーだけでなく、実はセクシュアリティも社会的・文化的に構築されたものである。これらは個人が属する国・社会によって差異があるが、当然視され日常的に意識されない。そのため化粧とファッションを実践する個人はそれぞれ異なる「恣意的な表象」に依拠した象徴的権力のゲームに参画しているのである。流行の化粧とファッションの生成、破壊、再生成は、新しい「恣意的な表象」、「社会的まなざし」の基準、内容、形式を変化させ、象徴的権力の中身や表出の仕方に働きかけるのである。

第四に、本書は国内・国外の企業が化粧のセクシュアリティ、ジェンダーに関わる当該社会の「恣意的な表象」に基づく身体文化を把握し、それを企業のサバイバル戦略に結びつけ、いかに巧みに化粧品広告に組み込んでいるのかを比較社会学の観点で分析した。実証研究として、日本、韓国、アメリカの女性雑誌を対象にしてそれに掲載されている化粧品広告を収集し、日本と韓国の化粧品広告、および日本と韓国で化粧品を販売する国内企業と国外企業の広告を分析した。化粧品広告のメディアは当該社会の身体文化を反映しながらも、メディア固有の論理で機能する。したがって、本書では、日本と韓国の国内企業がそれぞれの社会の集合的で正統な身体文化を巧みに使い広告を繰り広げる反面、国外の企業がそれと区別される差異化・差別化を図り、異なる文化的仕掛けを行うのかその「差異化戦略」を分析した。それと同時に、国外企業が、当該社会の身体文化を考慮し、文化の相同性による親和力を利用し、個人が自然に商品を購入、消費するように、「同化戦略」を駆使するのかを分析した。化粧とファッションの消費は、恣意的で半ば無意識の身体文化を介在して、広告のメディアを通して熾烈な勝ちの戦いを繰り広げる経済システムの企業戦略に組み込まれ変動していく。

さらに、本書は、日本の小学生のローティーンからシニアに至るまでを対象にする女性ファッション雑誌を対象に、女性の年齢・世代別に、化粧品広告がいかなる差異化戦略を駆使し、どのような機能があるのかを分析した。他の国・社会と異なる日本固有のファッション雑誌における化粧品広告の特性を明らかにし分類した。そして、世代別、雑誌別に女性雑誌における化粧品広告の差異化戦略と機能を分析した。

広告については、言説と言説以外のものを対象に分析を行ったが、さらに、広告分析において面白い試みは、化粧品広告におけるモデルの「顔」写真の表情・マニュアル・メイクの強調する「顔」の部位、および一つの広告のなかにモデルの「顔」写真のコマ数に焦点を当て、広告における「顔」写真の世代別差異とメタファーを分析した。従来の化粧の研究ではこのように、女性の年齢・世代全体を対象にした「顔」写真の分析があまり行われておらず、本書の特徴の一つであるといえる。

化粧品広告のメディアは、化粧のセクシュアリティとジェンダー、さらには加齢に伴う化粧「顔」

へのまなざしと恣意的で正統化された表象、象徴的権力が表出される潜在的基準を個人に呈示することである。広告は自らが呈示する「恣意的な表象」を優しくもまた厳しい言説や、専属モデルだけでなく一般読者モデル、さらには一般人の化粧「顔」写真を多数提供することで正統性を呈示し、広告に触れる個人が自らの「顔」に注意を払って、情報の収集と選択、化粧品を消費しながら行う化粧「顔」作りの規律を教え込むのである。したがって、メディアという「一般化された他者」による象徴的権力の潜在的基準として世代別の「恣意的な表象」と、その正統化作業の社会教育的側面を捉えたことは、本書の特徴としてとりあげることができよう。

最後に、本書は化粧とファッションの研究書ではあるが、読者に化粧とファッションについての思考、認識、感性、感覚およびその実践にも示唆を与えることができたならば大変幸いである。

2019年1月

黄　順　姫

目次

序章　身体と消費と広告
―身体文化と象徴的権力、その理論的背景―

今日われわれにとって身体はどのような意味をもつのか。また、なぜわれわれは身体に脅迫的なまでに関心をよせているのか。ジャン・ボードリヤール（Jean Baudrillard）は消費社会のなかで身体が消費の最も美しい対象であると述べている。身体は「意図的に（経済的な意味で）投資され、同時に（心理的な意味で）物神崇拝され」ている。身体は、現代の生産、消費の構造において資本として、また、物神（消費の対象）として扱われている。ボードリヤールは現代社会のなかで身体が魂にかわって「救済の対象」となったという。[1]

一方、マイク・フェザーストーン（M. Featherstone）は身体が快楽の表現手段であると述べている。[2]第一次世界大戦以前の生産倫理は勤勉、節度、慎重、節約の美徳を強調していたのに対して、今日の消費倫理は欲望の拡張、快楽的なライフスタイル、現在の欲望の即時的な満足を助長する。美しい身体が公然と性的な魅力、誇示、享楽主義に関わってくると、個人にとって外見、容姿の重要性はますます強調される。さらに、個々人は消費文化のなかで自分自身の容姿、外見、健康に責任をもつよう仕向けられる。したがって、個人は化粧品、フィットネス、レジャー産業などの助力をえて、社会においてより商品価値の高い身体を創り上げ、満足をえるように強制される。

そして、J－C・コフマン（Jean-Claude Kaufmann）は、身体が価値観の変化の激しい不確実な世界のなかで、現実と個人のアイデンティティに対する最も明確な証拠であると述べている[3]。個々人は、過去においては「肉体と精神の厳格な分離」によって自我を統制し、内面世界を拡張することで自己の存在を認識したのだが、現在は、身体に対する即時的な「具体性への欲望」を通して自己の存在を認識するように変化してきている。個人は自らの身体が具体的にそこに存在することを認識するとき、アイデンティティにおいて「絶対的な存在」となる。個人は生きている自らの身体は他ならぬ自分であるという、感覚的に認識することができる確実な証明を必要とする。身体という外側に囲まれたモノそれ自体が個人なのである。

このように現代社会において個々人はその実存の不確実性および消費の対象として身体をみなすことにより、身体を重視し、恰好よく美しい「身体製造」へ脅迫的に執着するようになる。

個人が身体に手入れをし、容姿、外見を審美的な基準にかなうモノに創り上げる際に、個人は自らの有する身体観、美的感覚、思考・行動様式にしたがって、他者と差異化をはかろうとする。個々人の有する身体に対する価値観、美的感覚、思考・行動様式の総体を身体文化と呼んで、それを以下の分析の道具としたい。個人は自らの属する社会に規範化している身体文化によって社会化され、身体への消費の仕方を学習する。さらに、個人は自らの生活の条件、たとえば、文化的な条件および経済的な条件によって形成された生活スタイルのなかで、身体への消費の様式を構築する。ピエール・ブルデュー（Pierre Bourdieu）はフランスで「容姿・容貌に関する女性の価値観」に関する調査を行い、

図表序－1　容姿・容貌に関する女性の価値観

	世帯主の職業				回答女性の状況	
	農業従事者	生産労働者	事務労働者・一般管理	上級管理職・工業実業家・自由業	働いていない	働いている
服のサイズが42以上である	33.7	24.2	20.4	11.4	24.7	17.3
容貌の点で自分は平均以下だと思う	40.2	36.0	33.2	24.2	34.2	31.0
年より若く見えると思う	13.0	14.0	10.1	7.6	13.6	9.8
自分の身体の部分を10点満点で採点すると						
・髪	5.22	5.47	5.40	5.88	5.47	5.62
・顔	4.36	5.53	5.51	5.67	5.54	5.58
・目	6.18	6.44	6.30	6.48	6.35	6.41
・肌	5.88	5.63	5.64	5.75	5.63	5.74
・歯	5.24	5.45	5.40	5.74	5.40	5.59
・胴体	5.35	5.78	5.75	5.91	5.76	5.83
・鼻	5.94	5.48	5.56	5.65	5.41	5.74
・手	5.88	5.99	6.10	5.82	5.78	6.17
顔を替えたくなることが時々ある	45.7	60.8	68.2	64.4	60.1	64.6
容姿・容貌は						
・手入れ次第である	33.7	46.9	52.0	54.7	45.8	53.1
・収入次第である	15.2	18.8	9.2	8.9	16.7	10.3
容姿・容貌に気を配れば成功のチャンスが増える	75.0	68.8	72.9	74.5	70.1	72.1
容姿・容貌に関しては						
・自然でありたい	69.6	69.8	62.8	57.6	68.8	61.6
・洗練されていたい	12.0	15.6	22.9	25.0	16.8	22.3
夫が好きなのは						
・自然な女性だと思う	65.2	65.0	51.4	50.8	60.6	54.1
・洗練された女性だと思う	6.5	8.1	15.1	16.1	10.6	12.3
美しいのと裕福なのでは						
・美しいほうがよい	52.2	58.5	59.2	61.9	59.5	58.7
・裕福なほうがよい	39.1	35.4	33.5	27.5	32.7	33.9
美しいのとチャンスに恵まれているのとでは						
・美しい方がよい	9.8	14.0	17.5	17.4	15.7	14.4
・チャンスに恵まれているほうがよい	83.7	83.3	76.8	75.8	80.2	80.3
化粧で年齢をごまかすのは当然だと思う	53.3	51.9	62.3	67.8	52.1	63.6
体重を減らすために						
・ダイエットをしている	23.9	19.8	28.8	23.3	23.9	23.1
・スポーツや体操をしている	4.3	8.3	14.0	16.9	10.6	11.8
・薬品を使っている	2.2	4.6	3.6	3.0	3.8	3.6
・何もしていない	69.6	71.7	60.6	66.1	68.3	66.4
若返るために整形手術をするのに賛成である	50.0	50.0	56.4	52.0	51.3	53.4
一日最低一回は風呂またはシャワーを使う	9.8	16.9	36.6	43.2	23.2	32.0
毎日化粧をする	12.0	29.6	45.0	54.7	30.1	44.8
化粧はほとんどしない	48.9	35.6	21.2	17.3	35.1	22.9
化粧に30分以上かける	12.3	45.6	48.9	45.3	42.1	48.2
化粧をするのは気分をひきたてるためである	4.3	15.9	25.9	27.8	21.0	22.1
二週間に最低一度は美容院に行く	6.5	8.1	16.9	20.8	9.8	13.5
夜の洗顔は						
・石けんでする	34.8	35.4	20.1	15.7	28.1	25.7
・化粧落とし用クリーム等を使う	47.8	59.4	86.0	91.4	67.5	28.8

出典：P. ブルデュー著（石井洋二朗訳）『ディスタンクシオンⅠ』新評論，1989年，311頁

身体の消費様式の差異を明らかにした[4]。図表序-1でわかるように、容姿・容貌に対する意識、化粧に対する意識および行為は、調査対象者を世帯主の職業によって分類すると、各グループで異なった特性を示すことになる。たとえば、「容姿・容貌は手入れ次第であるか、収入次第であるか」について、世帯主が「上級管理職、工業実業家、自由業」である女性は「手入れ次第である」と考える比率が最も高い反面、世帯主が「生産労働者」「農業従事者」の女性は「収入次第である」と考える比率が高い。このように、容姿・容貌を美しくするための条件についての考え方自体に差異がみられる。また、「容姿・容貌に関して自然でありたいか、洗練されていたいか」「夫が好きなのは自然な女性だと思うか、洗練された女性だと思うか」について、世帯主が「上級管理職、工業実業家、自由業」の女性は自らが洗練されていたいと考え、夫も洗練された女性が好きであろうと考えている。これと対象的に、世帯主が「農業従事者」の女性は自らが自然でありたいと考え、夫も自然な女性が好きであろうと考えている。このように、女性は自分自身の生活様式のなかで形成された容姿・容貌の「自然らしさ―洗練」のどちらかの価値を高く評価し、夫も同様の価値観を共有すると考えている。そして実際彼女たちは自らの価値観にしたがって、化粧の行為を行っている。毎日化粧をしている人は世帯主が「上級管理職、工業管理職、自由業」で最も多く、化粧をほとんどしない人は世帯主が「農業従事者」で最も多いのである。

このような事例から、身体の消費の習慣化された無意識的な心的・身的性向の体系であるハビトゥス（habitus）[5]は個人の経済的・文化的資本からなる生活条件、生活様式のなかで構築されていることがわかる。

特定の社会において個人の身体の消費構造は大きく次の二つの次元に分類できる。第一は、個人の身体の消費が行われる、特定の社会の身体文化、個人間の相互作用、身体産業の戦略の関連システムの次元である。第二は、個人の身体の消費が行われる場（champ, field）[6]として、文化的場、経済的場における闘争の次元である。それぞれの次元を具体的に化粧の消費において構造と行為をとりあげて考えてみることにする。まず、第一に、前者について考えてみると、女性の化粧に関わる身体の消費は、それぞれの社会で規範化されている現実の身体文化と、その社会で国内および国外の化粧品会社の生存戦略として創り出される象徴的な身体文化とが相互に関係している。化粧品会社は現実の日常世界から身体文化のある種の要素を選び出し、広告のなかに再配置をし、意味を付与する。そして新たな広告の意味世界、身体文化の世界を創出するのである。

このような広告はその意味システムを翻訳する「メタ・システム[7]」を必要とする。そのメタ・システムは現実の日常生活における身体文化から抽出、形成される。また、メタ・システムは個人に翻訳装置の学習を通して、現実の身体文化に気づかせ、その身体文化の強化、変容を促すのである。たとえば、日本の女子大学生は日本の化粧品広告の解読の様式のハビトゥスをもっているため、韓国の化粧品広告について疑問を抱く。「日本では化粧水、乳液などの基礎化粧品の広告では、モデルはほとんど化粧してないかのように、薄く化粧するんですよ。なのに、韓国では基礎化粧品の宣伝でもモデルが厚く化粧して出ていますね。基礎化粧品なのに、なぜ、厚く化粧して宣伝するのですか。」と日本の学生はいう。一方で、韓国の女子大学生は日本の化粧品広告に疑問を抱く。「日本の化粧品の広告では、モデルが化粧している過程の写真が多いですね。ルージュの宣伝では、モデルが口紅を塗っている写真がでます。また、鼻の毛穴の汚れをとるパックの宣伝では、鼻にパックをしているモデルの写真がでます。韓国ではどんな化粧品でもモデルが完璧に化粧した顔の写真がでますね。たとえ、パックの宣伝でもモデルはしっかり化粧をしています。」と韓国の学生は日韓の化粧品広告の差異を読み取る。このような事例を通して、女性は自身が属している社会の広告の解読コードを身体化していることがわかる。たとえば、日本では化粧品をモデルと関係づけて、商品の機能性、合理性が強調されるが、韓国では商品と関係なくモデルは美しくあるべしという、メタ・システムが存在する。さらに、広告を見ることによって、化粧に関する日常の生活世界で、韓国では化粧の過程を人にみせない、化粧し完璧に変身した自然な顔を他人にみせる身体文化が存在することを再認識することができる。反面、日本では薄化粧の価値が高く、化粧におけるわざとらしい完璧性が好まれない身体文化のあり方に気づくことができる。

個人はこのような現実の場の身体文化および広告を通して創出される新たなメタ・システムの学習、強化によって、化粧をめぐる文化構造への社会化を行う。そして、「外部の内面化」をはかるのである。と同時に、個々人は自らの「内部の外在化」を通して、化粧の文化構造の再生産と変動を促すのである。さらに、個々人は文化構造のなかで構築した自らの化粧のハビトゥスを「差異化イメージ」として他者に提示し、他者によって知覚・評価される相互作用を通して自らの化粧のハビトゥスを再生産・変動させていく。

第二に、後者について考えてみると、個人の化粧の文化構造と行為の消費システムには、文化的場、経済的場における闘争という次元がある。場はさまざまな地位の構造化された空間として現れるとブルデューはいう。ブルデューは場が機能するためには「賭け金の存在、ならびに、ゲームをわきまえた者、つまりゲームの内在法則と賭け金とをみわけ、なおかつそれを承認するハビトゥスを身につけた人が要求される[8]」と述べている。文化的場においては、特定の化粧の美学によって創られた恣意的なイメージの正統化をめぐる闘争がくり広げられる。そこには支配階級の身体美学、化粧の美学に支持される「自由趣味」と被支配階級の美学に支持される「必要趣味」との対決がある。

また、メイクアップ・アーティスト、スーパーモデル、カラー・デザイナー、美容協会など、美容界の専門家が創り出し正統性を追求する特定のイメージと、その正統性に対抗する差異的なイメージとの闘争がある。長い間、文化研究の研究者たちは、文化消費において文化創出の側の支配的権力のあり方を明らかにすることに集中してきた。化粧品会社の広告は、「創り出された自己」を消費者におしつけ、自分自身を再創出するようにと、柔らかい言語によるきびしい強制を行う。ジュディス・ウィリアムソン（Judith Williamson）は「さまざまな製品によって創り出される私たち自身のさまざまなイメージの『アイデンティティ・キット』を通して、私たちは私たち自身の被造物となる。私たちは顔、眼、ライフスタイルを創り上げる芸術家になる。[9]」と述べている。

これに対して、ポール・ウィリス（Paul Willis）は異なる立場を示している。個々人の文化の消費は文化生産側の創り出すメッセージをそのまま受容し強制されて行われるのではなく、その受容の過程で消費者によって創られるものであると彼は述べている[10]。したがって、個人は感覚的で、感情的、認識的な行為による「象徴的創造行為」を通して文化消費を行っているという。

しかしながら、女性の化粧の行為についてみると、以上の二つの原理が錯綜している。文化創出側の支配的権力を強調する第一の原理にしたがう行為の実例をいえば、化粧品広告やスーパーモデルの提示する化粧の差異的なイメージをそのまま何の検閲もなしに、受容し、模倣する。「あなただけの個性」をと宣伝するルージュの色を購入し、広告のなかのモデルと同様に唇をかいて満足する。しかし、現実には多くの女性が同じルージュを唇に同じスタイルで描くことによって「個性の画一化」が行われるのである。このような現状に出くわしても、多くの女性は広告による画一化や、「強制された個性」を認識しない。むしろそれらの女性たちは他者との画一性について、「いまはやりの」「流行遅れでない」ということを感じ、同一化による安心と満足をえるのである。そして、これらの女性は他者との相同性のなか、オリジナルのない複製、「シミュラークル」をますます強化していく。ここには、個人の内部で無意識的に「個性の論理」が「同一性の論理」に転換され、都合よく安易な方法で考えが流れていく「気楽さへの原理」、「追従の原理」がある。

しかし、消費者の主体性を強調する第二の原理に基づく行為の実例をいえば、女性はウィリスのいうように、化粧品広告の創り出す象徴的場の差異的イメージを盲目的に受容しない場合がある。これらの人々は化粧に関する広告の象徴的場をより現実と感じる「過剰現実」に陥ることなく、「創造的消費行為」を行う。自らが現実の身体文化のハビトゥスによって広告の差異的イメージ、言説の権力に対抗しながら、弁別的に選択し消費する。これらの人々は創造的で象徴的な化粧消費を通してそのハビトゥスを変容していく。このように、女性の化粧行為には二つの原理が同時に働いていることがわかる。これらの原理もそれぞれの社会の有する恣意的な身体文化のあり方に左右されながら機能しているのである。

恣意的な身体文化は、当該社会のなかで理想的で魅力のある身体として求められている正統なものとして受け入れられている。この身体文化は構成員間の相互作用、さらに次の世代への社会化の過程を通して押し付け、教え込む象徴的な力として作用するのである。すなわち、象徴的権力は、恣意的な身体文化を他者に正統なものとして押し付け、教え込む象徴的な力である[11]。

個人は社会で理想化されている身体に近づきそれを手に入れるために、自らの身体を注意深く観察し、習慣、規律、消費パターンを見直し、理想の身体を模倣する。「抜け目のない計算された快楽主義」を意識的に、無意識的に働かせ、自らの身体管理を行う[12]。その結果、化粧やファッションにおいて、商品を選別し、理想とするモデルのそれを模倣し、正統な理想像を手にいれるのである。それによって個人は人々に「憧れの身体」、「褒められる身体」、「注目に値する身体」を獲得したことになり、象徴的な世界の中でブルデューのいう「身体資本」を蓄積することができる[13]。

しかしながら、象徴的な権力は「象徴的な暴力」にもつながっていくこともある[14]。社会の正統化されている恣意的な身体文化と個人のそれが大変かけ離れた場合がある。たとえば、理想化された正当性の高い身体像と自らのそれとの親和性が非常に低い時に、個人は疎外感、不安、場違い、人前に出たくない、気後れ、脅迫観念に覆われることもある。化粧やファッションにおいて、場違い、時代遅れ、ダサイ、浮いている、醜いなどのように思われる。たとえ相手が無言でいたとしても、このような社会的視線で厳しく判断されると思われ、個人自らが圧力を感じ、萎縮し、苦しむ。時には、その場にいる誰もがなにも言わなくても、自らが正統な身体文化との違和感を覚えて、恥ずかしくなり、その場から逃げ出したくなる。すなわち、個人は身体像の象徴的世界のなかで「排除される身体」と感じ、「象徴的暴力」を受けるのである。

注

（１）Ｊ・ボードリヤル著（今村仁司・塚原史訳）『消費社会の神話と構造』紀伊國屋書店、１９８５年、１８８頁

（２）M. Featherstone, "The Body in Consumer Culture," in M. Featherstone, M. Hepworth and B.S. Turner ed., *The Body: Social Process and Cultural Theory*, pp.170-196, Sage Publications, 1991.

（３）Ｊ・コフマン著（감정은訳）『여자의육체 남자의시선（女子の肉体、男子の視線）』한국경제신문사（韓国経済新聞社）、１９９６年、43頁

（４）Ｐ・ブルデュー著（石井洋二朗訳）『ディスタンクシオンⅠ』新評論、１９８９年、３１１頁

（５）Ｐ・ブルデュー著（今村仁司・港道隆訳）『実践感覚』みすず書房、１９８８年、82―１０４頁

（６）Ｐ・ブルデュー著（田原音和監訳）『社会学の社会学』藤原書店、１９９１年、１４４頁

（７）Ｊ・ウィリアムスン著（山崎カヨル・三神弘子訳）『広告の記号論Ⅰ』柘植書房、１９８５年、52頁

（８）Ｐ・ブルデュー著（田原音和監訳）『社会学の社会学』藤原書店、１９９１年、１４４頁

（９）Ｊ・ウィリアムスン著、『広告の記号論Ⅰ』、１６４頁

（10）J. Storey, *An Introductory Guide to Cultural Theory and Popular Culture*, Univ of Georgia Pr, 1993, p.191.

（11）P. Bourdieu and J. C. Passeron, *Reproduction in Reproduction, Society, and Culture*, Sage Publication, 1990, pp.3-68

（12）M. Featherstone, "The Body in Consumer Culture", in M. Featherstone, M. Hepworth and and B. S. Turner ed., *The Body*, Sage Publications, 1992, p.171

（13）P. Bouedieu, "Sport and Social Class", *Social Science Information*, No.17. Vol.6, pp.832-833

（14）P.Bourdieu and J. C.Passeron, op.cit.

第1部

化粧・ファッションの構造と実践論理

―その再帰性（リフレクシヴィティー）―

第1章 ファッションと象徴的闘争
―構造・実践論理そして「就職活動界」―

はじめに

われわれの多くは高校時代まで制服を着て生活してきた。高校を卒業し制服を着用しなくなってからは、毎日、何を着るか、どのように着るか、気をつかって暮らしている。ファッション雑誌や広告などのメディアは流行のファッションについて、また、モデルやアイドルのファッションについての情報を与え、それをまねるようにとわれわれの欲望をかきたてる。ファッションを装うことは何を意味するのか。また、流行のファッションはその時代や社会の文化現象とどのように関わっているのか。

1 内面の表象化

(1) 内面と外見

あるカメラメーカーの広告のなかに「見た目で選んで何が悪いの！」というコピーがあった。若いカップルが見合いをしているところに、友人のような女性があらわれてこのセリフをいうのである。同じ広告の次のシーズンのものには「見た目で選んでよかったね」というコピーがあった。これは若いカップルの結婚披露宴で友人の女性が新郎・新婦に向けてこのセリフをいうのである。これらの宣伝広告のなかには二重の意味がある。まず、カメラという商品の選択と結婚相手との人間の選択とが重ねられている。もう一つは、商品の外見の重視と、人間の外見の重視が重ねられている。

後者についてさらに考えてみると、これらのコピーは、商品であれ、人間であれ、内部の性質や特徴をよく把握しないで、外面だけでえらんではいけないという従来の常識を大胆に否定している。そして、それは商品の性能が一般的に向上して、どのメーカーの商品も性能は同じようなもので、消費者は外見の違いで商品を選んでいるという現代の傾向と一致している。この選択の仕方を人間にあてはめると、容姿の美しさで配偶者を選ぶことや自分の印象を好ましいものとして演出することが肯定される。その結果、人間の内面こそが大事だという道徳的判断は茶化されつつ否定されることになる。

われわれがいま流行のファッションで自分自身の外見を飾り、それを自分らしいもののイメージであるとしてメッセージを発することとは何を意味するのか。１９８０年代のファッションでは、女性がボディ・コンシャスのスタイルで装うことが流行していた。女性が街のなかだけでなく、ディスコのお立ち台でもこのボディ・コンシャス[1]のスタイルで装い踊るのがトレンディであるとされた。しかし、今日、われわれが街をあるいてもボディ・コンシャスで装う女性をあまりみかけない。もし、われわれがボディ・コンシャスで装った女性をみかけたとしても、それは時代遅れであると感じるであろう。元来、ボディ・コンシャスは１９８１（昭和56）年パリでディオールやサンローランなどがオートクチュールのコレクションで発表したものである。女性の身体のラインを強調したデザインが特徴で、テーマは「女らしさの復活」であり、この「女らしさ」をたおやかな女性の身体の線を誇張することで表したのである。１９８０年代の政治、文化の保守化傾向のなかで、ファッションデザイナーたちは服装や身体装飾において、「男は男らしく」「女は女らしく」飾る、という新たな意味を創り出した。そして、だんだんと洋服やアクセサリーにいたるまで女性の身体を華麗に飾り立てるスタイルをつくりあげた。われわれは１９８０年代にこのようなデザイナーの創り出したこれらの意味を受け入れ、女性のボディ・ラインを強調し、身体を豪華に飾ることに夢中になっていた。１９８７年にボディ・コンシャスが世界的に流行のピークを迎えたことはこれを物語っている。

これと対照的なファッションが１９９０年代には流行している。身体から無駄な装飾をいっさい排除し、飾りを最小限にするミニマル・ファッション、また、新しい時代を感じさせるファッションが流行している。ファッションのキーワードは「ミニマル・モダン」である。90年代のファッションデザイナーたちは80年代のファッション・モードを破壊し新しいモードを創り出すために、伝統的な価値観やスタイルに対抗し新たなモードとしてつくられた60年代から70年代にかけてのファッションに注目した。そして、そこから、素材、ディテール、雰囲気を新しく解釈し直した現代の感覚にあう90年代のファッションのモードを創り出したのである。このモダンなスタイルは繊維の素材や色にかんする今日の高度なテクノロジーによって創り出すことが可能になった。と同時に、このモダンなモードは80年代の支配的な価値観の否定という側面をもふくむのであった。ゲオルグ・ジンメル（Georg Simmel）は新しい流行は過去のそれを破壊する衝動によってささえられるという。

⑵ 文化とファッション

アメリカのファッションデザイナーのひとりであるカルバン・クラインは、1980年代のアメリカは、伝統的で保守的な価値観、エスノセントリズムの価値観が支配的であり、一般に人々はファッションによって自分の地位や富を見せびらかすことを過度に強調した時代であったという。それに対して、90年代には人々は環境にやさしいエコロジーに関心をよせ、人間関係においてもともに生きる共生の意識を重んじ、男女の役割分担を譲りあうようになってきているという。そしてファッションデザイナーたちはこのような価値観に調和する感覚のファッションをモダンなものとしてつくりあげたのである。

このような「ミニマル・モダン」とともに1990年代のファッションの特徴は伝統的なジェンダーから抜け出したことである。1995（平成7）年の日本のコムデギャルソンのコレクションのテーマはトランセンディング・ジェンダー（transcending gender）である。このファッションは「男は男らしく」「女は女らしく」飾りたてることをこえて、むしろ「人間らしさ」、あるいは「その人らしさ」を強調する。また、ジョルジオ・アルマーニも「メンズには優しさを、レディースには強さ」を強調したファッションをつくり出した。これらデザイナーたちは男性のファッションにも、かつて女性の身体を透けてみえるようにつくったシースルー、優しい花柄のプリントシャツ、鮮やかなヴィヴィッドカラーなどをとりいれている。以上の事例でわかるように、各時代のファッションはその時代の支配的価値観、イデオロギーを反映するものである。

このようなファッションデザイナーたちの共通感覚は東京コレクションにもリアルタイムであらわ

れた。日本のデザイナーたちも他の国のデザイナーたちと同様にポップ・モダン、サイバー・ファッション、誇張しないナチュラリズム、トランセンディング・ジェンダーをテーマにしてコレクションを発表している。

しかしながら、彼らはこれらのテーマを東京コレクションならではの独特の「可愛らしさ」をとりいれたスタイルで創り上げる場合が多い。それは日本のデザイナーたちが「可愛らしさ」のシンボルが日本人の消費者にそれとして解釈され、受容され、楽しまれることを予測、承知しているからである。日本の社会において、女性が着飾り、装うことについて身体をめぐる独自の美意識が存在する。日本において美しい女らしさのイメージでは「可愛らしい」「自然でありのまま」などの価値が重視される。これは「セクシー」「若々しさ」などが強調されるアメリカの場合と対照的である。

このように社会のなかで文化的に構成された規範は女性の化粧やしぐさなどにもあらわれてくる。日本人の化粧では他の社会よりも「素の美」が強調され、肌のキメの細かさや澄んで透明な肌の色は非常に価値のあるものである。したがって、日本の女性は化粧によって個性的で豊かな「表情」を演出するよりも、化粧によって化粧をしていないようにみせる。素肌の美しさを引立て、可愛らしい「印象」を強調するのである。顔の肌色の補整を目的とするファンデーションでありながら、ノーカラーのファンデーションなどの化粧品は、日本人の美意識にあわせ生産、消費される商品である。日本人は美をめぐってこのような社会的文脈のなかで相互作用をしあい、影響をおよぼしあっている。日本のデザイナーたちも消費者と同様に自らが社会化されている日本社会の独特の美意識、女らしさ、可愛らしさの意味内容を自らのデザイン行為を通して実践するのである。

ファッションデザイナーたちが創り出した新しいファッションはファッション専門の雑誌、および女性・男性雑誌、広告などのメディアを通して消費者に詳細に紹介される。デザイナーがファッションを通して託した意味内容はメディアを通して消費者に告示、拡散していく。ファッション界の産業システムとメディアとの相互依存の効果によって、われわれ消費者は新しいファッションの流行を追うように欲望をかきたてられ、また、その欲望を管理される。ジンメルは流行を社会的欲求、心理的欲求の産物であると述べている(2)。個人が現に流行するものを「模倣」することによって、創造的エネルギーの要請を他者に転嫁し、また、その行為の責任をも他者に転嫁すると彼はいう。それと同時に、今日の流行を過去のものと異ならしめる「差異」への欲求が流行をささえているのである。したがって、流行は社会的均等化への傾向と個性的差異化への傾向を一つの統一的な行為のなかに合流させているのである。

2 消費される象徴

(1) 外見による象徴的相互作用と無意識的選別

個々人は常に特定のスタイルのファッションで装いながら他者と社会的相互作用を行う。個人は自ら装ったファッションの語るシンボルで自分を区別し、他者に対して自己呈示をする。他者は被服心理学でいう装着者の外見があらわすアイデンティティ、価値観、気分、社会的および政治的問題に対する態度の意味を読み取り、解釈し、評価をする[3]。その過程で、個人は他者との関係において自らの装着や外見が良い印象を与えるように行為を行う。アーヴィング・ゴフマン（Erving Goffman）は、相手との相互作用を通して自らの印象を良くするために「印象操作」を行うとする[4]。そして、装着者である個人は他者からの評価のフィードバックを解釈し、自らの呈示した自己、および外見の意味を確認し、再評価していく。このように個人は自ら装った外見のシンボルで他者と象徴的相互作用を行うのである[5]。そして、お互いに対して「ファッションの趣味があう」「感覚が似ている」「好みのスタイルである」と感じるようになる場合がある。P・ブルデューはこのような文化消費における他者との無意識的な「同類感覚」「相同性」によって親和力が作用するのであるという。また、逆に相手と「趣味があわない」「感覚が違う」「好みでない」という習慣的ハビトゥスの差異は相手を排除することになる[6]。

われわれがファッションの外見から発するシンボルで相手と調和（親和）するか、あるいは相手を排除するかの現象を分析するためには次の二つの「場の空間」を考える必要がある。それは「文化的空間の場」と「社会的空間の場」である。すなわち、一つは文化的空間に関わる「文化階層の消費空間」の構造であり、もう一つは社会的空間に関わる「社会階層の生活様式空間」の構造である[7]。この二つの場の空間はそれぞれ独立したものであり、相互に関連し補強するものである。まず、前者の「文化階層の消費空間」についてみることにする。ブルデューは、人々の文化の消費において独立した領域として文化階層を考えていた。具体的に、個人が楽しむ趣味は自由な遊びの行為であるが、文化的空間においては階層づけられるとする。すなわち、個人が行う趣味の実践は「必要性からの距離」という基準によって、文化階層のそれぞれの位階に区別・分類され、等級づけることができる。

たとえば、ある特定の文化階層に属する人々は「必要性からの距離」が遠い遊びやモノを消費する。生活の必要性より純粋で贅沢な趣味を重んじ、モノの機能より形式を優先し、卓越した上品さを示す趣味やモノを消費する。クラシックの音楽、絵画、文学などの芸術作品のように「正統的趣味」と称され区別される。

また、ある文化階層に属する人々は、「必要性からの距離」が中間的な位置の遊びやモノを消費する。そのため機能や品位においても中間的な位置づけに分類される。さらに、この中間的区分のなかには、正統的なクラシック芸術作品が大衆に広く認知され、通俗化されているモノもある。なぜなら、「通俗化した正統な芸術作品が価値を失った『平凡な芸術』の範疇へと追いやられ」たからである[8]。映画、写真、エッセイなど「中間的趣味」と称され区別される。

さらにまた、他の文化階層に属する人々は「必要性からの距離」が近い趣味やモノを消費する。「必要趣味」のため贅沢な趣味より必要性を優先し、形式より機能的なモノ、大衆的で通俗的な趣味やモノを消費する。大衆音楽、週刊誌など「大衆的趣味」と称され区別される。

では、後者の「社会階層の生活様式空間」についてみることにする。ブルデューは人々が属する社会階層と生活様式、消費様式は関係があると考えていた[9]。個人は社会階層に条件づけられた家族のなかで相互作用を通して社会の構成員へと「社会化」を行い、既存の社会の「規範化された文化」を身体化していく。その過程で、個人は自分の所属する社会階層の固有な価値観、考え方、美意識、行動様式からなる総体として生活様式の文化を身体化する。すわなち、それは個人の身体に染み込み刻み込まれたハビトゥスの「身体文化」であり、固有の「家族文化」、ひいてはその個人や家族が位置づけられた「階層文化」の影響が具現化されたものでもある。したがって、個人は社会階層に条件づけられた特定の生活様式の空間のなかで、独自の美的性向、政治意識、教育水準、趣味、モノの消費など、半ば無意識的なハビトゥスを形成・構築していくのである。

ブルデューは、社会階層を規定する際に、経済的資本、文化的資本の概念をつくり、独自の理論を展開した。ブルデューは、特にフランスにおいて、「卓越な感覚―支配階級」、「文化的善意―中間階級」、「必要なものの選択―庶民階級」の具体的な生活様式、趣味やモノの選別と消費、政治意識や政治的空間、象徴的闘争・戦略・支配様式について丹念に分析を行った[10]。

たとえば、経済資本や文化資本に最も恵まれている上級管理職、あるいは、経済資本や文化資本に最も恵まれていない肉体労働者、さらに経済資本には恵まれているが文化資本には乏しい富裕な工場長、さらにまた、文化資本には恵まれているが経済資本は少ない高等教育教授など、社会階層のなかでもそれぞれ異なる「社会的条件」の各層に細分化された生活様式の空間では、趣味やモノの消費様式も異なるのである。そして、このような人々は特定の生活様式で身体化したファッションの趣味でもって、その趣味にふさわしいと思われるデザイナーのブランドにこだわって選択し、特定のスタイルのファッションで自らを装うのである。さらに、自らの身体にかんする美学に相応しいしぐさ、化粧の美的性向や習慣、表情の表し方、話し方を駆使する。そして、個人は自分のファッションの装いの意味を自分と同じように解釈し、肯定的に評価してくれる他者を無意識的に選別するのである。

世界的に流行した１９９０年代のファッションを実例として用いてみることにする。たとえば、デザイナーたちが「ミニマル・モダン」のテーマのなかで、70年代のヒッピーのファッションを再解釈して新しい洋服をつくるとする。あるデザイナーはより大衆向きで、街でそのまま着ることができるように実用的な創りをする。デザインには「大衆的趣味」、「必要趣味」のシンボルが提示される。また、他のデザイナーは金属性の光沢のあるサイバー・カラーの生地で前衛的な美しさを創出し前面に出す。中流階層の若者向けの「中間的趣味」のシンボルを散りばめる。さらに、またあるデザイナーは、上流階層へのアンチテーゼとしてのヒッピーのスタイルであるにもかかわらず、むしろ上品でエレガントなセンスが輝るデザインの服を創造する。そこには「正統的趣味」、「純粋趣味」のシンボルが見て取れる。

個人はこのようにして提供される多様なデザインのファッションのもと、自分の生活様式のなかで培った無意識的なファッションの趣味、美意識、センスに相応しいデザイン・スタイルを選別、装着することで、シンボルの意味づけまでも消費するのである。そして、他者の選別、選好したファッションの外見が呈示するシンボルに共感する人々、またはそのような生活様式の文化を共有する集団に属する人々は、シンボルの象徴的相互作用を通して気楽さと安心感をあじわうのである。なぜなら、彼らは互いに共通感覚を有しているからである。

以上のようにみてくると、個人は、ファッションによる外見で相手に自己を呈示し、象徴的相互作用を通して、相手を見た目で無意識的に選び、また相手に選ばれる過程に参与しているのである。ファッションと消費におけるこのような構造と実践が「見た目で選んでよかった」という相互作用の現象に隠されている。

3 ファッションと象徴的闘争

(1) ファッションと生活様式における階層内の象徴的闘争

上述したように、個人がどのようなファッション・スタイルで装うかは自分自身の生活空間のなかで社会化されながら構築してきた身体観、美意識、趣味性向などのハビトゥスによって、意識的、無意識的に選別し、選択することである。したがって、個人がファッションの消費において他者に差異をつけることは、かれのファッションにかんするハビトゥスの差異を他者に示すものであり、ひいてはかれの生活様式での差異を示すものである。そして、個人はファッションの消費を通して、自らのライフ・スタイルの正統性、優位性を他者に呈示し、他者との相互作用のなかでその正統性、優位性を勝ち取ろうとする。この過程のなかで個人は自分が何者であるのか、また、自分は他者と取り替えのきかない自分自身であるという、自己アイデンティティを確立していく。このように、個人のファッションの消費はライフ・スタイル、すなわち生活様式をめぐる象徴的次元での闘争である。

生活様式をめぐる象徴的闘争とは、文化の象徴的、審美的な面における闘争を意味している。そして、象徴的闘争は、生活様式を構築するための社会的条件として社会的階層空間の位置づけを巡って承認を求める葛藤や闘争にも関わっている。したがって、象徴的闘争は、社会的空間の位置関係における所属や承認、および正統的な生活様式をめぐる文化的な闘争なのである。[11] したがって、「支配階級」、「中間階級」、「庶民階級」、ひいては各階級のなかの各層間で、個人は文化財の所有化様式、生活様式の正統性、正統性の定義や意味変容、社会空間内の位置の承認と確認をめぐる象徴的闘争を行っている。[12]

たとえば、支配階級のなかでも各層に属する人々は、彼らの生活様式における「卓越性＝上品」、優越性を巡って対立する。ブルデューは、「支配階級」のなかでも、「文化資本や経済的資本の所有の様式」からなる横軸と、「ブルジョア階級への古参性」の古さの程度からなる縦軸の交差する社会的空間においてさまざまな層を区別し、彼らの職層、趣味、エートスを描き出し各層の生活様式の差異化を表した。各層において商業経営者、工業経営者、自由業、高等教育教授、芸術製作者、上級技術者などは、固有の生活様式を有している。[13]すなわち、社会的・文化的空間図の各層の分布空間では、ブルジョワ趣味を典型的に実現している自由業は中央に位置づけられ、高等教育教授、芸術製作者は経済的資本が少なく文化資本が多い座標に、商業経営者、工業経営者は経済的資本が多く文化的資本が少ない座標に位置づけられている。また、ブルジョワ階級への古参性の程度においても、自由業は中央に、高等教育教授は古参性の高い位置に、上級技術者は古参性の低い位置に配置されている。商業経営者、工業経営者はブルジョワへの古参性の幅が広く古参者も新参者もいる多様な分布をみせている。これは彼らがブルジョワ階級に属しているとしても、出身階級のなかで資本と学歴を得てブルジョワ階級に再生産したか、あるいはそうでない出身階級で学歴と資本を獲得しブルジョワ階級に参入したかに関わる。なお商業や工業経営者でも同様、資本や学歴、経営的手腕まで子どものときから学んだ、いわゆる「遺産相続」的な参入なのか、成金のような大富豪になりブルジョワ階級に参入したのか、世代や通時的時間に関わる。このような特性がブルジョワ階級の各層の趣味、文化的慣習行動の多様性を生み出し、象徴的な対立・闘争を創出するのである。[14]

支配階級のなかでも、大商人・工業実業家、自由業・上級管理職、高等教育教授・知識人の各層の人々は文化的生活様式が異なる。たとえば、大商人・工業実業家は「ブルジョワ」演劇、大衆演芸、展覧会等を好み、通う頻度も高い。反面、高等教育教授はクラシックコンサート、美術館、図書館等を好み通う頻度が高い。また、自由業・上級管理職は中間的位置を占めているが、図書館や美術館より展覧会を好み、劇場に頻繁に通う傾向がある。そして彼らは自分たちが選別し実践する趣味の生活様式を他の各層と区別し、自分たちの卓越性を弁別的な特性として自負している。

また、芸術作品の所有化様式において、大商人・工業実業家は作品を鑑賞し、購入できる画廊を好み、それとの関係が深い反面、教授・知識人は作品を純粋に楽しむだけで購入できない美術館を好み通う。絵画について、前者は、良いものを購入し自分のそばにおくことが大事であるとする所有の様式である。たとえ絵画それ自体への理解力は不足していても、自分のものとして所有していることに価値があると考える。「絵を判断する基準はそれを自分の家に置きたいと思うかどうかだね（……）。すきだということ、それは自分のそばに置いておきたいことだ」と述べる大ブルジョワの言葉にも表れる[15]。他方、教授・知識人は絵画を物的に所有するより、自分の純粋な美的性向によって作品を楽しむことが、物的に所有するより価値があると考える。彼らは物の所有ではなく、所有を超えた作品との関係性の価値を高く評価する[16]。

このように、支配階級の各層の人々において、文化的慣習行動、趣味生活様式、および芸術作品の所有化様式をめぐる象徴的対抗・対立は、彼らの経済的資本・文化的資本の所有の様式による部分が大きい。しかし、それだけでなく、人とのつながりに関する社会的資本の蓄積に敏感な性向も関わっていると思われる。なぜなら、大商人・工業実業家たちは、社会的資本を蓄積し、人脈を広げることがビジネスに効果をもたらすことを経験してきている。彼らは人との関係性を作ることが大切であることは無意識の性向としてハビトゥスになっている。「ブルジョワ」演劇、大衆演芸、展覧会など人が集まる場所で他の人々と楽しむことは違和感がない。さらには自分と同じ層の人々と人脈を広げる。

これに対して、高等教育教授・知識人の人々は、社会的資本の蓄積に関して敏感でない。人脈を広げることが彼らの仕事にあまり影響を及ぼさないからである。他の人々と一緒に行う文化的慣習行動、趣味生活よりも、ひっそりと一人で美術館に通い、絵画を楽しむことが性向に合っている。彼らは人と「ブルジョワ」演劇、大衆演芸、展覧会等に行き、そこで同類の人々と会い、互いが卓越性・上流性を共有しながら、ネットワークを拡大する社交活動を、「純粋芸術的趣味」と思わない。したがって、このように、趣味を通して社交界で資本を蓄積し、階級意識を確認する前者と、社会的資本蓄積になかば無関心で社交界的要素のある趣味と距離を置く後者は、互いが相手より正統で優越であると象徴的に対立し闘争する。

では、支配階級の各層において、彼らの日常的に行う文化的習慣行動についてはどうであろうか。ブルデューは、支配階級のなかでも、資本の所有の仕方や総量だけでなく、彼らの出身階層、学歴によっても差異が生じるとする。たとえば、日常生活の消費の様式において、衣服のスタイルや購入する店、家具の趣向や購入する場所、料理の味覚等、日常生活でこれらを選択する場合ほど、彼らの学歴より、彼らが育った出身家庭での文化の獲得様式が影響を及ぼすという。特に衣服はそれを装着して他者と相互作用を行う面で、日常的な家具や料理等よりも社会性に関わる。なぜなら、着こなすファッションのスタイルは、自らが性向・センス、感覚を楽しむだけでなく、他者に対してブルジョワの地位を表示する機能をもつからである。したがって、地位表示的な消費でもある。さらに、自分の身体と自ら選ぶファッションとの審美的関係であり、より根本的には、自らの身体の理想像、身体管理の様式、身体の手入れの商品まで関わる領域である。したがって、彼らが理想とする身体とファッションを「自然体」で楽しむことは、長い時間をかけて自らの身体それ自体が無意識的に選別を駆使することである。

なぜなら、これらの選別・購入の様式にかかわる性向、センス、感覚、知識は、彼らの家族のなかで体験的に身体化してきたからである。これは単に支配階級ひいては支配階級の各層の文化的・経済的資本や必要性の距離だけではない。むしろ、彼が「生まれた世界」で、子どものときから家族のなかで恣意的な美しさ、上品さ、贅沢さに親しんで成長し、継続的な経験を通して身体に染み込まれ、無意識的に身体感覚となる。そして、彼らが生活の消費財を選別・購入する際に現れてくるものである。したがって、生活様式の象徴的闘争は、支配階層の各層でも彼らの出身階層よって生じる生活様式、正統性にまで及ぶのである[17]。

(2) ファッションと生活様式における階層間の象徴的闘争

ファッションをはじめ生活様式における象徴的闘争は社会階層間のほうでより明確に表れる。

ブルデューはフランスにおいてブルジョワの支配階級とプチブルジョワの中間階級の象徴的闘争を綿密に描いた。彼は支配階級、中間階級をときには、ブルジョワ階級、プチブルジョワ階級と言い換えたりするが、両階級の差異を大きく区分して、「ブルジョワのゆとりのエートスにたいして、プチブルの先在指向による制限のエートスを対置することができる」とする。[18] すなわち、ブルジョワの人々は、現在の自分の姿と、あるべき姿と自分で思うイメージが一致すると考え、自己確信をもっている。したがって、「屈託のなさ、闊達さ、優雅さ、自由さなど、要は自然体」でいられる。それに対して、プチブルジョワの人々は、現在の姿はまだ自分のあるべき姿でないと考え、いつかあるべき姿のイメージに向けて、上昇志向が強く、そのため厳格な意志主義を貫くとする。[19] また上昇移動を目的とする場合や、それに成功した上昇プチブルジョワは、文化資本の蓄積や学校制度を利用した学校戦略において、厳格主義、禁欲主義、法律万能主義、そして、資本の蓄積に必死で直向な態度を貫く。[20] また、上昇志向の目的のために、ときには貧相、傲慢、無教養だったり、または派手、卑屈、衒学《げんがく》的であったりするなど、「行き過ぎか過度の欠如」によって一貫性や一定の距離をおくことが難しくなる場合がある。[21] 反面、支配階級の人々は、自己確信による超然たるゆとりや慎みの姿勢や、無私無欲な態度をとることで中間階級と対立する。

さらに、中間階級の人々は、消費財の選択においても、「暖かみがあってくつろいだ、快適なあるいは入念なインテリアを望み、流行のオリジナルな服を着たがる」[22]。しかし、支配階級の人々は、あまりにも調和や構成美を追求した入念で凝ったものや、流行の最先端の服を着ることで自分を表すことに対立する。彼らはこの美意識ついて自分たちがもはや獲得したものとみなしているので、それに拘らないのである。また、庶民階級の人々は、インテリアや服についても、手入れがしやすい、実用的な、小きれいで清潔なものを望む。このように、機能主義を重視することで、中間階級や支配階級と対立する[23]。

では、服や容貌について女性たちの価値観を各階級別にみることにする。ブルデューはフランスで、世帯主の職業別に、女性の価値観を調査した（序章、**図表序-1**参照）。その結果、「服のサイズが42以上である」という質問に、農業従事者が33・7％で最も高く、次が生産労働者で24・2％を表している。次に、事務労働者、一般管理職が20・4％である。上級管理職、工業実業家、自由業では最も低く、11・4％でる。これをみると、女性服で42以上のサイズを着る割合は、農業従事者・生産労働者の庶民階級、事務労働者、一般管理職の中間階級、上級管理職、工業実業家、自由業の支配階級の順に低くなっていることがわかる[24]。

人が着る服のサイズは、その人の体重と関係がある。そこで、「体重を減らすためになにをしているか」を調べると次の結果が表れる。すなわち、「ダイエットをしている」と回答する人は、中間階級の事務労働者、一般管理職が28・8％で最も高く、「スポーツや体操をしている」と回答した人は、支配階級の上級管理職、工業実業家、自由業で16・9％と最も高い。また、「薬品を使っている」と回答する人は全体的に少なく、なかでは庶民階級の生産労働者が4・6％で他より高い。ダイエットのためになに「なにもしていない」と回答した人は、庶民階級の「農業従事者」で、69・6％で最も高い[25]。

このような結果は、彼らの美意識に関係がある。体重を減らすためになにかをするかどうか、する場合はどのような方法でするのか。このような身体の容姿や容貌についての美意識の差異が、体重や服のサイズに関係をもつのである。すなわち、「容姿・容貌は自然でありたいか」、「容姿・容貌は洗練されていたいか」とそれぞれ質問した。「自然でありたい」という質問について、生産労働者は

69・8％、農業従事者は69・6％で他の層より高い。これに比較して、事務労働者・一般管理職では62・8％である。上級管理職、工業実業家、自由業では、57・6％で最も低い。他方、「洗練されていたいか」の質問では、これと異なる傾向がみられる。すなわち、上級管理職、工業実業家、自由業の人々が、25・0％で他の層より最も高い。次は務労働者・一般管理職で、22・9％の順である。さらに、生産労働者や農業従事者は、それぞれ15・6％、12・0％の順になっている。

以上のように、容姿・容貌について、自然でありたい・洗練されていたいと思う価値観はそれぞれの階級の固有のものである。自然でありたいと思う人の比率が高いのは、庶民階級、中間階級、支配階級の順である。反面、洗練されていたいと思う人の比率が高いのは、支配階級、中間階級、庶民階級の順になっていることがわかる[26]。

では、中間階級のなかで、新興プチブルジョワのファッションを含む生活様式がいかに他の階級との象徴的闘争を行い、卓越性を獲得していったのか、についてみることにする。新興ブルジョワとはどのような人々であるだろうか。ブルデューは、「中間階級」においても、「文化資本や経済的資本の所有の様式」からなる横軸と、「下降傾向・上昇傾向」からなる縦軸が交差する社会空間のなかで、各層を配置し、それぞれの層の生活様式の差異化を表した。すなわち、「中間階級」を「下降プチブル（the declining petite bourgeoisie）」、「実働プチブル（the executant petite bourgeoisie）」、「新興プチブル（the new bourgeoisie）」に区分し、さらにこれら各層に属する人々の集団的固有性を描き出した[27]。これらの区分には、彼らの出身階層、年齢、学歴が関係する。なぜなら、出身階層は「相続文化資本（inherited cultural capital）」の身体化の面で、年齢は中間階級のなかで各層を上昇、定着、下降が可能な「通時的時間」と価値観の面で、学歴は階級脱落や再階級化に向けての学校戦略の面で重要だからである。

ブルデューは「中間文化」とは、「小学校教員、一般技術者、医療保険サービス従事者、事務系一般管理職などの人々にふさわしい」とする。(28)「下降プチブル」は、中間階級のなかでも、職人、小商人のなかでも年齢が高く、学歴はCEP（初等教育終了証書）ほど資本が低く、経済的に退潮の傾向を表す層であるとする。(29)また「実働プチブル」は、経済的・文化的資本や文化消費において中間階級を代表するとみなされる典型的な行動様式を表す層である。小学校教員、一般管理職、事務労働者などである。まさに、中間階級の「中間文化」を楽しむ人々である。(30)

これに比較して「新興プチブル」は、価値観、美徳や文化消費において、上記の二つの層とは非常に異なる特徴を表す層である。彼らは新しい職業の人々である。すなわち、「文化媒介者（cultural intermediaries）(31)」ともいわれる人々である。たとえば、①ファッションデザイナー、セールスマンや広告業者、PRの専門家、室内装飾家のようにイメージを作り、人に勧める職業、②結婚生活相談院、性問題専門家、食餌療法栄養士、就職アドバイザー、育児専門の保母等の職業である。彼らは新しい価値観、美意識、考え方、イデオロギーを創出し、それによる文化的・象徴的知やサービスを提供する医療保険、社会支援に従事する職業、③文化活動指導者、学外活動家、ラジオ・テレビのディレクターや司会者、雑誌記者等、新たに文化を生産し普及させる仕事に従事する人々である。(32)

このような新興プチブルジョワの人々の求める美徳は、「愉快、洗練された、気品のある、芸術家肌の、面白みに富んだ」である。彼らが考える「面白み」とは、前衛的ブティックで服を購入し、男女ともに利用する美容院に通う等、自由で「解放された」趣味によって人の注目を集める「新奇さ」なのである。そして彼らは「当世風」の趣味をひけらかしたり、気取ったり、あるいは「俗っぽい」大胆さを表したりする。これらは伝統的な中間階級の労働、秩序、厳格さ、細心とは区別する特徴である[33]。

では、彼らは階層出身、学歴、年齢の面ではどのような人々であるのか。彼らは新興ブルジョワの上記のような生活様式の特徴によって自己呈示をし、承認を得ようと象徴的闘争を繰り広げたのか。新興ブルジョワの一部は、支配階級出身で、学歴資本が不足し、文化媒介者や工芸職人に転向した人々であるが、特に、年齢が若くパリで生活する者は、出身階層の「相続文化」による文化的資本、社会的資本が高く、文化的階層性の高いものを選好する。彼らは「文化的上昇志向」が強く、衣服、家具、料理等生活様式において、ブルジョワ階級に類似したものを消費しようとする。このような階級出身の人々は、同じ新興ブルジョワのなかでも典型的で多くの人々の出身である「実働プチブル」や、この層に上昇してきた庶民階級出身人々、および同じ新興ブルジョワでも地方の生活者たちの価値観、美徳と、自分たちを区別して、自分たちの卓越性を主張しようとする。たとえば、工業実業家の出身で、室内装飾専門学校を卒業し、パリで芸術工芸品などの「ブティック」を経営している35歳の女性は、自分を小売の商売人ではなく、自分の感覚で選抜して作品を消費者に渡す、いわゆる芸術のような仕事をしていると考え、広告代理店やインテリアデザイナーに類似した仕事をしていると自分をみなしている。すなわち、彼女はアイデンティティにおいて、小商人である中間階級の「下降プチブルジョワ」の体裁で不安をいだきながらも、自分に「新興ブルジョワ」の特性を見い出し呈示している[34]。

したがって、新興ブルジョワのなかでも、共時的にみると、彼らの出身階層、学歴、年齢、さらに大都市か地方かといった文化的アクセス圏によって、新しい職業の価値観、美徳、生活様式に多様性と象徴的闘争がみられる。

ブルデューは、たとえば、支配階級出身の階級脱落者たちが、学歴資本の不足をこれら新興の職業につくことを通して補い、文化的上昇移動を目指すことは、再階級化を図る「転換戦略」であるとする。しかしながら、それでも支配階級の正統的な文化には戻れず、新興ブルジョワの生活様式の特徴として、彼らの文化階層に位置づけられているとする[35]。彼らは出身階層である支配階級で身体化した文化的資本や経済的資本を活用して、大学中退または卒業の学士号や、それ以上の修士号、博士号の「高学歴」を取り、それによって付与される正統な資格とともに、医者、弁護士、高等教育の教授等の職業に就くことで、文化的・経済的資本と学校制度を生かした階級の再生産という「社会的軌道」には参入しなかったのである。これら支配階級出身の新興ブルジョワの人々は、出身階層の「相続文化資本」を高学歴取得に活用せず、高校卒業資格のバカロレアをとり専門学校を卒業し「中間的学歴」をもって、新興ブルジョワ層が多くを占める新しい職業に従事しているのである。したがって、支配階級の子弟にとって、新しい「文化媒介者」という職業への社会的軌道は、学歴資本は少ないが、「相続文化資本」を職業的に活用できる利点において「満足のいく逃げ場」である[36]。

(3) ファッションと生活様式における新中流階層による卓越性の獲得

では、なぜ、このような新興ブルジョワの趣味や生活様式が、社会のなかで承認され、卓越性を獲得することになったのか。第一は、資本主義経済の発展に関係している。M・フェザーストン、B・S・ターナー（B. S. Turner）、C・ルリ（C. Lury）は、ブルデューの理論に依拠しながら、欧米における「新中流階層（the new middle class）」と消費社会・消費文化を論じている。現代社会において高度資本主義が展開するに伴い、消費社会も一層進展してきた。消費文化は、身体の表出を恥じないものにし、なお消費文化において衣服は、19世紀に身体を隠すようにデザインされたこととは対照的に、「自然な」身体のフォルムを賛美するようにデザインされている[37]。ルリは、消費文化の出現が様式化（stylization）を増加させ、ますます消費財の生産、交換、使用が商品の表出的で象徴的な側面によって構造化されているとする。消費財の機能的で手段的な側面より、表出的な側面の相対的な重要性が増加している。ライフスタイル（lifestyle）、すなわち生活様式という言葉は、D・ヘブディジ（Dick Hebdige）が現代的消費の特性として定義づけた「新しい消費感覚（new consumer sensibility）」とみなして使われている。消費者たちは、スタイルをより重視する意識、あるいはその感覚を消費の過程に取り入れているようにみえる[38]。

ルリは、フェザーストンを引用し、新中流階層の人々は、表出的で自由な生活様式の追求によって卓越性を獲得しているとする。それは、資本主義経済の発展と深い関係がある。なぜなら、「快楽的な消費（hedonistic consumption）」の重要性が増加することは、生産の変動を要求し、類型における柔軟性を強化し、生産過程の速度を高めたようにみえる。このように、新中間階層は、現代「ポストフォディスト時代（post-fordist era）」における資本主義経済によって作られ、また逆に、資本主義経済の発展に貢献しているからであると、ルリは述べている[39]。

資本主義経済において「フォディズム（fordism）」と「ポストフォディズム（post-fordism）」では生産、商品、消費の領域における差異がみられる。「フォディズム」では、大量生産が主で、商品はほとんど差異がなく、消費も大量消費であった。しかしながら、「ポストフォディズム」での生産は、大量生産よりも専門化・細分化のためのより柔軟な組織化に重点がおかれる。換言すれば「柔軟な専門化・細分化」である。また、商品にはファッションの変動に伴い使用期間が短く、市場区分に合わせて商品の差異化がみられる。消費は、個性化とハイブリッドな消費パターンによって、ますます専門化・細分化されている。消費者はその趣向がますます気まぐれで、変わりやすく、予測できなくなっている。さらに、時間と空間における個人消費の多様化に伴い、消費の「流動化（fluidization）」が存在するのである[40]。したがって、以上の通り、新興ブルジョワ＝新中流階層の生活様式は、資本主義経済の発展によって承認され、逆にそれが資本主義経済を支えていくことで、彼らの生活様式は卓越性を獲得するようになったのである。

次に、新中流階層の生活様式が卓越性を得た第二の理由をみてみよう。それは、文化の面で作用したということである。新中流階層のなかで「文化媒介者」として区分される職業の人々は、上述の通り、①デザイナーや広告業者のようにイメージを創出・推奨し、②性・結婚・育児問題相談員のように新しい専門家として知やサービスを提供し、③ジャーナリストやテレビのディレクター、文化活動指導者のように文化を生産・普及する仕事に従事する者である。これらの職業に共通するのは、新しい文化・象徴的財を創出して、個人に対しては指導・推奨をし、社会に対しては普及をするということである。彼らが創出した文化・象徴的財は、他の階層と対立したり、まったく新しいジャンルとして出現したりする。したがって、彼らは新中流階層の価値観、美徳、消費等の生活様式を呈示し、受け入れさせるのである。たとえば、性の問題、および結婚や育児の問題では快楽、欲求、子どものしつけの価値、考え方、対処方法が他の階層のそれと対立する。身体の快楽の追求、禁欲より欲求の解放、子どもへの規律より子どもの自由の尊重等を、新しい合理的な「科学」の根拠に基づいて指導・勧誘し、社会に広く普及させるサービスを行う[41]。新中流階層の人々は、自分たちの生活様式を、デザイナーや広告を通して商品として生み出し、消費者を顧客として確保するだけでなく、理想として憧れを抱かせることによって、彼らの象徴的働きかけは成功することになる。ブルデューは、象徴的財やサービスの販売者たちを「欲求の商人たち（need merchants）」とした。そして、彼らの生活様式を広告やデザインなどを通して、たとえ購入できず言説だけで代替満足をする人々も、彼ら新興ブルジョワの理想的顧客として生み出すのである。このように、彼らの生活様式について、「新しい代替物産業（the new 'substitution' industry）」を通して眩惑させ、新しい欲求を生み出すことは、自ら自身の正統化、および彼らの生活様式の正統化を承認させる作業なのである[42]。

しかしながら、彼らが呈示するモデルとしての生活様式は、ある意味、彼らの上昇志向によって到達目標である支配階級の「倫理的な前衛（ethical avant-garde）」である、とブルデューはいう[43]。彼ら「文化媒介者」たちは、従来の知識人とは異なる「新知識人」であり、新しい知識、文化を創出し普及することで、知の世界で融合による新しい領域を生み出すこともある。また、彼らはジャーナリストやテレビのディレクター等として働き、メディアを通して広く「知的大衆化」を促し、「知識人的生活様式の大衆化」を行う(44)。

これは次の二つを意味する。第一に、彼ら「新知識人」たちは自らの意図した目的に相応しい支配階級の高等教育教授、芸術製作家等、本来の知識人たちをメディアに登場させ、大衆向けに知識の融合や配信を行うことである。それによって、新たな文化領域が生成されたり、脚光を帯びたりして大衆に受け入れられるため、知識の大衆化が進むことになる。第二は、知識人的生活様式の一部を大衆化することである。たとえば、知識人たちの趣味であるクラシック音楽を、テレビで商品の広告に使うことにより、広く大衆に知られるようになる。また、知識人たちの生活様式を、それが生まれる社会的条件や性向の「実体」ではなく、生活様式の「外見」だけを取り上げ、彼らが編集・構築してメディアを通して提供することによって大衆化を促す。すなわち、彼らは知識人の生活様式の外見的な側面を借用して、自分たちの「自由で開放された振る舞いかた、化粧や衣服の大胆さ、くつろいだポーズや姿勢など(45)」を自分たちの生き方として呈示し、広く受け入れられるように普及させる。これは彼ら新興プチブルジョワ階級の人々が、常にブルジョワ階級の文化を意識し、象徴的に闘争しながらもそれを取り入れて、なお自分たちの個性を生かした生活様式として他の階級に認めさせることで、卓越性を正統化させる戦略である。

たとえば、ファッションについても、新興プチブルジョワ階級の人々は、中間階級の平均的趣向を超えて、比較的に上流階級の趣向に近い傾向をみせている。ブルデューによると、衣服の選択において、中間階級の平均は、「個性に合った」という理由が39％で、次に「値打ちのある」が25％、「シックで上品」が12％の順になっている。しかし、新興プチブルジョワ階級の人々は、「個性に合った」

が39％であるが、次が「シックで上品」が26％で高く、「値打ちのある」が17％の順になっている。したがって、彼らは「個性に合った」の理由の次には、値段の要素よりも、上品に見える要素を重視することが理解される。

これは、庶民階級の人々が、「値打ちのある」44％で最も高く、次に「個性に合った」28％、「シックで上品」4％の順であることと比較すると選択における重視する要素の構造的差異がみられる。上流階級の平均をみると、「個性に合った」の理由は36％で、中間階級とほぼ近いが若干少なく、「シックで上品」、「値打ちのある」が同比率で17％である。この階級の人々は、個性の次の「シックで上品」と「値打ちのある」とにあまり差異がみられない。

特に、新興プチブルジョワ階級の人々は、上流階級のなかでも、自由業、商業・工業経営者の人々と構造的に近い傾向がみられる。自由業の人々は、「個性に合った」が33％で、次に「シックで上品」が21％、「値打ちのある」が13％の順である。すなわち、自由業の人々は、「個性に合った」の次に、「シックで上品」、「値打ちのある」の順になっている。そして、比率の面では、商業・工業の経営者と、自由業の間に分布されるようにも思われる。商業・工業経営者は、「個性に合った」が43％で、次に「値打ちがある」25％、「シックで上品」が23％の順である。経済的資本が高い彼らは、他の層より「値打ちのある」要素も高くなっている。それと比較して、教授・芸術製作者、管理職・上級技術者の層の人々とは比較的に異なる傾向がみられる。すなわち、教授・芸術製作者は「個性に合った」が35％で、「値打ちのある」が15％、「シックで上品」は14％である。同じく、管理職・上級技術者の層の人々も、「個性に合った」が34％で、「値打ちのある」が、15％「シックで上品」は14％である。[46]

以上の結果からみると、ファッション消費において「新興プチブルジョワ」の人々は、上流階級の自由業、商業・工業経営者の人々と類似した傾向を見せるものの、彼ら独自の特性で、「個性に合った」、「シックで上品」にみえる要素を意識しながら選択することがわかる。なぜなら、上流階級のなかでも自由業および商業・工業経営者は、「贅沢趣味」やステイタスのシンボルにみえる「豊かさの誇示」によって選択するからである。特に、自由業の人々の層においてこの傾向は顕著である。反面、教授層の人々は、上流階級のなかでも文化的資本は高いが経済的資本は低いため、「贅沢趣味」の性向はなく「衒学《げんがく》的趣味」も拒否する。彼らは「禁欲的貴族主義」の文化的慣習行動の性向によって消費を行う[47]。したがって、新興ブルジョワの人々が贅沢・快楽・個性的消費活様式を通して象徴的に競争し勝ちたいと思う相手は、上流階級のなかでも、自由業、商業・工業経営者の層であることが理解できる。彼らは「化粧や衣服の大胆さ」を個性として意識しながら、他方では、上流階級の特徴とみなされる「シックで上品」の要素にこだわって取り入れる。ここに「新興プチブルジョワ」階級の人々の象徴的闘争における複雑さ、両面性がみえてくる。

(4) ファッションと生活様式における象徴的交渉・演技

個人はファッションの消費において他者と常に象徴的闘争を行うわけではない。個人は「集まりの場」「出会いの場」という「場」のなかで他者と相互作用をする際に、その「場」で構築される「内部論理」に従いながら、象徴的闘争を行うか、象徴的交渉を行うか、を意識的、無意識的に判断していく。個人が象徴的交渉を行うのは、第一に、個人が自らのハビトゥスによってファッション・スタイルを無意識的に選択するとしても、その選択の趣味、性向の体系が「場の論理」に照らし、どのような意味で解釈されるのかを認知するからである。第二に、個人は自らのファッションによって相互作用を行う「場」のなかで、自らのファッションによってスティグマを負わされ、否定的なアイデンティティに陥ることを回避し、自己を有利にするためである。

たとえば、個人が実用性、機能性を重視したファッションで装い、地位誇示的で、形式美を重視する人々の集まる華麗なパーティーに出かけたとする。そこでその個人は自らのファッションによって、その集まりの「場」に相応しくなく、他の人々とは異なるライフ・スタイルの持ち主であるということを感じるのである。このような経験から、個人は同様のパーティーに出席し、彼らと交際し、仲間入りをしたいと考える場合は、自らのファッションを放棄し、仲間入りをしたい人々のファッション・スタイルで装うのである。形式美を強調し、優雅で、物質的にも、時間的にも余裕のあるライフ・スタイルを漂わせるファッションで装い、それを演じるのである。さらに、その個人はそのファッションにふさわしい振る舞いの仕方による「印象操作」を行い、その「場」への同調をはかるのである。この「演技」「演出」を重視する行為は彼の新たなハビトゥス戦略になる。

オートクチュールのファッション・ショーで、モデルはデザイナーがファッションに託し、表すライフ・スタイルを演じる。デザイナーは自らのファッションを消費する顧客の社会階層、ライフ・スタイルを想定し、デザインする。贅沢でゆとりのある生活を表すために、ビーズおよび刺繍を入れより精巧で手の込んだ「エレガントですばらしい服」をつくったり、強く知的でありながら女らしさを失わない生き方を表すために、女性のボディ・ラインを過度に強調せず、「自然なラインでゆとりをもたせる線の美しい服」をつくったりする。いずれもデザイナーが想定した望ましいライフ・スタイルに相応しい服である。モデルは私生活では、それとは異なるライフ・スタイルを営むかもしれない。しかし、ひとたびファッション・ショーに登場すれば、ショーで装うファッションに相応しい歩き方、顔の表情を演出し、デザイナーのよしとするライフ・スタイルを演じるのである。

また、そのファッション・ショーの観客のほとんどがデザイナーのセンスにふさわしい服で装っているとする。そこで、その「場」にふさわしくないファッションのスタイルで装った人はその「場」でスティグマを負わされる危険性がある。たとえ、自分自身はそのデザイナーのセンスに賛同できない異なった趣味、性向体系をもっていたとしても、そのスティグマの危険性をみこんで、ファッション・ショーにふさわしいスタイルを「選別」するのである。

このように考えてみると、「見た目で選んでよかったね」という表現の「見た目」には、次の二つの意味が含まれている。第一は、個人の本来のライフ・スタイルによる「自然な外見」という見た目であり、第二には、相手の外見とライフ・スタイルに合わせて「演出された外見」という見た目である。第一の意味での、「見た目で選んでよかったね」という表現は互いが相手を見た目で選んだとしても、ハビトゥスの類似したもの同士が調和して、それでよかったということになる。第二の意味では、相手によく見せるために一時的に装う「演出された」見た目で選び、喜んでいることになる。しかし、互いが「見た目で選んでよかったね」と考え続けることができるかどうかは、「演出された見た目」とは別の本来のライフ・スタイルによるハビトゥスを互いが許容しうる程度、および「演出された見た目」に相応しい方向へ互いのハビトゥスを変容する可能性などの関数であるということになる。

4 「就職活動界」における象徴的権力・演技・自然体

(1) ファッションを通した探り合いのゲーム

ここまでファッションと生活様式において社会階層間および階層内の象徴的闘争について考察してきた。特に、ファッションにおいて、資本主義経済の発展に関係し新中間階層の趣味、生活様式がその闘争で卓越性を獲得し、象徴的権力を働かせることを分析した。

ファッションと象徴的権力の働きがよく見られる場として、就職活動をする際の面接試験を取り上げることができる。たとえば、2006年に公開されたアメリカ映画、『プラダを着た悪魔』の主人公の面接試験の場面を事例にしてみる。主人公のアンドレア・サックスは名門大学を卒業し、ジャーナリストになるために田舎からニューヨークに出てきた。世界的に有名なファッション雑誌の『ランウェイ』の編集長に面接を受ける。アンドレアはファッションに関心や知識がなく、『ランウェイ』のことや有名人である編集長のこともほとんど知らなかった。彼女としてはジャーナリストの仕事ができるまでの足がかりとして考え、派遣会社の紹介で『ランウェイ』に面接試験を受けにきたのだ。一方、『ランウェイ』では編集長の第二アシスタントを採用しようとしていた。

アンドレアは、まず、編集長の第一アシスタントのエミリー・ブラントに会った。アンドレアがファッションの趣味が悪く、外見もスリムでないとし、驚きの視線で見下す。エミリーはアンドレアが『ランウェイ』で自分の部下として適切でないと判断し、不採用にしようとしていた。そこで編集長のミランダ・プリーストリーが出社し、アンドレアを直接面接することにした。アンドレアが鞄をもって編集長室に入ろうとした時、エミリーはアンドレアの鞄を奪い取って、アシスタントのデスクの下に投げ捨ててしまうのである。

アンドレアは驚いたまま、面接を受けにミランダの前に行く。そこでミランダも、アンドレアのファッションの趣味、外見、知識の欠如に驚き、不合格を言い渡すのである。しかし最終的にはミランダは、学生時代のジャーナリズムでの業績、抱負を語りながら自分を熱心に売り込むアンドレアを、これまでのアシスタントとはまったく異なるタイプの人間であり、賭として採用してみることにした。

この面接の場面でのファッションと象徴的権力、闘争についてみることにする。第一に、面接官のミランダ、エミリーは最初から採用する側としてアンドレアに対して採用・不採用を決める象徴的権力をもっている。第二に、面接場面で着用していたミランダ、エミリーのファッションと、アンドレアのファッションには差異がみられ調和がとれず、緊張・葛藤関係があった。具体的には、ミランダ、エミリーたちは『ランウェイ』に掲載されるような上流階層向けのオートクチュール志向の正統趣味であり、有名デザイナーの作品を出すブランドのファッションであった。これに比較して、アンドレアは、大衆向けに大量に生産された実用的なファッションである。さらに、彼女は書類鞄をもっていた。エミリーが、アンドレアの鞄を奪って投げ捨てたのは、その鞄をミランダに見せるのが恥ずかしいと判断したからである。

これまでの第二アシスタントたちは、ファッションに関心が高く、『ランウェイ』を購読し、この会社で働くことに憧れていた。ファッションの趣味も類似し、外見もスリムな体型の人々であった。

このような部下を持っていたエミリーは、アンドレアのファッションが過去の彼女たちと異なることに違和感を覚えて、文化の違いを感じていたと考えられる。

第三に、時間軸においてミランダのファッションは、最先端であるのに対して、アンドレアは対照的である。ミランダは『ランウェイ』の編集長として、世界の流行を作る側の人であり、最も最先端のブランド服に常に接し、それらを雑誌に掲載する仕事をしている。それに比較してアンドレアはファッションの消費者であるため、ミランダたちの雑誌から情報を得て流行を知り、服を買う人である。さらにアンドレアはファッションに興味も、情報も無く、高い価値も見いださないため、流行に敏感でない。したがって、ミランダとアンドレアは流行の先端と周辺という正反対に配置されるファッションを身にまとっている。

以上のように、面接試験の場では、新中流階層の編集長であるミランダ、および有名なファッション雑誌『ランウェイ』で働くエミリーやその仲間のファッション趣味や文化と、ジャーナリストを目指しファッションには関心がないが、名門大学を卒業した田舎出身の堅実な学生の生活様式と趣味が、拮抗関係をもたらしている。この象徴的闘争のなかで、ファッション雑誌『ランウェイ』の文化に適合していないアンドレアは、その文化の具現者であり、象徴的権力をもつミランダ、エミリーに、卑下され不採用の判断が下されたのである。

では次に、日本での採用・就職活動について、ファッションと象徴的権力についてみることにしよう。

(2) 排除されるファッションと「就活」憂鬱

生徒・学生が就職活動をする時期になると、企業での面接など就職活動それ自体の事柄だけでなく、面接や説明会に着用していく服について悩む人々が多い。就職を希望する人々は、新卒の一括採用方式のために、就職活動解禁の日から一斉に活動を行うことになる。海外の国々でのように年間をかけて就職活動を行う場合は、面接や面接に着用する服装の選択について経験を重ねていく。しかしながら、卒業前のある一定の時点で就職活動が全国的に一斉にスタートする場合は、準備や経験がないまま就職活動を行わなければならない。

まず、就職活動を行う人々にとっての大きな悩みは、どのような服装、髪型、時計などのアクセサリーをすれば相応しいのかがわからないということである。女性の場合は、就職活動のためにどのように化粧をすれば良いのかもわからない。彼らのこれまでのライフスタイルのなかでは、上記で述べてきたように、自らの生活環境、社会的空間、ライフスタイルに合わせて、自らのセンスで選択したファッションを着ていた。そのファッションによって仲間や集団等とコミュニケーションを取り、互いに認めあっていた。その際に、ファッション雑誌は模倣できるモデルであり、自分たちのファッションの正当性を承認してくれる指標として、仲間や集団の内部で機能していた。

若い彼らの多くは、目の化粧を重視していた。化粧品のテクノロジーの力を借りて目を二重につくり、つけまつげをつけ、ひいては美容サロンでまつ毛のエクステンションを施してもらう。さらにアイシャドー、アイライン、アイブロー等の化粧品によって「化粧顔」を自分好みに創ってきた。結果、「化粧顔」を仲間や集団の人々にも承認してもらい、自分の顔としてアイデンティティと満足を得ることができた。さらに、「化粧顔」に相応しく髪の色も染め、雑誌の提案するファッションを選んで常用していた。

しかしながら、就職活動の界（＝場、field）では、これまで彼らが楽しんでいた化粧・ファッションの好みが承認されない場合がある。特定の化粧・ファッションは、就職活動の界では、排除されるものとして面接官たちに共有されている。さらに、化粧品会社、スーツのメーカー、就職情報会社でも化粧・ファッションについての同様のイメージが、暗黙のうちに正当な表象として規範化されている。この就職活動の界に適切な化粧・ファッションだけが正当なものとして象徴的な力を発揮し、就職活動を行いたい彼らはこれに従うか、少なくとも多くを取り入れるほうが「良い」、「正しい」とされるのである。そうでなければ、彼らは面接官やこの界の人々から、「社会人としての常識」がないとスティグマを張りつけられ、就職活動に不適切な化粧・ファッションとして排除されるのである。ブルデューによると、象徴的権力は、特定の社会的空間のなかの行為者、集団、ないし制度等に共通する心性・知覚・評価の構造化された産物で、その特性を形成・維持・保持・変形する象徴的な力を指すとする。象徴的権力は、社会空間の構造をなすものとして自明視し、それが正当であることを再生産し、増強する傾向がある。したがって、面接官およびこの界に属する人々が共有する正当な表象は、象徴的権力として就職活動者に圧し掛かるのである。

(3) 封印される「オシャレ」と称賛される「身だしなみ」

生徒・学生たちが就職活動期に化粧・ファッション等について感じるストレスや憂鬱はなぜ生じる

のか。就職活動解禁の際に、化粧品会社やスーツのメーカーでは、就職活動のためのファッションや化粧について、セミナーを開いたり、適切性を診断する携帯電話のアプリを出したり、ひいては無料講座を開設するなど、「良くて正しい情報」、「排除すべき要素」を活発に提供する。では、その情報の特徴をみてみよう。第一に、黒のスーツに、白いシャツを着用することを勧める。さらに女性には、金融系、マスコミ系・アパレル系や航空系、メーカー系、広告業界系等に合わせて、ファッションの表す印象を調整するためにスタイルを変えるように助言をする。すなわち、同じスーツでも希望する業種別に、しっかりスタイル、かわいいスタイル、すっきりスタイル等、インナー、靴、スカート・パンツで調整をするようにマニュアル式に紹介する。どちらにしても黒のスーツと白いインナーが基本で、これらを組み合わせるのである。男性の場合は、個性的で遊び心のある時計や靴は着用を禁じ、あくまでも、「社会人として相応しいモノ」を着ることを勧める。

第二に、化粧品会社は就職活動者に「清潔感」、「明るい」、「涼しげな印象」、「理知的印象」、「学生らしい若々しさ」の化粧を施すことを強調する。そして「派手な化粧」、「(目等の) パッチリ化粧」、「だらしない印象を与える化粧」等には、否定的なイメージを与えている。目の化粧ではこれまでの化粧品広告やファッション雑誌が進めてきた「パッチリ化粧」が禁じられ、つけまつげの使用も否定的である。なおネイルも、透明、薄いピンク、ベージュの色に限って使用することを勧める。

このような就職活動におけるファッションと化粧は、「就職活動界」における恣意的で自明な特徴がある。すなわち、化粧・ファッションにおいて「オシャレ」、個性の表現を極力避け、「社会人」として必要で理想化した「身だしなみ」が非常に強調されていることである。これまで生徒・学生は化粧・ファッションを個人の趣味、趣向に相応しいものとして選択し、楽しんできていた。TPOに合わせて自分のさまざまな個性を見出し、個性を表現するものであったため、多様なファッション・化粧のセンス、知覚、評価図式をもっていた。しかしながら、就職活動の界では、多くの多様な化粧・ファッションによる「多様な自己」を出すことが許されず、唯一、「社会人としての身だしなみ」だけが就職活動の化粧・ファッションにおいて指標として判断されることになった。彼らはこれまで習慣化されていた化粧・ファッションの社会的空間、生活環境が転換され、うまく適応していない就職活動の界のなかで憂鬱を感じているのである。なお、人によっては差異があるものの、つけまつげやアイライン、アイシャドー等、アイメークを排除された自らの顔は、彼女たち自身にとって、自分として感じられず認知されない。彼女たちは自分の顔ではないとし、アイデンティティーに戸惑いと葛藤を経験する。日常的に自ら見てきた自分の顔から、二重がなくなり、長いつけまつげがなく、インパクトも、パッチリした「かわいい」目もなく、結果的に「目力」も感じない。いつもはメークを施すための素材としての「化粧前の顔」が、就職活動のメークのために「化粧後の顔」になってしまう。彼女たちは、就職活動に出て行く前に、まず、自分の顔を受け入れ、慣れなければならなくなる。このように就職活動に正統化されている特定の化粧文化は、象徴的権力をふるい、彼女たちに憂鬱を与える。

(4) 見た目を見抜く力と自然体としての見た目

生徒・学生たちは、就職活動の経過とともにリクルートスーツが馴染むようになる。化粧品会社やスーツのメーカーが手助けをして、企業側が好むと思われるスタイルや化粧をして、「好印象」への演出も慣れていく。では、企業側の面接官たちは、リクルートスーツを着用し「好印象」を演技したり演出している人々がいるなか、いかにして自社に必要な人を選びとれるのか。

一、二年前であるが、論文指導をする女子学生から就職活動の面接で、面接官に批判されたという話を聞いた。彼女は東京で主に出版社やＩＴ関係の企業で面接試験を受けたときに、パンツスーツを着用していた。その理由は、第一に、就職活動のために交通機関を使用して移動をするので、パンツのほうが楽だと思っていた。第二に、彼女はパンツスーツのほうが、女性らしさに頼らず仕事で勝負をかけるイメージがあり、「仕事ができる女性」、「テキパキ働く女性」の象徴であると思ったからであった。第三に、このようなファッション情報を就職活動のマニュアル本で読んだ記憶があったからである。

しかし、ある面接官は彼女がパンツを着用している姿を見て、「社会人として常識がない」と批判した。すなわち、その面接官は、面接試験のときに女子はスカートを着用することが、「社会人としての常識」であると考えていたのである。

企業のなかでも歴史の長い会社、職種では伝統的、保守的な傾向があるとイメージされている会社の場合は、面接試験において女性のスカートスーツを好み、当然視することが多い。特に、専門商社、銀行等の場合は、総合商社、ＩＴ関係の会社よりも、面接試験で女性のスカート姿が自然であると見なしていることが多い。銀行のなかでも、特に地方銀行ではこの傾向が強い。その結果、パンツ姿で面接試験を受けに来る彼女の姿を見たときに、面接官は違和感を覚えて、「社会人としての常識」がないと判断したのである。

その後、彼女は東京で就職活動をした際に厳しくいわれた経験から学び、地元の銀行に面接試験を受けに行った際には、自らスカートを着用して面接試験に臨んだ。すなわち、彼女は、地方銀行の面接官側が好むだろうと推測し、「社会人としての常識」に見合った自分の姿としてスカートスーツを着用したのである。したがって、彼女は面接官に批判されることなく、スムーズに面接試験を受けることができた。最終的に彼女は合格し、採用されることになった。

このように、就職活動において、面接官と就職活動者の間には、以下の三つの点で象徴的権力・闘争関係が存在している。第一に、ジェンダー規範意識を含めて会社の企業文化と、学生の身体文化の間に象徴的権力、闘争の関係がある。第二に、面接官と就職活動者は、社会人と学生として異なる身分、異なる生活世界、価値観、真剣さの違いのなかで行動し、突如面接という場面で試験を行っている。このように異なる生活様式の相違によって面接試験の場は葛藤や闘争関係におかれるようになる。

第三に、面接官と就職活動者は、面接の場面で時間軸におけるまなざしの違いによって異なる解釈をし、葛藤関係にいたる。面接試験において面接官は、就職活動者を採用する場合、会社でともに仕事をすることを想像し、「未来時間」の視点から学生へまなざしをおくる。一方学生は、合格を得ても卒業までの時間がありその後入社してから仕事をする、という「現在時間」の視点から面接官へまなざしを送るのである。結果、彼らは異なる時間軸の基準からのまなざしの交差、錯綜によって解釈の相違、葛藤、象徴的闘争の権力関係におかれることになる。

就職活動を行うほとんどの人々がリクルートスーツを着用する。だがたとえば、広告業界ではリクルートスーツでなく自由な服装で問題ないとされている。しかしながら、学生たちの多くは、それでもリクルートスーツで面接の場に現れる。彼らは自由な服装や化粧をしたとしても、ファッションセンスがないことが問われるリスクを回避して、リクルートスーツで臨む。しかし、たとえ、リクルートスーツを着用していたとしても、汚れやしわが目立ち、靴は磨かれておらず、髪型が端正でなく、化粧が派手な場合には、面接官たちに「社会常識が足りない」という指標としてみなされる。学生の側からは、リクルートスーツをきちんと着こなしてさえいれば、服装のファッションセンスではなく、「身だしなみ」の尺度で測られ、満たされていると考える。面接官と学生は就職活動の面接で学生が着こなしている服装を、「社会人の常識、ルール」を体現したシンボルとみなし、相互作用を行っている。このように、面接試験においてそのファッション・化粧は、「オシャレ」なファッションのセンス・資本ではなく、「社会人の身だしなみ」の基準で、最低ラインをクリアするための指標として機能することがわかる。

したがって、就職活動の界では、ファッションの「演技、演出」が重要な要素を占めず、ファッションと学生自身が溶け込んで「自然体」としての「社会人の常識」を反映するものとして見なされている。たとえリクルートスーツでなく、自由な服装で面接に臨むとしても、この「自然体としての見た目」の尺度は、面接官たちに象徴的権力を振るう正当な基準を与えることになる。フェザーストンは、ブルデューの象徴的資本を引用しながら、「文化は身体化（incorporated）しているものであり、ただ単にどのような服を着ているかの問題だけではなく、どのように着ているかとの問題でもある」とする。[48] ファッションおよび化粧は、文化として身体に現れる。素顔に施した化粧の様式がその人に溶け込んでその人の自然な顔、すなわち「化粧顔」になる。また、衣服とそれを着用した人との関係は、衣服がその人に馴染んで人格と個性が滲み出ることで他人の服を借りて着たような不自然さがなくなり、「その人の服」引いては「その人自身」となっていく。この場合、ファッションおよび化粧とその個人は、文化的・象徴的資本の総量や蓄積様式において、「相同」、「調和」関係にある。

では、面接官は、多かれ少なかれ学生の面接行動にみられる演技・演出のなかで、化粧を施し衣服を着ている採用候補者の「自然体」を求めるのは、なにを見抜こうとすることなのか。それは次の二つに区別される。第一に、面接官は、採用候補者の化粧やファッションを装着した様子から、彼らが文化的資本や象徴的資本をどのようにして身体化してきているのかを見抜こうとするのである。面接官は学生が話す内容の社会性、考え方、価値観だけでなく、学生の「社会的軌道」のなかで身体に体得してきた文化的資本、象徴的資本を見抜こうとする。たとえば、面接官は、学生が半ば無意識に行う行動、すなわち、自己紹介や対話の際の振る舞い、姿勢、化粧やスーツが溶け込んでいる彼女それ自身の雰囲気、自信や安定感、話す際の声の出し方や音色、相打ちの仕方、話し方やその際の身振り、会話中の興奮と自制の仕方、意見を指摘された際に表す表情や、話を組み立て直す仕方等において、学生自身が家族での長年の社会化の軌道のなかで身体化した文化的資本や象徴的資本の蓄積様式を見抜こうとする。これら文化的慣習様式を家族や、学歴の獲得の過程で身につけて「自然化」しているのか、あるいは、学校や講習を通して「面接のマニュアル」とみなし短期間で身体に「叩き込んで学習」しているのかを見抜こうとするのである。

第二に、面接官は、自らの企業が求める人材の性向と、化粧や衣服をまとっている採用候補者のそれの近似性を見抜こうとする。すなわち、両方の「共通感覚」、ひいては「共通の文化」に近い方を選別する作業を行っている。前述してきたような、新しく出現した「文化的媒介者」のような職業における面接官は、採用候補者のなかで、自分たちと類似した感覚や文化をもつ人々を半ば無意識的に選好するであろう。たとえば、「マスコミ向き」という用語のなかに、面接官と採用候補者の間には、マスコミで働くことやその従事者に関するイメージ、表象を共有することが求められる。ファッションや化粧のスタイルをはじめ消費の様式についての美意識、価値観、感覚、考え方、選別様式だけでなく、彼らの仕事およびレジャー生活についても独自の文化をもっている。さらに、「マスコミ向き」のなかでも、職種によって必要とする性向や文化は細分化される。それらは「研究者向き」や「教員向き」という人々の性向や文化と異なるという点で区別されることが理解できる。したがって、面接官は自分たちが求める人、すなわち、文化としての身体と外見をみせる採用候補者の見た目を見抜く力が問われるのである。そして、面接官は、面接に対応する行為の多少なりの演技・演出のなかで、自然体としての見た目の文化的で象徴的な特性を看過しない。「見た目で選んで何が悪い」という言葉は、単なる外見で選択したことの意味よりも深い。ファッションや化粧を施した「文化としての外見」、ひいてはその外見に自然とみえる身体そのものの文化を見抜いて選別したことを意味する言葉でもある。したがって、就職活動の意図的な面接の過程は、採用候補者個人の文化様式を問うことであり、また社会構造の面ではその人が属する文化的階層および階層のなかでも細分化された各層の位置、時代的変化という軌道、文化的特徴の象徴的闘争や変容、階層のなかでの社会化の様式を問うことなのである。

注

（1）ボディ・コンシャスについて詳しくは第2章参照のこと。
（2）G・ジンメル著（円子修平・大久保健治訳）『（ジンメル著作集7）文化の哲学』白水社、1976年、31―36頁
（3）S・カイザー著（被服心理学研究会訳）『被服と身体装飾の社会心理学　上』北大路書房、1994年、9―27頁
（4）E・ゴッフマン著（石黒毅訳）『行為と演技』誠信書房、1995年、243―279頁
（5）S・カイザー、前掲書、9―27頁。および、シンボリック相互作用について詳しくは以下を参照。H・ブルーマー著（後藤将之訳）『シンボリック相互作用論』勁草書房、1991年
（6）P・ブルデュー著（石井洋二郎訳）『ディスタンクシオンI』新評論、1989年、345―375頁
（7）同右、および、P・ブルデュー著（石井洋二郎訳）『ディスタンクシオンII』、藤原書店、1990年
（8）同右、26頁
（9）ブルデュー、前掲書、『ディスタンクシオンI』、および『ディスタンクシオンII』
（10）同右
（11）ブルデュー、前掲書、『ディスタンクシオンI』、376―396頁
（12）同右
（13）ブルデュー、前掲書、『ディスタンクシオンII』、7―96頁
（14）同右、11頁
（15）同右、32―33頁
（16）同右、17―60頁
（17）ブルデュー、前掲書、『ディスタンクシオンI』、121―125頁
（18）ブルデュー、前掲書、『ディスタンクシオンII』、134頁

(19) 同右
(20) 同右、122頁。
(21) ブルデュー、前掲書、『ディスタンクシオンⅠ』、380—383頁
(22) 同右
(23) 同右
(24) 同右、311頁
(25) 同右
(26) 同右
(27) ブルデュー、前掲書、『ディスタンクシオンⅡ』、97—188頁。なお中間階級の各層の名称については、英語の翻訳版を参考。P. Bourdieu, *Distinction: A Social Critique of the Judgement of Taste*, Cambridge, Harvard University Press, 1984, pp.318-371.
(28) ブルデュー、前掲書、『ディスタンクシオンⅡ』、140頁
(29) 同右、145頁
(30) 同右、153頁
(31) Bourdieu, P., *Distinction: A Social Critique of the Judgement of Taste*, Cambridge, Harvard University Press, 1984, p.359.
(32) ブルデュー、前掲書、『ディスタンクシオンⅡ』、167—168頁
(33) 同右、152—153頁
(34) 同右、169頁
(35) 同右、175—176頁
(36) 同右、167—167頁
(37) Featherstone, M., *The Body in Consumer Culture*, in Featherstone, M., Hepworth, M., and Turner, B.S. (ed.),

The Body, London, Sage, 1992, p.177.

(38) Lury, C., *Consumer Culture*, Oxford, Polity Press, 1996, pp.80-81.

(39) Ibid., p.99.

(40) Ibid., p.94.

(41) ブルデュー、前掲書、『ディスタンクシオンⅡ』、１７６―１８８頁

(42) 同右、１７６―１７７頁、および P. Bourdieu, *Distinction: A Social Critique of the Judgement of Taste*, Cambridge, Harvard University Press, 1984, p.365.

(43) ブルデュー、前掲書、『ディスタンクシオンⅡ』、１７７頁

(44) 同右、１８６―１８８頁

(45) 同右、１８６頁

(46) ブルデュー、前掲書、『ディスタンクシオンⅠ』、４６９頁

(47) ブルデュー、前掲書、『ディスタンクシオンⅡ』、44―60頁

(48) Featherstone, M., *Consumer Culture & Postmodernism*, London, Sage, 1991, p.20.

第2章　化粧・ファッションの現代文化史
—身体文化と消費はいかに構築されたのか—

はじめに

化粧やファッションの形式は、いつの時代にも、生成し流行し破壊され、そして再び新たに生成していく（第3章1参照）。流行は、模倣という心理的要素と、同一の階級や圏のなかにいる人々の結束や統一および他のそれとの隔離と区別という社会的要素で特徴づけられる、とG・ジンメルは述べる(1)。

では、戦後から今日にいたるまでの日本の化粧・ファッションはどのような展開をみせたのだろう。本章ではそれを文化史的アプローチによりみていくことにする。第一に、化粧・ファッションの形式は、各時代の社会変動と個人の営みによっていかに生成されていたのかをみていく。第二に、過去の化粧・ファッションの形式は次の時代にいかに選別、意味付与、融合されていたのかを、第三に、グローバル化のなかで世界的な化粧・ファッションの潮流を受けながら、いかに独自の形式を発信・享受していたのかをみていく。

1 戦後から1970年代までの社会と化粧・ファッション

では、戦後から1970年代までの化粧・ファッションをみていこう[2]。

1950年代は戦後の日本社会の復興・再生に向けて人々の社会意識が強かった。女性は、外国人顔、特に白人女優に憧れ、明るく元気に見える白い肌に関心をよせた。その結果、白く見えるピンク系のファンデーション、目を強調するためのマスカラやアイシャドウ、さらに赤い口紅が好まれ、流行した。帽子も重要なアイテムであった。

1960年代は、東京オリンピックが開催され、象徴的、経済的にも勢いのある時代であった。ビートルズが流行し、ツイッギー（Twiggy：ミニスカートブームをひきおこしたイギリスのモデル）の影響が大きかった。女性たちは、健康で、はつらつなイメージを出すことに夢中であった。ファンデーションは1950年代の主流であったピンク系からオレンジ系に変わった。眉の化粧では、眉山の角を強調し、眉尻を上げて細く描き、かつ、アイラインを太くすることで、憧れの白人女優顔に近づこうとした。口紅も1950年代の真っ赤な色から、淡いピンクへと変わった。1960年代後半では、つけまつげやウイッグも流行り、ファッションではツイッギー旋風の影響で、ミニスカートが流行した。

1970年代は、高度経済成長を成し遂げた後の達成感、および大阪万国博覧会開催を成功させたことによる自信に満ち溢れていた。反面、オイルショックやロッキード事件などによる不安定な社会動向が存在した。世界的にウーマンリブ運動が生起し、日本でも女性の社会進出の機会が急増した。パリコレクションで日本人モデルの山口小夜子が活躍し、国内で日本的な美意識が見直され、高く評価された。こうした象徴的な出来事が自信となり、女性たちの化粧に対する意識が変わってきた。すなわち、戦後20年間、ずっと外国人顔に憧れ、外国人顔に近づくように真似をしようとする意識から、日本人顔でいい、日本人に見合う化粧をしようとする意識に変わってきた。その結果、「脱白人女優顔」、「ナチュラルな日本人顔」の化粧法に変化した。これは戦後初めての美意識と化粧行動の改革であった。

女性たちは自分の顔の特徴をいかした化粧を求め、ファンデーションは、これまで憧れの白やピンク系から、日本人の肌色に近いオークル系のものに取って代わった。眉も眉山を高く強く描かずに、自然なままが美しいと思うようになった。目元や口紅にも日本人の肌色に近いブラウン系、ベージュ系の色を使うようになった。このように「ナチュラルメイク」が最も綺麗であると思われ、主流を占めた。

そして、このような化粧の「ナチュラル志向」により、自然体の健康美が強調されるようになった。顔やボディーを小麦色に焼いた「クッキーフェイス」が美しさの象徴になり、女性のモデルが自然のなかでテニスやヨガをしたり、海で海水浴を楽しんだりする写真や映像が大手化粧品会社によって提示された。女性たちはこれに憧れ、わざわざ海に出かけサンオイルを塗り、日焼けした肌を手に入れることに喜びや優越感を覚えた（第3章3参照）。特に、「湘南」の海で遊んで日焼けした顔やボディーは、若者たちの憧れのシンボルであり、文化的地位の高いステータスのシンボルであった。この現象には、化粧品広告をはじめ、女性ファッション雑誌やテレビなどのメディアが大きく影響を及ぼしていた。

若者のファッションでは、Tシャツやジーンズなどが流行した。特に、1970年代の後半から1980年代初頭にかけては、アメリカの1950年代後半から1960年代初頭の若者のスタイル、いわゆるフィフティーズ（1950年代の意味）のレトロブームが起き、リーゼント、革ジャン、ロングギャザーのスカートが流行した[3]。

2　1980年代の社会と化粧・ファッション

1980年代、日本はこれまでにないバブル経済を謳歌した。人々は経済の豊かさのなかで物事を楽観的に考え期待したり、今を贅沢に楽しもうとする高度消費主義の意識が強くなった。化粧やファッションでも、豊かさと多様性のなかで、他の人々とは異なる差異化・個性化を強調し、ライフスタイルや美意識に見合う形式を求めた。さらに、化粧品や服装に実用性や機能性が求められた。女性の可愛らしさ、女らしさ、セクシー、自立性、キャリアなどのジェンダーやセクシュアリティの価値観が、化粧やファッションの差異化・個性化における選別の準拠枠として機能した。このような趣向に合わせ、独特で個性的なデザインを創作するデザイナーズ&キャラクターズブランドという「DCブランド」が人気を得た。

1982年は「ルンルン」という言葉が、浮かれていた世相を反映し流行語になった。テレビメディアは大きい影響力をもっていた。すなわち、テレビ放送局は、芸能プロダクションや音楽会社と連携し、システムの維持・再生産に荷担した。たとえば、若者に人気のあるタレントや歌手などを、テレビのオーディションを通して発掘し、さらにテレビ番組を通して大衆に意識・消費させた。1980年代前半は、フジテレビ番組の「オールナイトフジ」をきっかけに「女子大生ブーム」が生起した。1980年代中盤は、同じくフジテレビ番組の「夕やけニャンニャン」で結成された素人女子高生グループの「おニャン子クラブ」が一躍有名になった。1980年代後半は、テレビ朝日系で「全日本国民的美少女コンテスト」が放送され、注目をあびた。この大会はコンテスト実行委員会が主催し、テレビ朝日とレコード会社が後援して選抜した。これは後藤久美子が「国民的美少女」として有名になった後の美少女発掘の機会として使用され、その後の「美少女ブーム」を維持することになった。アジアの他の国では生起しなかった日本固有の美意識、価値観による素人風女子アイドル歌手グループがこの時代に定着した。

ここで重要なことは、バブル消費主義のシステムの稼働と維持によって、素人である女子高生や女子大生が、自らの素人の身体を捨て、代わりに美しい身体を作り上げ、タレント、女優、歌手として変身し輝いていく、という「理想的モデル」が誕生したことである。しかも、その選抜と成功のプロセスがテレビ放送によって社会的に意識させられたことである。そして、「素人の誰もが、身体管理をし、美しく華やかで認められる存在になれる」ことが、社会的システムと集合的意識を通して学習・実践されたのである。

さらに1980年代は、若者が、キャリアウーマンの凛々しく「自立する女性」像に憧れ、「自分らしさ」を求める時代であった。アメリカの中流階層に属し、夫婦共働きで、子どもを儲けない「DINKS（Double Income No Kids）」というライフスタイルが日本に紹介された。バブルと大量消費とともに、身体の美意識、管理、健康志向が高くなった。エステティックやボディーケアに関心が寄せられ、フィットネスクラブやカルチャーセンターで、エアロビクス、ジャズダンスなどを楽しむことが流行した。

それは1980年代に「ボディ・コンシャス（body conscious）」の概念が海外から導入され、化粧やファッションの意味を大きく変えたからである。[4] ボディ・コンシャスとは、身体を意識し自らが望む形態に作り上げ管理することである。この概念が人々に受容、共有された結果、次にあげる四つの点で化粧・ファッションの意味が変容することになった。すなわち、第一に、運動と食事による身体管理を通して痩せ、バランスがとれた身体を美しいとみなす価値観・美意識が定着した。第二に、ボディ・コンシャスは、ファッションの領域において一つのスタイルとして流行した。すなわち、身体の形態やラインをみせるために、身体にフィットし露出度を極度に高めたファッションスタイルである。第三に、個人は「自己責任」によって理想とする体型を獲得・維持すべきという責任論であった。化粧も個人の望ましい「身体作り」として努力によって手に入れられるものになった。その結果、これまで女性の化粧は身だしなみをよくする「社会的マナー」として意識されていたが、もはや個人の趣向の領域へと意味が変化した。[5] 女性は、「なりたい自分」になるために魅力を向上させ、自己満足度を高めるという、化粧の「私的」意味が新たに付与されることになった。これは次の1990年代における化粧の私化（privatization）現象や「化粧オタク」、2000年代の「コスメ・ファン」の社会現象へとつながる画期的な集合的意識・精神であった。そしてこの「身体管理の自己責任」は、1990年代を経て、2000年代には、一般的に、人々の身体へのケア・管理に支持されるイデオロギーや実践様式へと継承された。

キャリアウーマンとしての社会的成功を象徴するような強い意志を表す太い眉やショートヘアが1980年代前半に流行した。ファッションでも、肩にパットを入れ、モノトーンの服装を着用して、強くたくましい自己イメージを演出した。実際にキャリアウーマンでない人までもが、こうした流行のファッションスタイルを楽しんでいた。女子中高生は、アイドルの化粧やヘアスタイルを意識・模倣し、アイドル歌手の松田聖子のヘアスタイルであった「聖子ちゃんカット」が流行した。この「聖子ちゃんカット」は、アメリカの女優のファラ・フォーセットの髪型をもとにして松田聖子に似合うように彼女の専属スタイリストが考案したものといわれている。他のアイドルたちも「聖子ちゃんカット」でデビューをするほど流行していた。

またこの時代の女性たちは、化粧品自体に実用性、機能性、スピード性を求めた。テクノロジーの発展を背景として、女性たちの欲望を満足させる商品が次々と開発された。そして、化粧の手間をはぶくパウダリーファンデーションが発売され人気を得た。

バブル絶好調の1980年代後半は、化粧も洗練されていた。化粧した顔のトータルバランスが強調されワントーンメークが流行り、髪型もロングヘアが流行した。ファッションは非常に華やかで多様性に富んでいた。身体の曲線を強調するボディ・コンシャスや、保守的なコンサバティブ（conservative）のお嬢様スタイル、全身ブランドで固める高級志向や、ナチュラル志向などさまざまなスタイルが生成され共存していた。

3 1990年代の社会と化粧・ファッション

しかしながら、1990年代はバブルが崩壊し、経済の不況が続いた。そしてバブル崩壊後就職氷河期（1993〜2005年）に社会に出た世代は、「失われた世代」、「ロスジェネ世代（ロスト・ジェネレーション）」と呼ばれた。世界情勢としては湾岸戦争が勃発し（1990年）、ソ連が解体した（1991年）。また、地球環境の汚染が問題視され、エコロジーへの関心が強くなった。環境に優しく、ゆとりをもつライフスタイルが注目された。

ファッションは、これまで華やかに飾り付けてきたものを削ぎ落とした。ミニマリズム、シンプル、落ち着き、ゆとりを求めるといったこの時代の社会的意識が投影され、キーワードは「ミニマル・モダン（minimal modern）」であった。さらには、1980年代のファッションの価値観、スタイル、モードが破壊され、新たなファッションの美意識とモードが生成され楽しまれた。1980年代の女は「女らしく」、男は「男らしく」飾るファッションは、1990年代に「女と男の垣根を越えて」を意味する「トランセンディング・ジェンダー（transcending gender）」に取って代わった。すなわち、1990年代には男である、女であるという基準よりも、それを超えた「人間らしさ」、「その人らしさ」が求められた。

男性のファッションには、これまで女性によく使用されていた肌が透けてみえるシースルーや、花柄による繊細さ、優しさが取り入れられた。また、女性のファッションには、これまで男性的と感じられていたマスキュリンなデザインが取り入れられ、強さを表すことでトランセンディング・ジェンダーが演出された[6]。

女性たちの服装は、飾り気が少ないシンプルなものであったので、逆に、化粧に重きがおかれ、トータルなバランスの取れた自己演出への意識が強くなった。彼女たちは、特に目もとを強調する化粧法で印象を演出するようになった。その結果、1970年代に流行していた細い眉やマスカラなどが再び脚光をあびた。

そして1990年代から、化粧それ自体を「目的化」して楽しみ、化粧に熱中する若い女性たちが増えて「コスメ・フリーク」と呼ばれていた[7]。フリーク（freak）とは、狂的に熱中する人々であり、コスメフリークは、「化粧オタク」の意味で使われていた。

特に、この時代は「女子高生ブーム」が顕著であった。10代のティーンエイジを中心に「ギャル文化」というサブ・カルチャーが形成されたが、彼女たちは独自の化粧を楽しんでいた。1996年には歌手の「安室奈美恵」がファッションリーダーになり、彼女の化粧、ファッション、日焼けした顔まで真似をする「アムラー」という若い女性たちが急増した[8]。

または、顔を黒く焼き、眉を細く、かつ薄く描いた人々もいた。なかには眉の印象を薄くするために、眉をそってから薄く書く人々もいた。さらに、つけまつげをつけたうえで、なおかつマスカラを濃く塗っていた。ビューラーをライターの火で温め、まつげに当てた。コテの効果を狙い、まつげの先が上を向くようにしたのである。こうした化粧に関するテクノロジーが発達していなかったためである。また、アイラインを太く描いて、目をより大きくみせる演出の化粧をした。アイシャドウは白色を塗ったので目の化粧は白黒の対比が目立っていた。口紅も白色か白に近いピンク系を使用していた。このような彼女たちの化粧法は、「ガングロ」、「ヤマンバ」、「パンダ顔」などと皮肉を込めて呼ばれていた。

彼女たちは1970年代のように、海で日光浴をして時間をかけて顔やボディーを焼くのではなく、スピーディーに日焼けサロンで焼いた。この目的合理的な行為のため、この時代には日焼けサロンが繁盛していた。彼女たちは顔を黒く焼いたため「ガングロ」と呼ばれた。さらに、1998年頃には、「ガングロ」の発展形として奇抜なメイクを施した「ヤマンバ」が渋谷、原宿などに出現した。[9]「ヤマンバ」とは、化粧やファッションから連想し、山に住む鬼婆、という皮肉を込めた呼び名であった。ヤマンバ化粧は、ガングロ化粧に加え、目の周りにラインストーンをつけ、長い髪をシルバーやグレーにして、オレンジ、ピンク系の色を入れるなどしたハイ・ブリーチを楽しむものであった。1995年に創刊した『egg』や、1980年に創刊した後1990年代女子高生ブームとともにギャル向けに傾倒していった『Popteen』などのファッション雑誌が、ガングロやヤマンバに影響を与え、支えていた。

ガングロやヤマンバは、経済的な不況という社会的現実に対する不信感・無力感を感じていたとする見方もある。[10]彼女たちは、化粧やファッションに、こうした不信感・無力感を象徴するイメージを取り入れ、自己アイデンティティを演出した。社会の主流文化であった「可愛い女子」への対抗的なアンチテーゼであった「可愛くない」ガングロ、ヤマンバのスタイルは、強烈なサブ・カルチャーであった。

ギャル文化を経済の面で支えたのが、ドラッグストアと100円ショップであった。デパートやスーパーマーケットよりも化粧品の値段が安く、敷居が高くなく、多様な商品を陳列するこれらのショップと、これらのショップ専用の商品を生産し提供した化粧品メーカーは、ギャル文化の維持に重要な役割を果たしていた[11]。特にこれらのショップでは、目の化粧に関する美容器具や化粧品の比重が非常に高いが、それは、目の化粧に特化した化粧文化との相関が高いからである。彼女たちは、アジアの他の国の若者の化粧文化と比較しても、目の化粧に異常に執着する傾向がある。

1990年代はガングロ、ヤマンバ文化以外にも、ギャルたちのサブ・カルチャーには多様性が存在した。「ロリータファッション」は1980年代に始まり1990年代にかけて新たなジャンルに分化した。それらは大きく「ゴシック」、「パンク」、「スイート」に分類される。すなわち、「ゴシック」は黒をベースにして華やかに着飾って両性具有性を表した。「パンク」は1970年代のパンクファッションを取り入れレトロな雰囲気を表した。「スイート」はビクトリア朝の児童文学からヒントを得て、レースやフリルをたくさんつけた服で少女風に甘く可愛く見せる演出であった[12]。これらのファッションを称賛するファッション雑誌としては、『KERA』が1998年に、『ゴシック&ロリータバイブル』が2001年に創刊された。それらのファッション雑誌では、一般読者モデルも表紙を飾り、多くのストリートスナップ写真が掲載されていた。

このような若い女性たちのサブ・カルチャーは、ストリートファッションと深く関わっている。ストリートとは、方向のある舗道、特徴のある地区に分割する境界、周縁、目的のある空間などのように「多義的」であると、J・フィンケルシュタイン（Joanne Finkelstein）は述べる[13]。そして、ストリートで生成するファッションスタイルは、社会的主張を表明するためにしばしば利用された。それは主流文化への批判、古い美意識への挑戦、社会への不満や批判を表すものであった。しかしながら、他方、ストリートのファッションは、対抗文化や批判的文化という政治的メッセージだけに解釈されるには限界がある。ストリートファッションは、さまざまな政治的主張を吸収し、メッセージ性を超えて、それ自体を視覚的に楽しみ、流行の一部になっていくのである[14]。

1990年代、渋谷や原宿に出没してたむろした若い女性たちは、ストリートファッションを生成、牽引し、大いに楽しんだ。彼女たちの化粧やファッションは、経済的格差、教育の格差、孤立・孤独など身近に感じる社会現象に対する不安、虚無、ねじれが含まれている。そしてギャル文化を通して、他と差異化される同じ人々とつながり、共感、結束を求めていた。ギャルたちがガングロ、ヤマンバ、ロリータなど強烈な化粧やファッションスタイルに没頭し楽しんだ社会現象には、次の三つの構成要素があった。第一は、彼女たちが化粧やファッションを通して表す静かな「沈黙の主張」であった。第二は、同じジャンルの化粧・ファッションをする仲間たちに見せあう「存在の確認」であった。第三は、彼女たちのスタイルに興味を示した人々に、ストリートで写真を撮らせるなど、見知らぬ他者からの社会的視線やコミュニケーションへの快楽であった。これは自分たちの化粧やファッションスタイルを享受する独特な方法までも楽しむという意味で、「メタ・スタイル」といえよう。

4　２０００年代の社会と化粧・ファッション

　では、２０００年代以後の化粧やファッションはどのようなものになってきたのか。まず、２０００年代の世界情勢をみると、２００１年の９・11世界同時多発テロを始め、イラク戦争、世界同時不況などで不安定な時代であった。日本でも、90年代に引き続き経済成長率の低い「低成長時代」であった。

　欧米では１９７０年代から80年代にかけて新自由主義の社会改革が行われていたが、日本では90年代にこれを取り入れ、地域自治、社会保障制度の見直しなどの社会改革が実施された。80年代後半から広がっていた所得配分の不平等が、90年代後半からは一層拡大し、２０００年代には格差自体が安定してきた。厚生労働省の「所得再分配調査」によると、社会保障による所得再分配後の格差・不平等係数（ジニ係数）が、１９８１年では０・３１４であったが、２００２年では０・３８１に増加した[15]。ＯＥＣＤが２００４年末に公表した調査結果によると、先進諸国のなかで、イタリア、アメリカ、イギリスなどと同様に、不平等度の高い国に日本が位置づけられるようになった。これはすなわち、日本社会において一億総中流であるというこれまでの「平等神話」が崩壊したことを人々に認識させることになった[16]。また、所得だけでなく、地域、教育、医療、世代等の面においても、格差は進んでいる。

　さらに、同ＯＥＣＤの調査結果によると、長期にわたる不景気によって、18歳から25歳までの年齢層の貧困率は16・6％となり、26歳から65歳までの他のどの年齢層よりも高くなった[17]。日本国内の統計調査でも若者の貧困率が高くなっていることがわかる[18]。

しかしながら、こうした現象の解釈として、イギリスやアメリカなどのように、新自由主義経済の市場原理主義のイデオロギーのため、貧困を個々人の「自己責任」に帰することが日本でもみられるようになった[19]。このようにみていくと、1990年以後に出生した若者たちは、他の世代に比べて、バブル経済を経験したことがなく、生まれた時から低成長時代、格差社会を生きてきた。さらにいうならば、自分が格差のどの層に帰属するかということも「自己責任」とする社会意識のなかで過ごしている。

他方、2000年代は情報および通信技術の「IT」産業が飛躍的に普及した。若者たちは、新しい情報・通信システムであるインターネットにいち早くアクセスし、その火付け役となった。ウェブ上でSNSを通してさまざまな情報を発信したり、ネットコミュニティを形成し、コミュニケーションを楽しんだりするようになった。

このような国内外の社会、文化状況のなかで、2000年代の日本のファッションスタイルはどのようになっていたのか。

身体のケア・管理における自己責任の意識がより一般化されて、身体の手入れが若い女性だけでなく、小学生、中学生といった年齢にまで低年齢化し、さらに他方ではシルバー世代ともいわれる高年齢層にまで高齢化した。

また、新しく出現した「コスメ・ファン」が90年代の「コスメ・オタク」に取って代わった。「コスメ・ファン」とは、コスメに熱狂するオタクとは異なり、日常的な趣味のように新しい美容情報を集め、試し、化粧品を消費しながら、ブログなどを通して情報発信し、化粧それ自体を楽しむ人々のことである（第3章3参照）。

２０００年代には、１９８０年代の豊かで華やかな化粧・ファッションへの憧れやノスタルジーから、そうした雰囲気を取り入れたレトロなスタイルが注目された。そして２０００年代の低成長時代、格差社会という現実に上手に向き合うため、２０００年代の「今風」にアレンジをほどこした。特に、格差社会のなかの豊かさへの憧れから、アメリカの上流階層出身のセレブたちや華やかな俳優・女優のスタイルからヒントを得たものが多かった。さらに、日本国内の歌手・女優・モデルのファッションリーダーたちの真似をし、かつ自分らしく工夫をすることでファッションを楽しんでいた。お手本とされたのは、たとえば、パリス・ホイットニー・ヒルトン（Paris Whitney Hilton）、浜崎あゆみ、宇多田ヒカル、倖田來未、叶姉妹などであった。こうしたお手本をもとに、１９８０年代に混在していた多様なスタイルを２０００年代の現代感覚に合うようにリミックスし、スタイルを作り上げたのである[20]。

２０００年代の男性ファッションは、モダンでキレがあり、シルエットが細くみえるスタイルが流行した。女性ファッションは、キュートでセクシーなスタイルが主流であった。キラキラで華やかに見える素材やディテールで、「カワイイ」「エロイ」女性像を演出した。そして、憧れのセレブらしい高級感を、いかにチープなアイテムを使って醸し出すかのアレンジが、ファッションを楽しむポイントの一つであった。たとえば、本皮や毛皮の代わりに、人工のファーをふんだんに使い、Yシャツやジーパンのようなチープなアイテムに、ラインストーンなどのキラキラしたものを加え、リッチでゴージャスに見えるように工夫をした。具体的には、LAロマンチック・スタイル、ファー・スタイル、シースルー・スタイル、スイートミリタリー・スタイル、ショーパン・スタイル、ドーリーミニ・スタイルなどがあげられる[21]。

「セレブらしい遊び」「セレブのようなゴージャス志向」は、1980年代のバブル経済後に、失われた豊かさとゆとりへの憧れやイマジネーションによって支持されていた。ただし、それには80年代の本当の豊かさとは異なっているために、甘さやエロさを極めず「甘すぎない」、「セクシー過ぎない」などのように、80年代らしさを押さえたところがその特徴である。すなわち、2000年代の低成長時代・格差社会の「今風」ファッションは「押さえ」の楽しみが表わされたファッションとなっている。

2000年代女性たちの化粧は、「美白」、「ナチュラル化粧」、「ツヤ肌化粧」、「ヌーディ化粧」、「スモーキー（SMOKY）化粧」が全体的な特徴である。また、ギャルの化粧は、90年代をさらに発展させた「整形化粧」、「ドーリー（人形）化粧」、「なりきり化粧」が特徴的である。90年代化粧のナチュラル志向は2000年代にも続いている。「ナチュラル化粧」は、顔の自然な状態を目立たせるために、メイクアップを薄くし、化粧をしていないような「生」の顔を演出する。また、ファンデーションなどのメイクアップによって「生」の顔に一層みずみずしく、ツヤをだす「ツヤ肌化粧」が好まれている。目やリップなどポイント別の化粧法には、「スモーキー化粧」や「ヌーディ化粧」が流行している。アイメイクにおいては、ブラック、グレー、ブラウン系を主に使用してスモーキーな感じを強調している。また、アイシャドウは光るパールを使い部分的に光沢を与えるようにする。リップメイクにおいては、血の気を消してヌードなベースカラーを塗り、リップグロスだけを軽くつけ、まるで「生」の唇がみずみずしく光沢があるように演出する「ヌーディ化粧」が好まれている。

今まで述べたさまざまな化粧法を駆使して作られた顔は、結果として全体がキラキラ華やかにみえるように完成する。このように化粧も、ファッションと同じく、80年代の豊かさへの憧れを基調として2000年代のエスプリを表したものになっている。そして、同じく欧米や日本の女優、セレブたちを真似し取り入れている点でも、化粧はファッションと同様である。

5 2000年代化粧・ファッションのサブ・カルチャー

2000年代に、「ヤマンバ」は「マンバ」という形態に変化するが、その後は沈静化した。他方、「ロリータ」はより細分化し継続していた。2004年に、「スイートロリータ」を主人公にした映画「下妻物語」が人気を得た。映画「下妻物語」では、深田恭子が演じる竜ヶ崎桃子という女子高生が、茨城県の農村地域である下妻で主流となっているファッション文化に抵抗する。彼女は安さと実用性がファッションの基準である下妻地域の主流文化を受け入れずに排除する。彼女はフランスのロココ文化に憧れ、ふりふりのスイートロリータファッションのドレスに執着し、それを着て東京に遊びに行くことが好きである。スイートロリータのファッションと東京という場所が、彼女の理想像であり、他者とは異なる自らのアイデンティティを象徴するものである。この映画「下妻物語」の成功によって「スイートロリータ」は若い女性の「カワイイ」ファッションとして知名度を高めることになった。「ロリータ」の場合、2000年以降、欧州にも日本のロリータファッションを楽しむ若い女性たちが生起した。これは日本のアニメやマンガが欧州に浸透したことに加えて、映画「下妻物語」も「Kamikaze Girls」として紹介されたことが、影響を及ぼしたと朝日新聞紙上では分析されていた。[22] 2012年にロンドンのビクトリア&アルバート美術館が日本のストリートファッションの展覧会を開催した際、日本のロリータファッション愛好グループの人々が、それぞれのファッションを着て展覧会に集合したという。「英国に里帰り　和のロリータ」と題されたこの記事によると、イギリス文化の影響を受けて、日本の若者たちがストリートファッションとして独自のスタイルを作り上げた「ロリータファッション」が、再び、イギリスに紹介された。

ここで重要なのは、ロリータファッションが欧州の影響を受けたとはいえ、自分たちのスタイルを作り上げたことである。たとえば、「パンクロリータ」の場合は、1970年代のイギリスのパンクファッションからモチーフを取り入れた。元来、イギリスのパンクファッションは、「虚無的な無政府主義」を表すものであった。また、「攻撃的な態度」で「意図的な逸脱の快楽」でもあった。[23]

しかしながら、日本の若い女性は「ロリータ」のファッションに、単にファッションとしての雰囲気づくりのために安全ピンやチェインを取り入れた。このことにより、イギリスのパンクが表していた「虚無主義的な無政府主義」は排除され、漂泊された。すなわち、本来のパンクから意味を切り取り、形式的な様式として、自分たちのファッションのなかに取り入れた。そして、こうして自分たちが独自に作り上げた「パンクロリータファッション」を身にまとうことで、1990年代の社会を生きる自分たちのスタイルに意味を付与した。日本の「パンクロリータファッション」は、「ロスト・ジェネレーション」といわれるこの世代の虚無、希望の無さ、抵抗などの要素が読み取れるとして、解釈された。同時に、そうした意味の解釈を超えて、日本の若い女性は純粋に「パンクロリータ」の化粧・ファッションを楽しむ喜びに浸ることができた。

6　2010年代初期のメイクアップの特徴

2010年代初頭の若者の化粧の主な特徴はなんであるのか。

それは2000年代の延長線にあり、ギャルメイクがさらに変化したことと、一部のギャルから若者の間へと化粧を共有する範囲が拡大したことである。その結果、世界的なトレンドの一つである「スモーキー化粧」が、日本の若い女性たちの間には、独特なアイメイクの形態へ変化することになった。では、具体的に若者の化粧の特徴をみてみよう。

第一に、アイメイクがより一層強調されるようになった。また、アイメイク用の化粧品や美容商品の技術が発達し、関連の新商品が多様に生産された。これはアイメイクへの重点化をより加速化した。

第二に、リップには80年代に流行していたような真っ赤な色などを使用しない。他にも唇を大きく見せる色を避ける傾向がある。色のついた口紅をほとんど塗らず、ヌーディにして、リップグロスだけで塗る。その結果、口の化粧が弱くなり、逆に目の化粧を強調して見せる効果をもたらした。

第三に、つけまつげのつけ方にも変化があった。つけまつげを本来の目じり以上の部分にまでつけ、なおアイラインをそこまで描くことによって、本来の目のサイズより広い部分までをまるで目であるかのように演出した。

第四に、アイメイクに加え、カラーコンタクトレンズを活用することによって、外国の人形のような「西洋ドーリー人形」の化粧顔をプロデュースすることができた。

以上のように、彼女たちはアイメイクやリップメイクに強弱をつけることによって、次のような効果を狙っていることがわかる。第一に、目を必要以上に大きくみせ、口を小さくみせることで「子どもっぽい」、「幼さ」を演出できる。日本女性の文化においては、子どもっぽさ、幼さは可愛いと認識される。したがって、彼女たちは化粧によって、子どものように可愛くみえることを望むのである。

第二に、彼女たちはこうした化粧によって、「可愛い」ではなく、デフォルメされた「カワイイ」顔を手に入れたのである。すでに子どもではない若者である彼女たちは、いくらつけまつげ、アイライン、アイシャドウを総動員して目を大きくみせて可愛い顔を求めても、本来の子どもの可愛い顔にはなれない。しかしながら、彼女たちは可愛くみせるために、可愛らしさのアイコンである大きい目を化粧によって作り上げるのである。彼女たちの化粧した顔は、デフォルメされた可愛らしさのシグナルである。すなわち、失われた子どもの可愛い顔を理想とし、それを追い求める「カワイイ化粧顔」である。本来の「可愛い」顔に対して、カタカナの「カワイイ」顔と表記することには、このような意味合いが含まれている。

第三に、彼女たちは自らの化粧顔を同世代の他の女性たちにカワイイらしくみられることに満足を得ている。彼女たちは、他者の「カワイイ化粧顔」を認知し、よりカワイくなることに憧れ、模倣し、顕示し、競争心を燃やすなど、互いに社会的視線のコミュニケーションを行うことになる。彼女たちは友達同士で、また、インターネットを通して見知らぬ他者に独特の化粧顔を見せ合う楽しみを共有していく。２０００年代の低成長時代、格差時代を生きる孤独な社会的関係のなかで、若い女性たちは固有の化粧法によって変身し、ささやかな幸せ、満足度を高める。彼女たちはリアルな世界とネットの世界でコミュニケーションを通してつながりを求めることによって友達づくりの「ツール」を獲得したのである（第3章3参照）。

7　2010年代のニューメディア・マスメディアと化粧・ファッションの変容

では、若い女性たちの化粧顔とインターネットに関わる社会現象のなかで、化粧・ファッションの意味はどのように変容したのか。第一に、「私的」な領域に変容した化粧が、逆に「公的」な領域に転向する。第二に、化粧顔は化粧を行った生の「身体」であるが、ネットにおいては化粧行為を通して作り上げられた「モノ」として動画や写真が提示され消費される。第三に、ネットというメディアは、化粧を伝授・学習する「公的の場」であると同時に、他者にすぐ評価・批評が与えられる「イベント空間」でもある。化粧顔というモノが公的なイベント空間で生産、評価、消費される。そして、グローバルに広がりながら、模倣され、新たに再創造され、消費される。このように女性の化粧顔は、グローバルな創造、配信、即座の判断、消費、再生産のサイクルを拡大していく。

また、「半顔メイク女子」という言葉が生起した。これは主に若い女性が、ネットで自らの顔を半分はメイクをして、半分はメイクをしないで、それを完成した化粧顔の映像としてインターネットに掲示することである。完成した顔でありながら、半分ずつの顔の差異が激しければ激しいほど、この化粧顔は話題になり、掲載されたブログが活発化する。化粧は、オンラインで遊べるゲームのように、顔というモノを作り上げるプロセスを楽しみ、同じ顔でさまざまに異なるキャラクターを提供する源泉という意味になった。なおネットに提示された他者の「化粧顔」について好き、嫌いの感情を直接に表す。若い女性は自らの化粧顔を「整形化粧」や「なりきり化粧」などの方法で完成させ、インターネットのなかで、常に変身するキャラクター遊びというゲームとして楽しんでいるのである。「自分の顔を作るという作業」と、「作り上げたモノで遊ぶ」という両方の作業が交差するところに、若い女性の化粧の新たな意味が見いだされるのである。


そうした結果、第一に絶え間ない好奇心、欲望、エネルギーで作り上げる化粧顔は、化粧それ自体が楽しみの目的であり、ネット空間を媒介して、「モノ」として見知らぬ他者と見せ合い、繋がる「ツール」になった。

第二に、若い女性の化粧顔やファッションは、ネット空間を通してグローバルな共存・共生のシグナルになり、豊かなサブ・カルチャーを派生し、変容する速度も速くなった。

第三に、若い女性の化粧顔やファッションは、動画とマニュアルがあるが、専門家や一般「コスメ・

ファン」の人々によってインターネットのサイトに書き込まれ、巨大な情報源になった。そしてまたこうしたサイトが若い女性によって読まれ、現実の生活世界で模倣、実践される。メイクアップやヘアの専門家でさえ、若い女性の顧客に対して新しいスタイルを提供する際に、そうしたサイトから学ぶことがある。したがって、インターネットに蓄積された情報源は彼らにとって「テキスト」として機能する。

第四に、若者の化粧顔・ファッションは、ネット空間のなかで、若者文化・美容の身体文化のジャンルに分類される。グローバルな次元で、世界中の人々からアクセスできる「魅力的なコンテンツ」なのである。ネットを通して自己顕示、マニュアルの学習、流行のチェック、刺激、興味本位等アクセスする目的の多様性（diversity）こそが、化粧顔・ファッションのコンテンツをより魅力的にグレードアップしたり、活発化させたりする。２０００年代以後の若い女性は、自らの化粧顔やファッションの美容的身体文化を、世界中の非可視化された対象に向けて演出・発信していくうえで、インターネットという強力な道具を手に入れて、他の世代とは異なる独自なスタイルでグローバル化時代を享受している。

注

（１）G・ジンメル著（円子修平・大久保健治訳）『ジンメル著作集7』白水社、１９９４年、31―35頁

（２）富川栄「メーキャップストーリー」資生堂ビューティーサイエンス研究所編『化粧心理学』フレグランスジャーナル社、１９９３年、３１３―３２０頁

（3）大山昌彦「茨城県A市における『フィフティーズ・ファッション』の消費と変容」、沿道薫編『グローバリゼーションと文化変容』世界思想社、2007年、213―239頁
（4）石田かおり「わが国における化粧の社会的意味の変化について―化粧教育のための現象学的詩論―」『駒澤大学研究紀要』、第14号、18―20頁
（5）同右
（6）黄順姫「ファッション」伊藤公雄・橋本満編『社会学―社会学はカルチャー・スタディ』有斐閣アルマ、1998年、192―193頁
（7）米澤泉「美容・化粧の文化」井上俊・長谷正人編『文化社会学入門』ミネルヴァ書房、2010年、68―69頁。
（8）山内里香「女子高校生の意識の変化とその背景」『放送研究と調査』NHK放送文化研究所、2004年、第48集、167―168頁
（9）同右
（10）同右
（11）三田村蕗子『夢と欲望のコスメ戦争』新潮新書、2005年、32―37頁
（12）『朝日新聞』2012年、6月20日、32面、朝日新聞社
（13）ジョアン・フィンケルシュタイン著（成美弘至訳）『ファッションの文化社会学』せりか書房、2007年、180―182頁
（14）同右
（15）橘木俊詔『格差社会』岩波新書、2006年、8頁
（16）同右、11―13頁
（17）同右、69頁
（18）橘木が、日本国内の統計調査「所得再分配調査」から、1996年、2002年のデータを用いて、貧困率を計測した「世帯類型別、世帯主の年齢階層別貧困率の推移」表（橘木、同右書、70頁）によると、2001年の時

点で「29歳以下」の年齢階層が25・9％で他の年齢階層に比較して最も高い。これは「70歳以上」の25・3％より0・6ポイント高く、貧困率が最も低い「30歳—39歳」の11・3％より4・6ポイント高くなっているのである。また、「29歳以下」の貧困率は、1995年では20・7％であった。2001年までに5・2ポイントも上昇している。これに比較して「70歳以上」の高齢者層では、1995年時点の貧困率は31・6％と、逆に6・3ポイント減少している。「30歳—39歳」では1995年が9・3％、2001年が11・3％で、2・0ポイント上昇している。したがって、1995年から2001年での6年間に、全世帯のなかで「29歳以下」の年齢階層の貧困率が最も上昇していることがわかる。ちなみに、全世帯の貧困率は1995年15・2％、2001年が17・0％であり、1・8ポイント上昇している。

なお、ここでいう貧困の定義は、「『等価可処分所得』（世帯人数を考慮した1人あたり所得水準。可処分所得とは税などを引いた実質的所得）の中央値の50％以下という相対概念による」ものである（橘木、同右、70頁）。

(19) 同右書、14、63頁
(20) 高村是州「Back to the 00's」『研修紀要』日本利用美容教育センター、156号、2010年、37—45頁
(21) 同右
(22)『朝日新聞』2012年、6月20日、32面、朝日新聞社
(23) J・フィンケルシュタイン、前掲書、175—176頁

第3章　化粧・ファッションのグローカル化と格差越境

―「日本的」流行の再帰性―

1　ファッション形成の生成・破壊とリスク

(1)　1990年代――「ガングロギャル」の美への欲望

それは、1990年代のこと。都会の夜の化粧室は異様なムードに包まれる。鏡の前で化粧、ヘアスタイル、身だしなみに入念に注意を払い直すのである。大勢の人がいるとしても、一人一人が自らの身体の加工に夢中になっている。そこには一人の化粧空間、化粧世界が存在するだけである。

そこに10代後半の若い女性が入ってきた。化粧品バックを出して周りを気にせず化粧をし始める。顔は黒く焼いて、髪の毛は金髪、上まぶたには黒いシャドー、下まぶたには白いライン、目と眉の中間に白いシャドーがみるみる塗られる。唇の色も白で飛び出るような感じである。それにファーの付いたロングのコート、マイクロミニスカートを着て、厚底ブーツをはいている。いわゆる「ガングロ(顔黒)ギャル」であった。渋谷の街だけでなく、ファッション雑誌で見慣れたので、特別に驚くほどのことではなかった。しかし、入念に化粧直しをしていた彼女が突然ライターを取り出した。化粧室でタバコでも吸うつもりだろうかと息を呑んだ。その瞬間、化粧品バックからビューラーを取り出し、手慣れたしぐさでライターの火を当てたのである。それからバービィ人形のようなまつげをつけた目にビューラーを当て、まつげをカールアップするのである。厚化粧をする「ガングロギャル」にも衛生観念が徹底していると思い感心した。ビューラーは化粧直しの時にも使うため、マスカラがついてしまう場合が多い。そのビューラーを火で消毒してから使うのかと思ったのだ。

それからしばらくたって、卒業論文を指導している学部4年生の女子学生と話をした。彼女は主に1930年から45年までの「15年戦争」の下で作られた「理想の女性像」について関心をもっていた。論文指導が終わってから最近の女性の化粧、ファッションについて話題が移った。私が「ガングロギャル」の衛生観念について誉めたところ、彼女からあっと驚くような反論が返ってきた。ビューラーに火を通すのは消毒のためではない。それを温めるためなのである。まつげをより一層カールアップさせる専用のホットカーラーの値段が高いので購入せず、ビューラーを暖めて同様の機能をさせるとのことであった。すなわち、衛生観念からでなく、美への欲望からの行為であった。さらに、「ガングロギャル」のなかには、厚化粧で高くつく化粧品代を節約するため、黒いアイライナーの代わりに油性黒ペンを使用する人もいる。また、化粧を落とさないで寝る人もいる。化粧による皮膚への危険性をあまり考えない人が多いとのことであった。

⑵「ガングロギャル」のスタイルと表現原理

G・ジンメルは、文化を主観的精神とその産物としての客観的形式が合流するところに成立すると考える。[1] では、「ガングロギャル」の客観的スタイルと主観的考え方とはどのようなものなのだろう。

第一に、化粧のコンセプトは国籍、人種の差異を超えるところにある。顔や全身を日焼けサロンで黒く焼き、さらに専用のファンデーションを使用し黒肌を演出した。また、「ラメ」入りの化粧品をまぶた、唇、ネイルに使用し、各部分を光らせた。カラーマスカラを使用してまつげの色も多様に変化させた。彼女たちの愛読する雑誌はアイメイクのテクニックを詳細に記述し、大きな目元になることを称賛していた。そこには「外人度200％」「外人みたいに彫りが深くて超クール、しかもパッチリ。こんな理想の目元づくり」などの表現を通して「外人」を志向、強調していた。しかし、それがどのようなナショナリティ、人種であるかは指摘していないし、問題にもしていない。彼女たちは自らが抱く「外人のような」イメージのなかからさまざまな要素を引き出し、ゲーム感覚のセンスで自らの身体を創り上げていたのである。

第二に、「ガングロギャル」のスタイルでは新たな概念が創られていた。彼女たちは「ダサカワ」、「ゴンカワ」、「ゲキカワ」の用語をよく使用した。「ダサカワ」とはださいのが逆に可愛いという意味である。「ださい」とは野暮ったい、洗練されていないという意味である。また、「可愛い」とは愛らしく美しいという意味である。そのため、従来、「ださい」と「可愛い」はイメージにおいて異なる領域に属し、近接しないものであった。しかし、彼女たちは従来の考え方を受け入れず、新たな概念を創り出した。野暮ったさ、いけてなさ、みっともなさが素朴で可愛いのである。「ゴンカワ」は「ゴングロギャル」の可愛らしさを称している。「ゴングロ」とは顔の色を「ガングロ」より一層黒く焼いた人々を称する。「ガングロ・ゴングロギャル」の文化を共有していない人々は、彼女たちの顔やしぐさを可愛いとみなすことは容易ではない。しかし彼女たちは「ゴングロ」の可愛らしさを新たな概念とし、「ゴンカワ」で表現したのである。

第三に、「ガングロギャル」のスタイルは個人主義や個性を重視しながら、同調主義に陥る両義性をもっていた。10代後半から20代前半を中心とする彼女たちは他の年齢層の人々とは異なるファッションを主張する。また、同じ「ガングロギャル」に属する人々とも異なる自分の個性、自律、集団より個人中心性を呈示しようとする。彼女たちの言語様式をみると、自分を表す時に、私という用語を使用せず、自らの名前を名乗る。また、自分流にスタイルを作った時には、名前の後に「的に」をつける。たとえば、名前が「のあ」の場合、彼女は自分を語るときに「私としては」と言わず、自分の名前をそのまま使い「のあとしては!!」、または、「のあ的には」と表現するのである。以下も同様で、名前が「葵」、「美恵」という人々が、自分を語るときの表現である。たとえば、「葵だけバレちゃって」、また、「美恵的には、顔が幼いからそれをテーマに服を選んでいるよ（笑）」、「髪の毛いじりすぎて、美恵の髪の毛たちが反乱を起こしたって感じ（笑）」である。[2] このように、彼女たちは、自らの名前を使用することで、私という代名詞のなかに自分の個性が埋め込まれるのを嫌うのである。したがって、「私」といわず、自分の名前を使用して自分自身を語り、アイデンティティを表現しようとした。

しかしながら、既存の権威の受容を拒否し個性をだそうとしても、それが正しいかどうかと確認するためには他者を必要とする。彼女たちは、この両面感情に悩まされ、仲間の意見に強く同調し、より身近なところでモデルを探して模倣した。

彼女たちはプロのファッションモデル、ファッションリーダーと自分とは距離が遠く、盲目的に模倣することは個人主義に合わないと思うのである。また、模倣したとしてもプロのモデルと自分は違う、モデルにはなれない、という距離感、諦めを抱く。そこで模倣できる身近な存在を探そうとした。

彼女たちは一般読者のなかからモデルを募集し一時的にモデルとして起用する雑誌、読者のファッションおよびライフスタイルをより多くリアルに紹介する雑誌を好み購読した。そして紹介されている見知らぬ人々のそれを「準拠枠」にし、自らを確認した。また、彼女たちは雑誌で紹介されている「カリスマ店員」を身近なモデルにしてそのまま模倣したり仲間のファッションに同調したりしたのである。

結局、彼女たちは個人主義を標榜しながらも、同調主義に陥るのである。R・N・ベラー（Robart N. Bellah）らは、『心の習慣』のなかでアメリカの個人主義の限界として、独立性、自律性、個性から生じる孤独が「権威への渇望」を促進し、同調主義、権威主義、集団主義に移行する危険性を述べている。(3)「ガングロギャル」のスタイルにもこのような個人主義の限界が表れていた。

第四に、「ガングロギャル」は身体およびファッションのスタイルを形成する際に、簡易で時間のかからない「ファスト」性を重視した。彼女たちのライフスタイル自体がファスト産業に大きく依存していた。彼女たちは友人とほぼ毎日ファストフード店で何時間も過ごす。食事のためだけでなく、その空間でおしゃべりをしたり、化粧を楽しんだりする。また、子どもの時から両親に連れられて行ったファミリーレストランへ今は友達と行く。そこでも長い時間を過ごす。彼女たちは早く、安く、便利であることに価値を置く。その意味で、コンビニエンス・ストアは生活雑貨を購入したり雑誌を立ち読みしたりする最も身近な空間である。「一日4、5回行くこともある。もうお部屋の一部？夜中、地元の店の前でダラダラしていると、友達に会えるのもうれしいね[4]」という表現のなかに彼女たちの生活様式がうかがえた。

「ガングロギャル」が自らを創り上げるため化粧品や洋服を購入する際にも、同様の行動原理が作用する。心身の習慣的性向なのである。短時間で簡単に安く変身することを望む。彼女たちにとってファッションショップが密集している渋谷の１０９ビルは、ファストフード店、ファミリーレストラン、コンビニエンス・ストアと同様の機能を果たすのである。ビルのなかには「ガングロギャル」の下位文化である、「可愛い系」、「ど派手系」、「セクシー系」スタイルのいずれにもモノを提供できる店が入居している。彼女たちそれぞれのスタイルに調和する店で洋服、アクセサリーを全部簡単に揃えることができる。合理的に、効率よく、変身願望を満たすのであった。

(3) いつの時代にも生成・破壊されるファッション

いつの時代にも女性の化粧やファッションのスタイルは新たに生成、流行、破壊され、次のそれが再び生成される。ジンメルは文化の悲劇について述べている[5]。すなわち、主観的精神は客観的産物としての文化を産出する。しかし、生の所産としての文化は統一から多様性に発展し、さらに高次の統一へと至るという自己論理に従って変容していく。また、主観も文化を取り入れ再主観化しながら内的論理によって変化していく。しかしながら、主観と客観のそれぞれの内的論理は一致することはない。主観は自らの産出した客観をコントロールすることができないという点に文化の悲劇が存在する。しかも、主観は客観それ自体によって質的かつ量的に展開してしまった文化諸内容と絶縁することができないところに、真の悲劇が存在するという。

しかしながら、一方で、連続性をもって拡張を続けていく主観の本質は、新しい形式表現を渇望している。自らすでに産み出した文化形式と不可避的に葛藤を起こしながら、主観は新しいそれを生成する。歴史的にみると、文化は時代の産物として生成・破壊され、新しいそれが生成される。女性の化粧やファッションの文化形式も同様である。

では、第二次世界大戦中ではどうであったのか。政府は国民総動員体制の政策を実施し、奢侈禁止、パーマ禁止令を発布した。女性は戦争に出征した男性の代わりに家計を支え、「銃後の生活」を守らなければならなかった。したがって、彼女たちは女性の役割だけでなく、男性の役割を果たさざるをえなかった。戦争のために「産めよ増やせよ」のイデオロキーの下で、丈夫な子どもを生み、養育するという「生理的母性」が要求された。さらに、出征兵士の湯茶接待・見送り、兵士への慰問袋作り、傷病兵慰問、千人針などで兵士を優しく激励するという「社会的・文化的母性」が要求された。そのうえ、勤労奉仕、軍事教練、防空演習、廃品回収、献金活動など厳しい労働を負わされた。

このような社会的環境のなか、女性に対して「勤労美」、「健康美」、「簡素美」、「素肌美」の価値が創出された。身体を華やかに飾ることが禁じられ、労働の負担が増加していくなかでも、美しさへの欲望は存在する。その産物として独自の美意識が価値をもつようになったのである。たとえば、国民総動員体制以前の1932年12月18日、『東京朝日新聞』の化粧品広告をみると、着物姿の演劇女優

出典：1932年12月18日『東京朝日新聞』朝刊、第６面

の写真入りで「ウテナクリーム　聡明は美しく輝く　肌を美しく護るといふことは　あなたのお顔を、唇を、美しく護るばかりではありません　あなたの聡明をあなたの床しい人格を、新鮮な心を現はすものです。」と述べてある。

これに対して、国民総動員体制下の１９４０年12月11日の同新聞の化粧品広告では、「レオン洗顔クリーム　華美な化粧はこの際絶對に廢《や》めるべきだと思ひます。それには従来の、お化粧法では無駄です。根本的に新しい時代に適《あ》つた化粧に換へませう。簡素美こそ、新時代にピッタリしてゐると思ひます。それには——レオンの様な素肌《しん》から白く美しくする美肌料で清楚《せいそ》な素肌化粧法に進みませう。」とある。

また、１９４１年12月30日のそれでは「かっぽう着」姿の女性の挿絵を入れ、「働け　働け　身だしなみは素肌の健康一點ばり。レートクレーム」とし、なお「働け」の部分を大文字で強調している。

この時代の女性は活動に便利なモンペを考案しそれを着用していた。新聞でも着物からモンペを作る方法が詳細に紹介された。さらに、男性のズボンをも着用した。日本の女性が始めてズボンを着用したことになる。そして、敗戦後は新たな化粧やファッションのスタイルが流行するようになった。

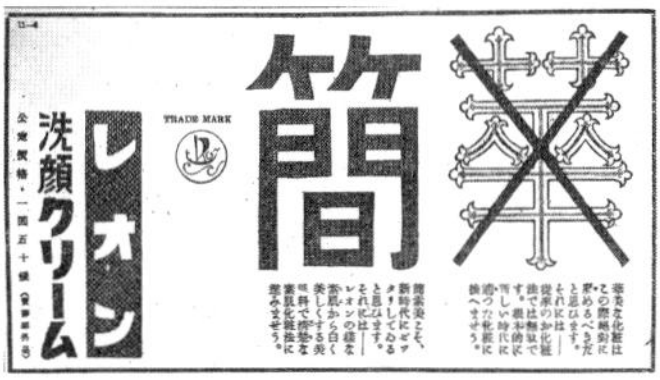

出典：1940年12月11日『東京朝日新聞』朝刊、第６面

出典：1941年12月30日『東京朝日新聞』夕刊、第１面

(4) ファッションのリスクへの感覚の麻痺

ファッションの文化形式の変遷を歴史的に考察していくと、現在のファッションスタイルに示唆する点がみえてくる。すなわち、現在のファッションは今の時代の表現形式にすぎない。大きなリスクをかかえてまで追っていく必要はないのではないだろうか。

「ガングロギャル」が流行を追うあまりに身体を焼き過ぎ、皮膚癌を発生することがある。また、マイクロミニスカートへの憧れのあまりに、冬の寒さに耐えられず病気を引き起こすこともある。また、衛生やエイズへの配慮なしに快楽へ走るため、さまざまな病気に感染される可能性が高い。彼女たちは「快楽主義」、「顕示主義」、「同調主義」だけを追求する。しかしそれはリスクに対する一時的回避、リスク感覚の麻痺にすぎないのである。

彼女たちの愛読する雑誌でも、このようなリスクに対処するための記事はほとんど掲載していない。もっぱら彼女たちのファッションを奨励し、激化させる記事、広告を掲載した。ファッション・メディア産業の経済原理によるものである。したがって、このようなリスクは産業と消費者の結びつき方によって拡大・激化していくのである。

2 日本女性のファッション・化粧はグローバルか？

(1) 「電車内化粧」から国際線の「飛行機内化粧」へ

2009年のこと。韓国のソウルに行く飛行機のなかで、通路を挟んだ向こう側に若い女性が二人座っていた。友達同士のようである。機内では食事の時間が終わり、キャビンアテンダントが機内ショッピングの注文に対応してカートを押しながら品物を販売している。すると先ほどの若い女性たちは、鞄のなかから鏡を出し、食事をしていた簡易テーブルの上にそれを立てた。そしてこれから奇麗になるぞ、と言わんばかりの勢いで、化粧道具を取り出し、鏡の横においた。電車のなかで他者の視線を気にせず化粧に没頭する女性たちを思い出した。グローバル化が進むと、電車のなかで化粧をする女性たちは、国の境を越える国際線の飛行機のなかでも平気で化粧をする。グローバル化（globalization）とは、国を越えるとともに、国の間での依存関係が増大していき、世界の縮小、時間と空間の短縮を意味するのである。[6]

通路を挟んで向こうの席であるため、彼女たちに気づかれず観察するには、ちょうどいいところであった。若い女性たちは鏡に顔を近づけ、目の化粧に熱心であった。ほとんどの時間をまつげに費やしている。ビューラーでまつげをカールし、その上にまつげエクステをつけ、マスカラで上と下のまつげをなんども塗っていた。まつげ化粧に没頭している様子は、観察しているこちら側にまでその真剣さが伝わってくる。ようやくまつげ化粧が終わったら、完成したまつげを鏡で入念にチェック。そして最後に、鏡から顔をはなして顔全体を念入りにチェックし、髪の毛を整え、化粧は完全に終った。満足げに鏡を折りたたんで鞄のなかにしまうのである。そして、前の椅子のポケットから機内の雑誌を取り出し、ページをめくる。まるで何事もなかったかのような自然な流れである。

(2) 化粧をする、みる人々が混在する空間

1990年代から電車のなかで化粧をする若い女性たちが現れ、非難されていた。その理由の一つには、化粧する過程は人に見せるものではなく、「ウチ」でやるという社会的通念があった。にもかかわらず、電車という公共の空間、すなわち、「ソト」で人目を気にせず化粧を施すことはこの社会的通念を破ったことになる。そのため、電車のなかで化粧をする女性は批判された。

第二には、電車のなかに、物理的には「いる」が、象徴的に「いない」というアンビバレントな「感覚的矛盾」の生成によって、彼女たちは批判される。電車のなかで化粧をする若い女性たちは単に社会的通念を無視したことだけに止まらない。現に、電車のなかの人々は物理的にそこに「いる」。し

かし、化粧する女性の立場からみれば、彼女の座席はそこに座っている時だけは、何をしてもかまわない個人的で自由な「ウチ」なのである。人の邪魔をしているわけではなく、迷惑をかけてもいない。彼女はその「ウチ」のなかで、化粧という個人的な行動を行うのである。そのような論理によれば、電車のなかで一緒に座っている人々は、物理的にはそこに「いる」けれども、彼女の象徴的世界からすれば、「ソト」の世界であり、存在して「いない」モノである。しいて言うならば、「ウチ」の枠を越えた「別にどうでもいい」存在なのである。すなわち、電車のなかでともにいる人々は、「象徴的に排除」された存在なのである。

電車のなかの人々は、意識して考えていないけど、場の空気で、自分たちが「ソト」の世界に追い出されていると感じる。彼女の非言語的な化粧の行動によって、「いる」のに「いない」とされる「感覚的矛盾」に陥るのである。無言であるがためにより強く感じ、感覚の確かさへの疑問、感じ方の不当性、そして「感覚的矛盾」を彼女に問いただせない我慢・抑圧が、なかば無意識に彼らを苛立たせ、不愉快にさせる。それによって化粧する女性を批判するようになる。

第三には、電車は人々の移動の手段としての場所（プレース）であるが、それを化粧をする空間（スペース）として使用することである。人々は新聞や本を読む空間として使われることには抵抗がないが、化粧をする空間になることには抵抗を感じる。それは、読書それ自体が自己目的的な行動である一方で、化粧はその行動自体が目的であるよりも、人に美しく見せるための手段的行動として見なされる要素が含まれているからである。すなわち、実際に電車のなかにはいないけれども、電車を降りてから会う誰かのために、電車のなかで化粧をしていることになる。E・ゴフマンの言葉を借りるなら、電車のなかに一緒にいる人々は、今、他者とともにいる「表局域」の空間にいるにもかかわらず、化粧する女性によって、見えない誰かのために支度をする「裏局域」の空間に、強制的に変換させられ、そこに居させられてしまうのである。したがって、彼らは「裏の空間」にいることで、現に電車にいない誰かよりも「象徴的に低く格付け」されてしまうのである。このように、電車というプレースにいる人々は、化粧のスペースに居合わされ、不本意にも象徴的スペースのなかで格付けられ、さらには、格下げまでされてしまったのである。このプレースとスペースの複合性と軋轢が、彼女たちを批判することになる。

また第四に、電車のなかで化粧する女性たちを非難する理由として、彼女たちを普通ではなく、「コスメ・フリーク」というオタクとして見なす場合である。[7]「電車男」というオタクは若い男性であったが、「電車内化粧女」はコスメに熱狂する若い女性のオタクである。彼女たちは化粧をすることが「趣味」であり、化粧自体に夢中になっている。いつでも、どこでも、なりたい自分を目指して化粧をする。それは彼女たちが「私」という人形に、キャラクターをつけ、それに萌えているからであるとする。

化粧する電車の空間と国際線の機内空間は、化粧をする人やみる人がともに存在することからすれば、乗り物が違うだけで、そこにいる人々が感じる感覚にはあまり相違がない。

(3) グローバル化におけるメディアと消費主義の文化・イデオロギー

機内でお化粧をした女性たちはどのような化粧に仕上がったのか。飛行機から降りるために通路に並んだとき、後ろを振り向いて顔をみた。そこには最近の若い女性が施す化粧の特徴があった。濃いマスカラ、デカ目、白い肌色であった。そして二人のなかの一人は長い髪であったが、茶色に髪を染めて、肩のところではゆるくふわふわにカールをしている、いわゆる「ゆるふわ」である。「ゆるふわ」とは、化粧やファッションがゆるくふわっとした雰囲気を醸し出して、若い女性の間では「可愛い」とみなされるスタイルである。誰がみても日本の若い女性の化粧である。たぶん、飛行機を降りた韓国でも、化粧の仕方で、韓国女性と差異化する日本女性であると、すぐ気づかれるだろう。まるで、日本の若者女性に向けてファッション・化粧のメッセージを伝達するメディアとしての女性雑誌が提示する化粧そのものである。

つけまつげやエクステをつけて目を大きくし、ファンデーションで肌を白く透明に見せるのは、流行の若者の「化粧顔」である。このような「化粧顔」を提示し、若者がそれを受け入れられるのは次の三つの理由がある。一つには、欧米人の女性への憧れである。大きな目、彫りの深い顔の輪郭は、若い日本女性の憧れである。そこで、つけまつげ、エクステをつけて目を大きく見せ、ブルーや茶色系統の色つきコンタクトレンズをつけると、彫りも深く見え、西欧人の女性に似てくる。さらに髪の色も染めて、欧米人イメージに近づける。しかしながら、欧米人カリスマモデルの誰かを真似るわけでなく、欧米人っぽいイメージになりたいのである。そこで身近な存在として、国内のファッション雑誌やテレビでよく見かける、欧米人と日本人のハーフのカリスマモデルを真似る対象にするのである。『ViVi』、『JJ』、『CanCam』など20代前半の女性を対象とする雑誌は、２００９~10年当時、マリエ、リナ、里沙、マキなどのモデルを起用して、今のファッションや「化粧顔」を伝授していた(8)。

二つには、「可愛い」を好む日本人の美意識と結びついている。韓国や中国においては、「可愛い」

は子どもに対して褒める美意識であり、大人に対して「可愛い」とみなすのは、幼稚であることでけなす言葉である。それに比べ日本では、たとえ50代を越えたシニア世代でも「可愛い」は褒め言葉であり、賞賛の美意識である。それが化粧・ファッションにおいても当てはまるのである。日本において、大きい目、白く透明な肌は、子どもっぽさ、可愛いらしさをイメージさせる化粧だからである。日本の女性向けのファッション雑誌の広告では、デカ目と「可愛い」のイメージの連想が一般化している。そのため、デカ目、白い肌は、大人でありながら、可愛いらしさを求める化粧であり、脱力系の「ゆるふわ」の髪形やファッションも、可愛いらしさを演出する道具である。

三つには、コスメ産業の発展と、流通システムのサイクルの加速である。最近のコスメ産業の発展と、インターネット・ショッピングによって、つけまつげ、マスカラ、色つきコンタクトレンズが国内からはもちろん世界中から簡単に入手できる構造になっているからである。デカ目の化粧顔になれる道具が、「百円ショップ」で、まさに百円で大量に販売されている。だれもが簡単に今流行の「化粧顔」になれるのである。

今日、世界はますますグローバル化が進んでいる。ファッションや化粧の領域においてもグローバル化は進行している。グローバル・システムは、経済的な超国家的実践によって構成されており、政治的な実践がシステムの操作、組織化を行い、文化、イデオロギーの実践がシステムをまとめ結合させる[9]。グローバルな規模で人々による「消費主義」の文化・イデオロギーの欲望がニーズを生成させ、物流を流通させる。そして、超国家的な広告代理店（Transnational advertising agencies, TNAA）は、グローバルな広告とマーケティング戦略を使用して、商品を売るだけでなく、「標準化されたグローバルな文化」を促進していくための基盤になる社会的、政治的、文化的な変化を計画、誘導していく。[10]その結果、ＴＮＡＡは主要先進国だけでなく、第三世界にいたるまで、「投影広告」「提示広告」などさまざまな広告の手法を用いて、グローバルな広告キャンペーンを通してメディアの影響力を増していく。[11]そして、ファッションや化粧の領域においても、グローバルに流行する色やスタイルがグローバル・システムに導入される。その結果たとえば２００９年は世界的に色においては紫、黒が流行し、ファッション・スタイルにおいては１９８０年代のファッション・スタイルが流行した。

(4)　グローカル化、「今風」に再帰する日本女性のファッション・化粧

日本においても紫や黒色、ロック・スタイルは、女性のティーン・エイジからシニア世代にいたるまで、どの世代においても、ファッション雑誌、広告などのメディアで頻繁に取り上げられていた。しかしながら、グローバルな文化が、①日本という地政学的空間軸、②「今」の時間軸の交差によって、「日本の今」でもって流行されるファッション・化粧に変容していくのである。すなわち、グローバル・システムによって標準化された流行のスタイルと、現代の日本のファッション・化粧の文化の特徴とが結節して、日本の独自なファッション・化粧に変容させられるのである。

たとえば、１９８０年代のロック・スタイルが世界的に流行しているなか、日本では、①コテコテのロックではなく、脱力系の「ゆるふわ」の要素を取り入れた「可愛いロック」に変わるのである。②ファッション雑誌は、ロックであるが、可愛い要素を取り入れたロックぽいイメージの「可愛いロック」というスタイルを生成させ、「ロックカワ」という言葉も創出する。本来のロック・スタイルと

可愛いスタイルは相容れないが、日本の美意識の一要素である「可愛い」文化と結節し、「ロックカワ」を生産している。

また、たとえば、2009年時点の日本のロック・スタイルは、②時間の軸からすれば1980年代の日本のロックの復古ではなく、2009年「らしさ」をとりいれた日本的趣向のロック・スタイルに変容されたのである。たとえば、雑誌メディアは「80年代のメロウなAORのように柔らかさとシャイニーのミックスが今風です」、「ニットの上にROCKバングル」、「それっぽいアイテムを一つ加えるだけでいいんです」[12]と「今風」のメッセージを発信している。そして80年代に着ていた豪華な服をいかに今風にリフォームして着こなすか、またアクセサリーの選択、それに似合う化粧の仕方が提案されている。

さらに、化粧においては「今顔」という名称を作り、いかにして「今風の顔」が作られるのかを教える。「今顔の秘密」、「今っぽさの秘密は『色物』にあり」の題目で、マニュアルが書かれ、それに使用された化粧品の広告が掲載される。[13]

このように日本のファッション雑誌は、一方でさまざまな世代に「ロックカワ」と「今風」を提示し、他方でファッション産業は、その「ロックカワ」のイメージを演出するための服、アクセサリーを生産し、流通させる。そして、消費者も、ファッション雑誌や広告、および商品に誘導されて、「ロックカワ」「今風ロック」の感受性を受け入れ身にまとい、時代の空気を感覚的に演じることになる。

たとえば、50代以上の女性を読者層とするある雑誌では、萬田久子氏をモデルに起用し、「ちょっとだけキュートに！　これが私の可愛いROCK」を提示した。[14]そしてロックにカジュアルの要素を多く取り入れ、「ズルク、可愛く、カジュアルUP！」の題目のもと、「ズル可愛ロック」の演出法を詳しく教える。ロックのファッションに、キュートなディテールを入れるとし、「一見ハードに見えるプリントレザーブルゾンも、裏地のピンクをのぞかせて、ちょっと可愛く着こなす」、レザーのマイクロミニに「チェーンベルトをポイントにして、自分らしい遊び心をアピール」する。日本で女性にとって可愛い色のシンボルとみなされているピンクをロックのレザーにとりいれたり、キュートな感じのチェーンベルトをつけたりして、「ロックカワ」のイメージを作り出す。雑誌のなかでモデルの女性がつけているチェーンベルトの写真に印をつけ、「ここがキュート」と文字を書き、ピンク色の「！」のマークをつけて解説している。

このように、80年代のロック・スタイルがグローバルに流行しても、日本では、「ロックカワ」と「今風ロック」のスタイルを作りあげて、ファッション雑誌のメディアが広めている。このような現象は、「ファッション・化粧におけるグローカル化」である。グローカリゼーション（glocalization）とは、グローバル化の「標準化された文化」を、ローカルの文化と結節して土着化させ、ローカルの人々に受け入れられる状態を指すのである。[15] そのために、日本女性のファッションや、化粧を施した「化粧顔」は、グローバル化のなかで、作られたグローカル化現象の痕跡なのである。

ときには、このグローカルの印が、他の国の人々とコミュニケーションの不通を引き起こす。筆者の教えるゼミの学生たちであるが、日本人の女子学生が韓国人の留学生の男子学生に可愛く見せるために、女性用のファッション雑誌で学んだ「ゆるカワ」の戦略で打って出たという。ふわふわの感じ、緩い感じの可愛らしさを認めてもらうために、寒い冬、マフラーを顔が「小顔」にみえるほどまで緩く深く巻いたのである。彼女は、それを見せて韓国の若い男性から可愛いと言って欲しかった。しかし、その韓国の男性は、「どうなっているの、マフラーのかけ方が緩いよ。顔が隠れてしまうじゃないか」といいながら、マフラーをほどいて、顔がはっきり出るように結んでくれた。日本人の「ゆるカワ」の美意識が韓国人の男性には伝わらなかった。韓国の男性には大人の女性の「ゆるカワ」を、「可愛い」と感じる感覚、感受性が無かったのである。二人は互いの美意識やそれが伝わらない・受け入れられないことでのいらだちやもどかしさを筆者に訴えてきた。韓国人の若い男子学生は、冬にマフラーを緩く結ぶことが可愛いと感じられなかった。彼はさまざまな方法であれマフラーをきちんと結ぶことが正統で美しいと考えていた。なぜなら、彼が育った現代韓国の社会では、若い女性がマフラーで顎や口を見えないように隠し緩く結ぶことを「ゆるくて可愛い」とみなす感覚が生成されていなかったので、彼らはそのような感覚を身体化してきていなかった。また、「可愛い」という表現は、子どもについて使用する言葉である。したがって、大人の女性を「可愛い」と考えるのは、子どもらしく、幼稚であることを意味する。大人の女性に「ゆるくて可愛い」と言うのは、相手を褒めることにはならず、場合によっては相手に不快感を与えることになる。韓国の男性は彼女のマフラーの巻き方がゆるくだらしなく見えてきたので、結び直してあげたのである。「ゆるカワ」は2000年代以降、日本社会の中で「癒し」「ヒーリング」の要素が商品やファッションに取り入れられ、価値が高まることによって、緩いものが可愛いこととして創られ、キャラクターやファッションに用いられている。1980年代のファッション界では「タイト」にして豊かさを見せることの価値が「ゆるい」ことより高かった。しかしながら、1990年代の以降、経済の低成長が20年間続く社会のなかで、人々は心理的にもリラックスした雰囲気、ヒーリング、癒しを求めるようになった。結果、緩くて楽にみえる「ゆるい」モノやデザインの価値が高くなっている。なお、２０１０年代の後半もファッションでは「ゆるカワ」のデザインを取り入れた服が人気を得ている。

グローバル化が進んでいる世界だから、グローカルな自分の化粧・ファッションが、グローバルに認められるだろうと考える「思いこみ」だけが、むしろグローバル化現象の土産になってしまう。なんとアイロニーなことであろう。A・ギデンス（Anthony Giddens）のグローバリゼーションについての理論の「脱埋め込み」と「再埋め込み」の概念は、化粧・ファッションの領域にも当てはまる。超国家・社会的に生産・広告・消費・流行を創り出すグローバルシステムのなかで、反省的または再帰的社会学、すなわちリフレクシヴソシオロジーの応用は、個人の化粧、ファッションの実践に有効であろう。なぜなら個人は化粧やファッションの行為を行う以前に、自らが属する国家・社会・地域に適切に再構築されているグローカルな文化におかれていることを自省することが可能になるからである。個人が日常生活において自ら好んでなかば無意識に行う「私事」としての化粧・ファッションの行為は、実は自らが生きる時代、社会・文化構造のなかで作られたものである。すなわち、化粧・ファッションについて再帰的社会学の応用は、グローバルシステムに脱埋め込みされ、ローカルに再埋め込みされた化粧、ファッションの消費文化の共時的・通時的である時間軸と、自分が属している社会という空間軸が交差する座標に、自分自身がおかれていることを自覚できるからである。さらに、その位置空間のなかで、自らに刻みこまれた身体文化の無意識を意識化し、自分の性向体系に適合する選別行為をなすことができるのである。

3 「格差越境のツール」としての化粧・ファッション
―2000年代・2010年代――「コスメ・ファン」とネット空間が創造するもの―

(1) 「化粧顔」は社会的・心理的・文化的に構築され、交流するもの

人々の化粧・ファッションの流行は各々の時代に、社会的・心理的・文化的構造のなかで生成、持続、破壊され、再び、新たな流行が編成される。

2010年代日本の化粧・ファッションの流行はどのような方向に進んできたのだろう。2012年の夏、女性の身体管理の日常生活の風景をみていこう。新緑の深まる朝、子どもや会社員たちが通学・通勤してから、ミドルエイジやシニアの人々が家の周辺をウォーキングする姿をたびたび見かける。ほとんどの人々は紫外線を気にして、肌の露出をさけるために、ツバのついた帽子、手袋、レギンスかジーパンを着用する。なかには、顔にマスクをかけて、首も日焼けしないようにマフラーを巻いている人もいる。目以外、全身を覆っているので、誰だか判別ができないほどである。まるで、ミイラのようだなと感じることもなくはない。

しかしながら、このような様子は国内のどこでも見られるし、見てもさほど抵抗がない。「少しやりすぎだけど、美白に意識が高い人だろうな」と考えるくらいである。30代以上の女性たちの間では、シミ、ソバカスがない白い肌を維持するため、日差しを避けて日焼けをしないことが身体管理の常識

である。外出のときは、サンスクリーンを塗り、長袖を着て、全身を日差しから保護するように努力している。

しかしながら、逆に、海外に出ると、ここまでやる人々はあまりみられない。たとえやりたくても、周りの視線を感じて、やりづらくなる。また、一般的に、欧米の白人女性に対しては、シミやソバカスがあっても、外国人だからという準拠の枠組みが別になり、そのシミ・ソバカスには寛大な気持ちになる。そして彼女たちに対しては、彫が深く顔が白い「外国人顔」の枠組みに依拠して、憧れのまなざしでみる。

一方、いざ、日本人同士に対しては、顔にシミやソバカスが多いと、厳しい目でみる。紫外線対策に無防備で、顔や肌の管理に怠ける人だとみなしてしまう。同じように、自分自身に対しても、同様の枠組みで見てしまうのである。したがって、自分もそう思われないために、ひいては、シミ・ソバカスがない肌を手にいれることで、「正しい身体管理者」としての自分に、安心やリラクゼーションを感じることができる。

化粧品販売員は、「20年後の肌のために、今、いい化粧品を選んで、怠けないで、しっかり手入れしてください」という。化粧品のショップには肌の測定機を置いて、「肌年齢」の平均値と比較しながら、顧客の化粧の習慣を褒めたり、直すように助言をしたりする。肌管理は、身体への自己責任のもっとも個人的領域である。と同時に、日本人の顔でも、美白か、小麦色か、「ガングロ」か、どのような肌色を美しく感じるか、は社会的で、心理的な領域でもある。したがって、たとえ、化粧水、ローションなどの基礎化粧品だけであっても化粧を施した顔とは、個人的で、社会的で、心理的で、文化的な構築物なのである。そして、身体の問題は、認識論だけでなく、権力、イデオロギー、経済力に関する議論にもかかわる領域である[16]。

(2)「美白」による、70年代「集合的記憶」の否定、「青春」の書き直し

2000年代からの化粧・ファッション文化内容の特徴は、「美白」、「人形（ドーリー）化粧」・「整形化粧」・「なりきり化粧」、「母と娘スタイル・シェア」を取り上げることができる。さらに、これらの文化の形式的特徴は、①1990年代の「コスメ・オタク（コスメ・フリーク）」というオタクの時代から、「コスメ・ファン」とも称する人々へと、大衆化、一般化する時代になった。さらに、②美容、健康、ウエルネス（wellness）またはウェルビーイング（wellbeing）への社会意識が高くなったため、ミドルエイジの40代、50代にまで、化粧に夢中になるコスメ・ファンが拡大した。「美魔女」の言葉が流行し、化粧、身体美へ萌えていた。③1990年代では、化粧・ファッションによって着せ替え人形のように「自分遊び」をしていたが、美容産業の発展による経済的側面とテクノロジーの発展によって、自らが求める自分を作り上げることができる「自分プロデュース」の時代になってきた。

では、2000年代の化粧・ファッションの文化内容からみていくことにする。第一に、美白について考えてみよう。美白は、肌の色が白く、シミやソバカスがない綺麗な状態であることが美しいと考えられることである。第1節でみたように1990年代後半に若い女性の一部では、ギャルファッションとして顔を小麦色に焼く「ガングロ」が流行していた。もっと黒く焼いた顔は「ゴンクロ」とも呼ばれて、ギャルのなかでも差異化が行われていた。同じく90年代後半、これとは逆に、美容研究

家・料理研究家である鈴木その子が，顔を真っ白く塗って，メディアを通して「美白」を提唱した。当時，この強いインパクトのため，美白という言葉が注目された。

美白の化粧は，10代のティーンエイジや20〜25歳のヤング世代より，25〜29歳のヤングアダルトや，それ以上のミドルエイジ，シニア世代に，強く意識され，求められている美意識である。女性雑誌においても，ヤングアダルト世代未満では，美白への広告や解説は少なく，それ以上の世代向けの雑誌では，非常に多くみられ，強く勧めている。また，美容産業のエステ・サロンや，化粧品でもほとんどが，美白のスキンケアを重視している。2000年代以後このような環境のなかで，女性たちは「美白への脅迫観念」にとりつかれたかのように，身体管理をしている傾向がある。

これと対照的に，1970年代は小麦色にこんがり焼いた「クッキーフェイス」が美しさの象徴として，おしゃれの象徴的地位に高く位置づけられていた。大手の化粧品会社は，揃ってサンオイル，サンケーキを売り，日に焼けた顔を健康美のシンボルとして広告した。では，サンケーキの広告をみてみよう。たとえば，1977年夏のカネボウの化粧品広告では，モデルの夏目雅子が日焼けした顔，身体にビキニ姿で海辺を走る写真が登場する。テレビCMでも，「OH！クッキーフェイス」のキャッチコピーで，同じタイトルの歌とともに，海で日差しを全身に浴びているモデルが白い歯を見せて笑っている。「夏ぎりぎりまで太陽の真下に」「目に焼きつけたい小麦色」などのナレーションが続き，「クッキーフェイス」とさわやかで健康的な声で絶叫する。

同じく，1977年の夏の資生堂化粧品広告は，「サクセス・サクセス」のテレビCMで，自然のなかで日差しを浴びながら，ヨガやテニスをしたり，生のジュースを作って飲んだり，女性の健康美をアピールしている。この時代の若者たちは、ほとんどが美白ではなく、小麦色に焼いた顔を手に入れるために、サンオイルを塗って、わざわざ肌を焼いていた。彼女たちは、美容産業とメディアによって教育され、無意識に洗脳されていた。

しかしながら、2000年代は、小麦色の肌は排除され、美白を強いられるようになった。過去の美容への価値観、小麦色の顔への否定は、単にそれだけでなく、過去の思い出、夢中になっていた過去の自分自身までを否定することを意味するのである。インターネットのブログでは、「若いときに顔を焼いたツケがまわっている」、「あの時は羨ましがられたのに、クッキーフェイスのせいで、今は顔にシミ、ソバカス、肌が乾燥している」、「今は一所懸命に美白をしています」「でも、肌を焼いていたあの時のことを後悔はしていない」などの表現が多くみられる。このように美白の化粧による身体美の変化は、彼女たちのアイデンティティだけでなく、青春の集合的記憶への意味付与まで否定的に見直させている。

(3) 「人形(ドーリー)化粧」・「整形化粧」・「なりきり化粧」

1990年代から目の化粧が注目され、2000年代も同様の現象が続いてきた。さらに、2010年代に入り、目の化粧に関連するグッズ、化粧品がより一層充実してきた。ドラッグストアや100円ショップの化粧品関連コーナは、一面がほとんど目の関連グッズで陳列されている。一重を二重にするためのテープ、液体だけでなく、ファイバーまで生産されている。つけまつげも、ファッションリーダーになった歌手や、モデルたちがデザインし、商品化したものも人気を得ている。さらに、マンガの美しい主人公の絵や名前入りの商品もある。

1960年代後半も、外国人顔に憧れ、つけまつげが化粧に取り入れられて流行っていたが、主には上まつげだけをつけていた。しかしながら、2000年代は、上まつげだけでなく、下まつげの商品も非常に充実していた。より一層目を大きく、「デカ目」が作られるのである。そして、「外国人顔」に憧れるのではなく、「外国人顔になりきる」という「なりきり化粧」が流行し、それを可能にさせてくれるグッズの売れ行きがいい。そして「外国人顔」とは、純粋に欧米の外国人ではなく、ほとんどが日本人と白人のハーフのモデルを指す場合である。すなわち、純粋な欧米白人や、世界のトップモデルの顔になりたいのではなく、日本語を話す身近なハーフモデルの顔を欧米の白人への憧れの象徴として、なりきりたいのである。

これは同じくつけまつげを使って化粧をしても、欧米、特にアメリカへの憧れが強かった1960年代とは異なる意味合いをもっているのである。グローバル化の進むなかでも、2000年代以後の日本独自の化粧文化へと、グローカル化（glocalization）していることを物語っている（本章第2節参照）。

外国人顔になるために、整形手術をしなくても、化粧のテクニックによってまるで整形したかのようにみえる化粧が、「整形化粧」である。2012年の夏、10代・20代向けの女性雑誌は、つけまつ

化粧品売り場の一面すべてが目に関するコスメ

げなど必要なすべての技術を動員して、外国人顔になれる化粧法のマニュアルを紹介している。そして、「外国人顔」に使用したグッズや化粧品の会社と価格が常に表示されて、購入できる情報が与えられている[17]。

たとえば、モデルになりきれるさまざまな化粧顔のマニュアル、写真、商品については、多くの女性雑誌に提示されているが、そのなかの一部の例をあげることができる。「10コのキーワードをマスターすれば紗代子みたいな外国人顔は作られる!!」「アイメイクから骨格の作り方まで紗代子顔の秘密を大暴露」「誰もがあこがれる紗代子のホリ深ハーフ顔」「『顔の作りが違うから……』とあきらめがちだけど、紗代子が教えてくれた10コのキーワードをマスターすれば、シャープなホリ深顔はカンタンにつくられちゃうんです。眉や骨格にまでこだわった〝紗代子流外国人メイク〟、必見です[18]」。「セルフプロデュースの達人、POPモデルたちが、いまなりたいイメージに全力でトライしたよ。見本をガン見し、試行錯誤して新しい盛り顔が完成。必死にコピれば自分磨きにもイメチェンにも、メイクテク向上にも役立つことまちがいなし[19]!」。

このような、さまざまなモデルの化粧顔が若者に提示され、読者は模倣を通して学習していく。化粧心理学の分野において、20代から50代までの女性を対象に、化粧した本人の主観的化粧心理効果の因子を分析した結果がある[20]。そこでは、人に会いたくなる、何かしたくなる、外に出たくなる、自信がでる、積極的になる、うきうきするなどの「積極性の上昇」の因子では、20代のほうが、他の世代より高く現れている。2000年代以後、彼女たちは、一重を二重にし、つけまつげをつけ、整形化粧を施し、自分のなりたい顔になることで、積極性の上昇へと繋がる、自分プロデュースの楽しみを堪能しているのである。

(4) 化粧・ファッション流行は「格差越境のツール化」

2000年代からの化粧についての社会的・文化的意識は1990年代よりも進化・深化していた。一部の若者がギャル化粧に熱狂していたコスメ・フリークの時代を超え、「コスメ・ファン」の社会現象に変化してきた。第2章でみたように、「コスメ・ファン」とは、1990年代の若者のコスメ・フリークのように熱狂的に非日常的に化粧に夢中になるオタクとは異なる。コスメ・ファンは、コスメに意識的に没頭するのではなく、日常的な趣味のように自然に化粧品の新しい情報を集め、試し、語り、ブログ等に表しながら、化粧それ自体に満足し、楽しむ。1990年代とは異なり、年齢的にも若者からミドルエイジ以上の人々にまで広がっている。メイク、基礎化粧だけでなく、つけまつげ、まつげパーマ・カール、まつげのエクステンション（自分のまつげに植毛し延長させる）、二重用のファイバー・液体・テープ、ウイッグ、ネール・アートなどを使い、化粧による身体管理、それ自体を楽しむ。このような人々を「コスメ・ファン」と称することにする。

このコスメ・ファンとは、化粧それ自体を「自己目的的（autotelic）[21]」に楽しむ人々のことである。すなわち、コスメ・ファンは化粧に関する領域（P・ブルデューの言う、「場」、「フィールド」）での行為において、M・チクセントミハイの言う「最適経験」である「フロー（flow）」体験[22]を楽しみ、それを続ける人々である。「フロー」体験とは、それ自体が目的であり、「内発的な報酬」をもたらす、深い楽しさの身体感覚である。感覚が身体に内面化され、行為を行う自分がそれに没入し一つになって流れ続けるのである。[23]したがって、「コスメ・ファン」は、コスメにかかわる場で、一連の行為自体を楽しみ、喜びながら「審美的なフロー」体験を継続している人々なのである。

では、なぜ2000年代から「コスメ・ファン」の社会現象が生起しているのか。

第一に、コスメ用品産業の生産・流通という経済的構造要因がある。G・ジンメルは、1900年代初頭の欧米社会において流行が、個人的、社会的要因以外に、経済活動に組み込まれた側面を指摘した。[24]日本では、1990年代から20年間続いた長期不況によって、企業は生き残りをかけて生産・流通・販売に対し新しい戦略に打ってでた。中小企業がコスメ産業に参入し、レベルの高い商品を生産するようになった。流通システムも、コスメ商品を全国チェーンの100円ショップやドラッグストアに展開し、さらに激安戦争といわれるほど低価格を実現した。消費者も、100円ショップやドラッグストアで、安価で手軽にコスメ情報や商品に接することになった。さらに、化粧品会社の対面販売の方式から、ネット販売方式へ展開することになった。インターネットで簡単に購入し、2~3日以内に全国に配達されるシステムが、コスメ・ファンを拡大するために合理的、効率的に役立った。また、女性たちはインターネットを通して、国内のコスメ関連商品を購入するだけでなく、韓国、アメリカなど海外の商品を簡単に購入することができるようにもなった。このような経済システムが「コスメ・ファン」拡大の重要な要因であったといえよう。

第二に、社会的・心理的構造要因である。それは、①低成長時代の「ささやかな幸せ」を求め「生活満足度を高めたい」欲求であり、②化粧やファッションで自分を作り出し、同類好みの他者との「親密なつながり」の実践であり、③美容の分野・領域に関わって「時代遅れ」な者として疎外・排除されたくない「安全弁」としてのリスクヘッジの願望であり、④女性のライフサイクルのなかで、妻、母、職業人としての役割を留保した、「理想の自分作り」への願望である。

第三に、「自分磨き」、「おしゃれ」の意識がミドルエイジ以上までも広がったことである。

２０００年代からの社会では、健康や美容意識が高まり、それを目指して身体管理を行うことが重要となった。ミドルエイジやシニアの世代では、化粧は主に肌の管理に重点がおかれ、健康で明るく見えることが良いとされる。そのため、「若々しさ」、「若見え」、「内面からの美しさ」が大事になる。化粧品によってシミ、シワ、タルミを手入れし「年齢肌」を若く見せるようにする。一旦、それに成功し満足したら美容意識がますます高くなる。

ミドルエイジやシニア世代のコスメ・ファンにとって主要な情報源は、雑誌だけでなく、テレビの通販番組のチャンネルである。一方、通販番組も彼女たちの購買意欲を高めるために、オペレーターを介在したフリーダイアルを活用する。他方、化粧品の会社もこの世代を対象に、化粧の行程を省いて簡単に化粧の効果を実感できるように商品を開発する。

たとえば、あるファンデーションは、一つの商品に美容液、日焼け止め、化粧下地、ファンデーション、コンシーラーの五つの機能をもたせている。しかも、通信販売であるため、比較的価格が安く設定されている。さらに初めて購入する人には、初回限定価格で、半額やお試し商品を提供する。同世代のモデルや一般人の化粧品の使用によって、美しく輝いた「化粧顔」を映像として放送し購買意欲をかき立てる。これをうけとったミドルエイジやシニア世代の人々は、安心して手軽に化粧品を購入することになる。そして、シミやシワに悩み、老けた「顔」で人前に出たくなかった自分から、若く見える自分に満足し、楽しみながら自分磨き、おしゃれに拍車をかけるのだ。

第四に、化粧品、ファッションアイテム、美容ケアにインターネット利用が増加していることである。ＩＴの発展によって、特に２０１０年代からは、インスタグラム、ユーチューブなどで化粧顔を写真や動画で掲載し、公開することが多くなった。したがって、他者に直接見せる化粧顔だけでなく、カメラという機械に美しく写ることが大事になってきた。したがってカメラに美しく撮られるための化粧品の選択や化粧法が求められている。そこで、いわゆる「インスタ映えする化粧」のため、化粧情報を収集・発信する行為が一般化してきたのである。

このように、化粧品の流通システムの変動は化粧品の購入においてインターネットを含む化粧品の購入経路の多様化、国内外の商品の多様化、価格の幅の広がりをもたらした。したがって、ティーンエイジやヤングの女性だけでなく、ミドルエイジの女性たちも、参入しやすくなった。「コスメ・ファン」は、コスメによる身体管理を肯定的に見られるため、他者に気兼ねせず「審美的なフロー」を楽しみ、年齢というボーダーを越えて中高年にまで拡大している。

２００８年の内閣府の「国民生活に関する世論調査」の結果では、人々の生活満足度が高まっているとし、ＮＨＫ放送文化研究所の「日本人の意識調査」でも、その満足度は低下していないとする。[25]特に若者は、厳しい経済的環境のなかでも人間関係に満足しているとする。[26]「嫌消費」傾向のなかでも、低コストで変身可能な化粧・ファッションを通して、自分をプロデュースし、他者と「親密なつながり」を構築する。インターネットで、「人形化粧」・「整形化粧」・「なりきり化粧」をした動画を公開し、世界から反応を受けて楽しむ。これは格差社会で「相対的剥奪」、「相対的貧困」を感じず、格差を超えて、ゆるい「ソフトなつながり」を形成することになる。したがって、コスメ・ファン、自分プロデュースの化粧・ファッションは社会経済的格差、年齢格差など格差が存在するなかで、断絶、排除、偏見による不満、相対的剥奪感から解放され、多様な他者とコミュニケーションし、共感、共振することができる。このような意味で化粧・ファッションは、格差を超える「格差越境のツール（手段・道具）」として機能しているのである。次の時代の新しい流行が今の自分をどのように振り返るだろうかという不安と、今の化粧・ファッションを堪能するささやかな幸せは、「身体それ自体の目的化」と「身体の手段化」のなかに深く溶け込んでいる。「格差越境のツール」としての化粧・ファッションは、身体の目的化と手段化の両方を同時に内包しているのである。

　さらに、「包摂型社会」といわれたかつてのモダン社会から変化し、ジョック・ヤングのいう「排除型社会[27]」のポストモダン社会のなかで、コスメ・ファン、自分プロデュースの化粧・ファッションは、「格差越境のツール」として機能し、人々は他者との差異を認め、多様性を楽しみ、他者を寛大に受け入れ包摂することができる。すなわち、多様な化粧・ファッションの下位文化をもつ人々は、肯定的なまなざしと好奇心で互いの差異やその多様性を受け入れ、ＴＰＯに合わせて自分のイメージを変えながら、個性的な自己演出をすることができる。世界的なＳＮＳの普及・拡大によって、時間と空間を超えて、多様な下位文化を理解、容認し、間接的で緩やかな人間関係を形成することができる。したがって、コスメ・ファン、自分プロデュースの化粧・ファッションは、多様な下位文化の差異、多様性を理解、受容して「共生を促す機能」を果たしている。これらの機能は、格差社会、「排除型社会」で生きる閉塞感、相対的剥奪感、排除・孤立の感情やその心理的構造に変動をもたらすことも可能であろう。

注

（1）G・ジンメル著（円子修平・大久保健司訳）『ジンメル著作集7』白水社、1994年
（2）『egg』vol.44、2月号、ミリオン出版、2000年、4―9頁
（3）R・N・ベラー編著（島薗進・中村圭志訳）『心の習慣』みすず書房、1994年
（4）『Cawaii』通巻50号、主婦の友社、2000年、44頁
（5）ジンメル、前掲書
（6）R・ロバートソン著（阿部美哉訳）『グローバリゼーション』東京大学出版会、2001年、2頁
（7）米澤泉『電車の中で化粧する女たち』ベスト新書、2006年、152―164頁
（8）『ViVi』、『JJ』、『CanCam』の2009年11月、12月および2010年1月号参照。
（9）L・スクレアー著（野沢慎司訳）『グローバル・システムの社会学』玉川大学出版部、1995年、108―109頁
（10）同右、184―187頁
（11）同右
（12）『HERS』2009年11月号、光文社、28頁、64頁、AOR：Adult-Oriented Rock、日本の大人向けのロックを指す。
（13）同右、84―87頁、102―103頁
（14）同右、24―29頁
（15）ロバートソン、前掲書、16―17頁。および、上杉富之・及川祥平編『グローカル研究の可能性』成城大学民俗学研究所グローカル研究センター、2009年、20頁
（16）B・S・ターナー著（小口信吉・藤田弘人・泉田渡・小口孝司訳）『身体と文化』文化書房博文社、2003年、

1―10頁
(17) 上まつげと下まつげのつけ方を紹介した女性誌の出典は以下のとおりである。『nuts』6月号、インフォレスト、2012年、66―67頁。また、ハーフモデル「ローラのHAPPY甘いハーフ顔」になるための化粧マニュアルと商品紹介は、『Seventeen』6月号、集英社、2012年、87―91頁
(18) 『nuts』、前掲、76―79頁
(19) 『Popteen』6月号、角川春樹事務所、2012年、71頁。さらに、ハーフモデルに「なりきり化粧」のマニュアル、化粧品の紹介は71―76頁に掲載されている。
(20) 鈴木ゆかり・互恵子「化粧をした時の気持ち」資生堂ビューティーサイエンス研究所編『化粧心理学』1996年、フレグランスジャーナル社、276―280頁
(21) M・チクセントミハイ著（今村浩明訳）『フロー体験　喜びの現象学』世界思想社、2008年、85頁
(22) 同右、61―62頁
(23) 同右、85―86頁
(24) 経済的側面については次のものが参考になる。G・ジンメル著（円子修平・大久保建治訳）「流行」『ジンメル著作集7』白水社、1976年、および、早川洋平「流行の社会学」『社会学ベーシックス第7巻　ポピュラー文化』世界思想社、2009年、117―126頁。ジェンダーの側面については、以下も参考になる。G・ジンメル著（北川東子編訳）鈴木直「女性と流行」『ジンメル・コレクション』筑摩文庫、1999年、55―64頁
(25) 岩田考「低成長時代を生きる若者たち」藤村正之編『いのちとライフコースの社会学』弘文堂、2011年、211―224頁
(26) 同右
(27) ヤング、J著、青木秀男・伊藤泰郎・岸政彦・村澤真保呂訳『排除型社会―後期近代における犯罪・雇用・差異』洛北出版、2010年、16―48頁

第2部

化粧品広告と身体文化―実証研究―

第4章 化粧品広告にみられる身体文化と企業の戦略
—日本と韓国の国内・国外企業の比較を中心として—

1 化粧行為の機能性

日本と韓国で女性の化粧行為はその機能性からみると、大きく二つに分類される。

第一の機能は、女性が恣意的なスタイルで化粧を行い、その顔、容姿をそれぞれの社会のなかで形成され消費される価値の高いモノとして、対面する他者に好感をもたせることである。その際、女性の化粧した顔を効果的にみせる、また効果的にみられる社会的他者として男性が想定される。しかしながら、化粧した女性の顔を知覚し、評価しあう相互作用の相手のなかには同性である女性も含まれる。社会的他者が男性であれ、女性であれ、女性の化粧行為の効率性は、日本、韓国それぞれの社会、時代の化粧に関する身体文化のあり方に深く関係している。

女性の化粧の身体文化には、女性の化粧した顔についてのセクシュアリティやジェンダーが関わっている。身体と性とジェンダーについてみると、セクシュアリティは生物的な事実や自然としての性、ジェンダーは文化的な特徴としての性、つまり女らしさ、男らしさといったことであると区別されているが、それは異性愛の西洋的な考え方に基づいていた[1]。しかしながら現代のフェミニストたちは、この二分法には懐疑的であり、生物学的な事実や自然であるとした「性」も、実は当該社会のなかで構成されるため文化的な現象であるとみなしている[2]。

J・エントウィスル（Joanne Entwistle）はファッションを、セクシュアリティやジェンダーが関わる文化現象としてみなしている[3]。化粧もファッションと同様に、女性の身体、化粧した顔について、セクシュアリティやジェンダーが関わる身体文化と深く関わっているものである。女性の化粧行為は当該社会の身体文化のあり方のなかで、セクシュアルな性的欲望の消費、女性らしさのジェンダーを巡る複合的な社会的期待と表出の相互作用によって行われる。

そのため、化粧した顔は、異性愛を意識する誘惑、セクシー、顔のパーツの調和を引き出した美、さわやか・清楚、可愛いらしさ、きりっとした「挑戦」的なイメージ等、当該社会の恣意的な集合的表象の身体文化に深く依拠している。

第二の機能は、女性が自ら化粧する行為自体、または化粧を施した顔に自らが満足することである。女性の化粧に関するこのような自己満足は社会的他者を必要としないようにみえる。しかしながら、女性の化粧に関する自己満足は女性のアイデンティティにかかわっている点において、社会的他者を必要とする。E・ゴフマンは個人が日常生活で自己を他者に呈示する際に、「個人的外面（personal front）」を作り表出するという。この個人的外面には「地位ないし位を示す記章、身体の大きさ、容姿、表情、身振りなどが含まれる[4]」。そして、個人は対面する他者との相互作用でさまざまな技法を使用し、

「印象操作」を行う[5]。女性は他者との対面のなかで、恣意的な化粧を施した自らの顔、容姿を自らの社会的カテゴリー、属性、威信として呈示し他者との相互作用を行うことを通して、「社会的アイデンティティ」を形成する。また、女性は他者との対面で、自らの恣意的な顔、容姿がほかならぬ自分自身、また、自分のスタイルとして承認されることを通して、「個人的アイデンティティ」を形成する。したがって、女性は自らの恣意的な化粧行為のパターンを他者に承認、賞賛される過程を通して、社会的および個人的アイデンティティを形成し、自己満足へいたるのである。韓国と日本の女性はそれぞれの社会で価値の高いとされる化粧のスタイルを自らの顔に調和させ、他者に受容、賞賛されることを通して、化粧行為および化粧した自らの顔に自己満足するのである。

以上から、韓国と日本の女性が自らの化粧した顔を他者に魅力的にみせたり、また、他者に魅力的にみてもらったり、さらに自らが満足したりする過程で、それぞれの国の化粧に関する身体文化の内容が重要になる。そこで、本章では、1990年代に調査した両国の化粧品広告分析をもとに、比較分析を行ってみる。

2 1990年代後半の韓国の身体文化──韓国の身体イメージ言説より

1997年2月10日、韓国の日刊紙「韓国日報」は身体について15面16面の全面を使い記事を掲載した。「我が文化のキーワード、体（Body）、『頭が悪いのは耐えられても体が醜いのはゆるせない』

とまでいうのは極端で滑稽だが、この言葉が体に対する今の時代の哲学を含んでいるとするのはいい過ぎだろうか。哲学が消えていったこの時代。いまは文化や哲学を悩ませるキーワードの一つは『体』である。これまでのような労働する肉体、生存する肉体でなく、消費する肉体への関心が爆発的に増えてきている。熾烈に悩む肉体でなく、楽しむ肉体の時代の幕開けだ。[6]」とかかれている。この記事では、個々人が「体ほど美しいものも、神秘なものも、真実なものもない[7]」という信念のもとで、身体の美を楽しみ、身体の手入れに励んでいると述べられている。

では、個々人はどのような身体の美を期待して手入れをしているのか。次の文章がこれを具体的に示している。「体の組み立てと再構成の究極的志向はおおむねセクシーである。セックス・アピールはいまの若者にとって重要な美徳と価値観である。『顔が整っている』と『顔が奇麗』という言葉がそれぞれ男性性と女性性の表現であるなら、『セクシー』は男女に共通する称賛の表現である。そして大衆媒体（マス・メディア）はこのような価値をより拡大再生産し、拡散させている。」「旧世代の体への関心は『健康』に対する部分が大きい。反面、新世代ではみせる肉体、セックスの道具としての肉体、セックスの対象として幻想的価値を付加する肉体の美しさへの関心が高まっている。いまわれわれは恰好よく、美しく、セクシーになることによって体の自由を得ようとする。」「各種媒体（メディア）にあふれでる美しい肉体のイメージ。肥満に対する恐怖。『健康でセクシーな体に対する脅迫症的執着。『体』は現代人を悩ませる呪縛である。[8]」これらの記事を通して、１９９０年代後半のこの時期、韓国の社会では、個々人が自ら磨き、作り上げたいと望む「健康で、セクシー」な身体イメージが規範化されていたことがわかる。

韓国の社会で個々人は健康でセクシーな身体を創り上げるために、絶え間なく身体管理を行う。そして個々人はこのような身体に対する欲望、快楽をもとめて「身体市場」に投資をする。身体を最適の状態に維持、保存する健康産業、身体の美を最大限にひきだす美容産業、身体を整形し、管理する医療産業など、「身体産業」は各種の商品を生産、販売する。そして、個人の欲望を満足させる使用価値の高い「身体」が企画化され商品になる。次の文章がこれを物語っている。「太っている人はダイエットをし、美しい体に仕上げるためにスリミング・センターやヘルス・クラブにいく。低い鼻と小さい胸にはシリコンを入れて、しわとそばかすはレーザーでとる。太い足は脂肪吸引術によって細くする。また、体型の修正だけでは足りない。より洗練された文化を作るために、日焼サロンによって体をやいて健康な色をだすことと、髪の色を染めることも忘れてはならない。[9]」このように、「身体産業」とメディアによって創られる体は、韓国の社会で規範化されている健康でセクシーな身体イメージに最も適合したものである。そして身体産業、メディア、消費の相互関与は規範化された身体文化を変容、強化、再生産するのである。

また、企業の出す広告も同様の機能を果たしている。1996年春、韓国の多くの化粧品会社の制作した化粧品広告はセクシーなイメージを売り物にした。化粧品会社はルージュの正式なブランド名の外に、イメージ戦略として特別名称を付与した。たとえば、アモレ太平洋社はラネズ・ルージュに「SEXY No.1」という名前をつけて宣伝を行う。「本能が目覚める色―ラネズ・セクシー ナンバーワン」という広告をだす。また、韓国化粧品社もテンプテーション・ドゥラルージュに「フレンチピンキー&オレンジ」という名前をあたえた。そしてその広告は「春の風にのって目立ちたいですか。スカートは短く、キスは深く、そしてなによりも一つ、フレンチピンキーを持ちましょう。フレンチキスもフレンチウィンクも気ままに——テンプテーション・フレンチピンキー&オレンジ」である。ちなみに、テンプテーションは翻訳すると、誘惑の意味である。セクシーや誘惑という言説を商品名にまで入れる。このような「セクシー」なイメージの戦略は韓国内に進出している外国化粧品会社の販売戦略にも影響を及ぼしている。フランス企業のピエールカルダン社もルージュに「メリーキセスピンク&オレンジ」という名前を与え、イメージ戦略に乗り出した。「ピエールカルダンの世界感覚が新しいカラーを提案する。甘い魅惑—メリーキセスピンク（MERRY KISSES PINK）！　洗練された情熱—（MERRY KISSES ORANGE）！」。ピエールカルダン社は国内企業と異なるグローバルなブランドであり、そのグローバルな水準や感覚からルージュを勧めているとアピールするため「世界感覚」の言説を前面にだし、「世界感覚」でしかも「セクシー」なイメージを韓国の化粧品市場に持ち込み、消費させる。そのため、このルージュの広告に韓国人ではなく、西洋人の女性モデルの写真を掲載している。

以上のように化粧品会社の広告も、韓国の社会で規範化されている身体のイメージを商品化し、強調するのである。消費者はこのようなルージュの広告からそのイメージ・ネームを覚え商品を購入する。化粧品売り場で「SEXY No.1をください」「フレンチピンキーをください」「ピエールカルダンのMerry Kisses & Pinkをください」と言い、それらのルージュを購入し、使用する女性は、化粧品とともに、韓国社会で規範化されているセクシーな身体イメージを消費する。多くの女性はこれらのルージュを唇につけることによって、社会では賞賛されるが自分にはもちあわせていないセクシーイメージへの欲求を満足させたり、自分のセクシーイメージを補強し身体の社会的価値を高めたり、さらには、流行を取り入れる自分は「身体管理」ができる人だと自己肯定感を抱いたりする。しかも、このような消費現象は身体のセクシーイメージが他のそれ、たとえば可愛いなどより正統であるという、正統化機能をはたすことにもなる。そして、韓国の社会においてセクシーイメージ以外の多様な身体イメージの商品価値を低下させることになる。

以上の事例から身体と消費と広告について次のことがいえるであろう。第一に、現代の韓国の社会では身体の美の消費において「健康でセクシー」なイメージが正統であり、規範化されている。なおこのイメージは「魅力的な身体」として自然に好まれる集合的な表象であり身体文化を成している。第二に、韓国の社会で身体に関する商品の広告は社会で規範化されている身体のイメージ、または、その一部を商品のイメージ戦略として採用する。企業は広告のなかに「健康でセクシー」な身体イメージを商品の記号として消費者に強調することによって、購買力をかきたてる。

しかしながら、韓国の社会で個々人は、「健康でセクシー」な身体イメージが、恣意的に作られ、規範化され、個々人に象徴的権力をふるっているということに気づきにくい場合が多い。というのは、規範化された身体のイメージは自明性をもつがゆえに、個々人に意識されにくいからである。同様に、日本では「可愛い」イメージの身体文化の正統性は人々に自明視され、無意識のうちに選好・選別し消費を行うのである。そこで、本研究では、韓国と日本の化粧品広告の比較分析によって、その広告にみられる恣意的（arbitrary）で自明化された身体文化について考察を試みたい。

3　化粧品広告比較分析概要

(1) 資料媒体

序章でみたような、化粧に関する理論的考察を基礎にして、韓国と日本の化粧品広告を調査し、そこにみられる身体文化の比較を行った。調査の対象は、1996年1月から12月まで韓国と日本で出版された10代、20代、30代向けの女性雑誌に掲載された化粧品広告である。まず、韓国では、『女性東亜』『レディー京郷』『FEEL』『Ceci』『école』『Queen』『CLASSE』『VOGUE』『With』『Calla』で化粧品広告を収集した。同様に、日本では、『anan』『nonno』『ViVi』『ar』『Frau』『ELLE』『With』『25ans』『La vie de 30ans』『Oggi』『CLASSY』『ハイファッション』『流行通信』で化粧品広告を収集した。韓国および日本の化粧品会社は同一商品に関して、同一の広告を多くの雑誌に重複して出すが、収集する際には一つだけを採用した。両国で収集された化粧品広告は韓国で177枚、日本で150枚であり、合計225枚を対象に分析を行った。また、同様の方法で1994年にも日本で73枚、韓国で50枚、合計123枚を収集し、分析を行っていたので、ここでは、1996年の資料を使用し、1994年の資料は必要に応じて参考にすることにする。また、1995年8月および9月、1996年11月アメリカで出版された女性雑誌に掲載された化粧品広告を、韓国と日本の比較分析の際に参考に使用する。広告を収集した女性雑誌は、『Mademoiselle』『COSMOPOLITAN』『SASSY』『TEEN』『YM YOUNG & MODERN』『Seventeen』『marie claire』『SELF』『allure』『VOGUE』で当時10代、20代、30代で広く読まれていたものである。

(2) 分析の手続き―言説分析とモデル顔分析―

分析の手続きは、まず、韓国と日本の化粧品広告にかかれている言説を分析した。言説的実践は、「知識の伝達者のために正統な見方を定義し、概念および理論構成のために規範を確定」する。すべての言説の実践は「排除と選択を明確に示す、一種の処方行為」である[10]。化粧品広告の言説は、商品の差異的イメージを創出し、消費者に対して排除と選択の論理を通して正統化をはかろうとする。したがって、ここでは言説のなかの排除と選択の内容を分析することによって、広告の象徴的世界にみられる身体文化を明らかにする。そして、その身体文化は韓国と日本の社会での化粧に関する身体文化とどのような関係にあるのかを分析する。

また、調査では化粧品広告のなかのモデルの写真の分析を行った。モデルの広告の意図する差異的イメージの記号として使用されている。記号は「モノと意味との合体物」であり、「物質的な対象である記号表現（signifier）と、意味である記号内容（signified）」からなりたっている[11]。韓国と日本の化粧品広告におけるモデルの写真は記号としてどのような仕方で、何を意味するのかを分析することにする。写真の分析のため16の項目を設定しマニュアルを作成した。項目にはモデルの顔の角度、顔の雰囲気、目の視線、口の表情、唇の描き方、手の位置、外見・容姿、服装、年齢、国籍、モデルの状況設定などが含まれている。そしてマニュアルにしたがって、韓国の大学生3名、日本の大学生4名、合計7名（女性6名、男性1名）に写真を判定させ、その結果によって写真の分析を行った。顔の雰囲気については、二人が一組になって意見をだして行い、あいまいなものについては調査員全員で討論したうえで、決定・分類した。写真の分析は1997年2月6日から11日まで行われた。

4 比較分析

(1) 女性モデルの顔の雰囲気

では、韓国と日本の化粧品会社はどのような顔を商品価値の高いものとして広告のなかに組み込んでいるのか。韓国と日本の国内・国外化粧品会社が制作した広告に登場する女性モデルの顔の雰囲気を分類し比較した（**図表4－1**）。

雰囲気別にモデルの顔をみると、日本では、誘惑する顔（35・5％）が最も多く、ナルシスティックな顔（23・7％）、さわやかな顔（15・1％）、かわいい顔（12・9％）の順になっている。一方、韓国では誘惑する顔（37・9％）が最も多く、ナルシスティックな顔（13・6％）、挑戦的な顔（11・4％）、かわいい顔（9・8％）の順になっている。日本と韓国双方の広告で、モデルの顔は男性を誘惑する雰囲気のほうが、自己満足する雰囲気のもの（ナルシスティックな顔）より多いことがわかる。また、モデルが自己満足する表情を表しているものの割合は日本のほうが韓国より高く、挑戦的な表情を表しているものは韓国のほうが日本より非常に高い。

さらに、広告のなかでモデルの誘惑的な表情を積極的な誘惑と受動的な誘惑とに分類してみた。積

図表４－１　モデルの顔の雰囲気および誘惑顔の分類

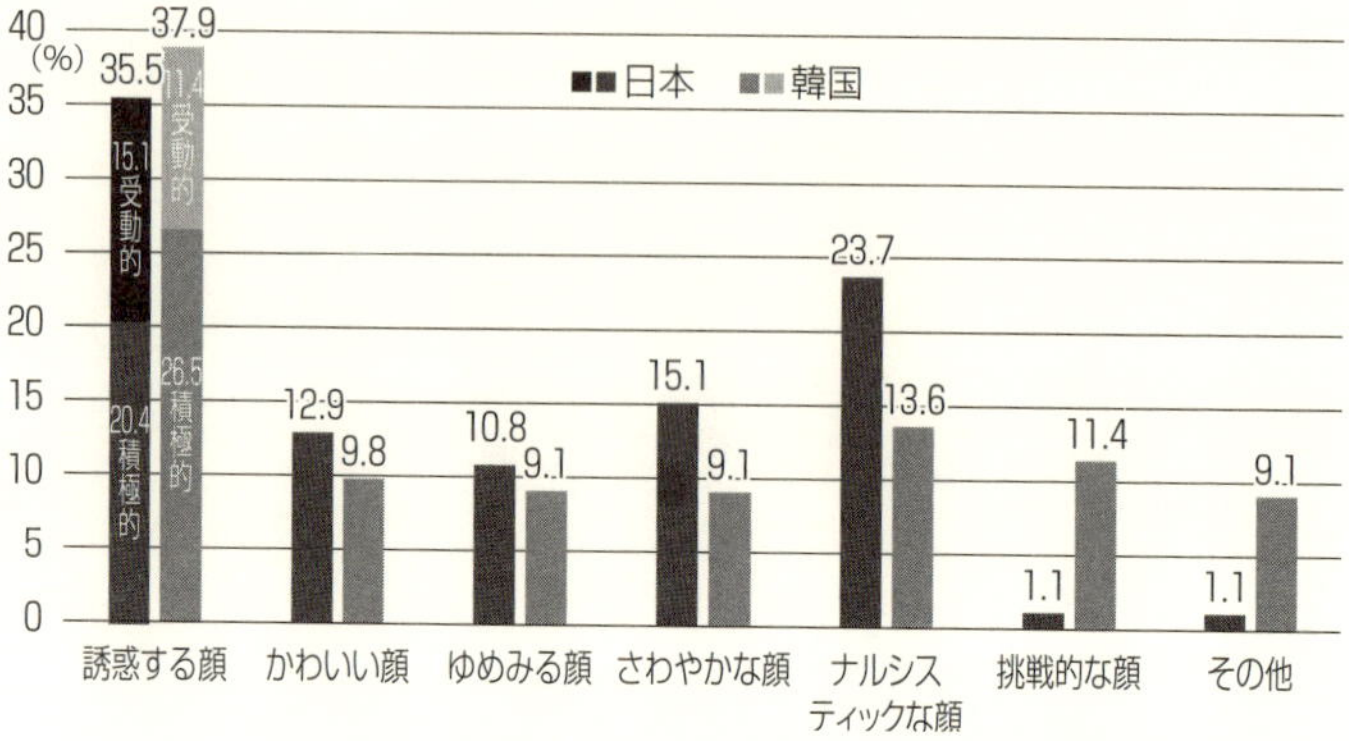

	誘惑する顔			かわいい顔	ゆめみる顔	さわやかな顔	ナルシスティックな顔	挑戦的な顔	その他	合計
		積極的	受動的							
日本	33	(19)	(14)	12	10	14	22	1	1	93
構成比(%)	35.5	(20.4)	(15.1)	12.9	10.8	15.1	23.7	1.1	1.1	100
韓国	50	(35)	(15)	13	12	12	18	15	12	132
構成比(%)	37.9	(26.5)	(11.4)	9.8	9.1	9.1	13.6	11.4	9.1	100

極的な誘惑とは、モデルが男性を自ら進んで、直接的に誘惑するまなざしや顔の表情をさしている。また、受動的な誘惑は、モデルが男性に誘惑されたい、または、誘惑されていることを意識しているような顔の雰囲気をさしている。

結果、日本と韓国の広告両方で、モデルが男性をより積極的に誘惑するまなざしや表情をしているものが、消極的、受動的な誘惑をしている場合より多かった。また、ほとんど差異は少ないものの、受動的に誘惑する顔は日本が韓国より、積極的に誘惑する顔は韓国が日本より多く現れている。さらに、モデルの女性が自己満足する顔を除いて他者にみせる顔だけをみる

図表４−２　モデルの年齢

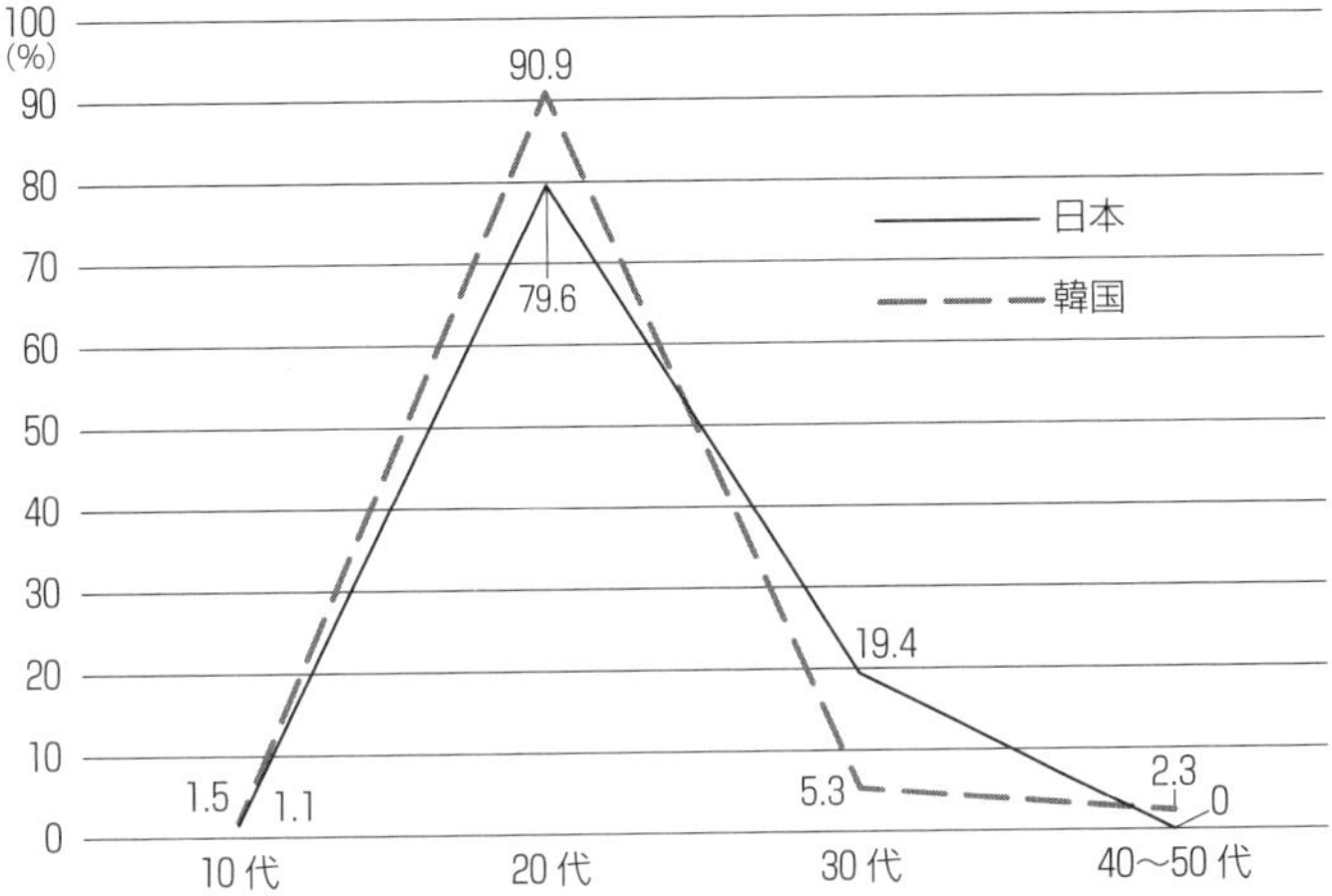

	10代	20代	30代	40〜50代	合計
日本	1	74	18	0	93
構成比(%)	1.1	79.6	19.4	0	100
韓国	2	120	7	3	132
構成比(%)	1.5	90.9	5.3	2.3	100

と、日本の広告では、性的に誘惑する顔、さわやかな顔、かわいい顔が他の顔より多い。これに比較して韓国の広告では、性的に誘惑する顔の次に挑戦的な顔、かわいい顔の順に多い。このように、日本と韓国では広告のなかで商品価値の高く、頻繁に登場する顔がそれぞれ異なることがわかる。

(2) モデルの年齢

では、日本と韓国の化粧品広告で登場するモデルにおいて共通して価値が高いのはどのような特性であるのか。**図表４−２**で日本と韓国における国内・国外化粧品会社の化粧品広告に登場するモデルの年齢を比較してみた。

日本の化粧品広告で登場するモデルの年齢は、20代が79・6％で最も多く、次が30代で19・4％である。これに対して、韓国の場合も20代が90・9％で圧倒的に多い。韓国が日本より20代に集中しているものの、20代の若い人が多いのは両国で共通している。これは化粧品会社が、女性に「健康、若さ、ういういしさ」を価値あるものとして化粧品を消費させるためである。したがって、化粧品会社は化粧品広告の写真にも健康、若さ、ういういしさの記号として20代のモデルを呈示するのである。

(3) 化粧品広告の言説分析

次に、日本と韓国の化粧品広告のキャッチコピーを通してどのような身体が価値の高いものであるかを比較してみる。第一に、日本と韓国の化粧品広告では、顔の色が白く、顔にシミやソバカスがないこと、肌がなめらかで、しなやかなことが肯定的に評価され、高い価値をもつ。また、アメリカの化粧品広告でも女性の顔がなめらかで（smooth）、やわらかで（soft）、くすんでなくきれいで（clear）、輝いて（radiance）いることが高く評価されている。反面、広告のなかで顔の否定的な状態として、シミ（smudge）、ソバカス（freckle）、乾燥（dryness）、べとつき（sticky）、あぶらぎっている（shine）などがあげられる。これらの特徴は日本および韓国での場合と類似している。

また、日本と韓国の化粧品広告では太陽光線の紫外線による皮膚の損傷を防ぐ化粧品のコピーを通して、女性の顔の色が白いことの価値を創り上げ、強化する。日本と韓国では紫外線防止の化粧品はUVホワイトニングと呼ばれる。化粧品の機能は紫外線から皮膚を保護することであるが、その機能以外に白い肌の価値を付加して、差異的なイメージを創り上げているのである。たとえば、広告の写真では白人を登場させ、広告のコピーは「目的はひとつ、新美白。すべての機能は、ホワイトニングのために。ＵＶホワイトの目的は白い肌」とかく。「ファンデーションで、新美白。美白ファンデーションは夏だけのものではありません。新感触で、さらに白い肌を守ります。」（１９９４年、夏、UVwhite、SHISEIDO、日本）「白い夏を夢見る―Ｅ・Ｚ・upホワイト。白い肌を守る。皮膚の弾力を守る。自信のある女性は太陽の前にも自信をもってでていきます。」（１９９６年、夏、Ｅ・Ｚ・up、DeBON、韓国）そして、日本と韓国の女性はこのような広告から顔の色の白いことが高い価値をもつという判定を学習、強化していく。

しかし、アメリカの化粧品広告では、女性の顔の色を白くさせることに高い価値をおいて宣伝することはみうけられない。アメリカの場合、紫外線対策の成分をもつ化粧品の広告で、化粧品の機能を「科学的」「専門的」記号のみにたよって宣伝する。たとえば、「ＵＶ対策クリーム。それはしわや小じわをみえにくくする保湿成分と年間を通してＵＶ光線による損傷から肌を守るために皮膚科専門医が推薦するレベルＳＰＦ15を調和しました。」（１９９６年、冬、UV PROTECTANT CREAM, OIL of OLAY、アメリカ）「紫外線カット成分ＳＰＦ15による皮膚の保護」（１９９４年、夏、BIENFAIT TOTAL、LANCOME、アメリカ）。このようにアメリカでは、紫外線防止の化粧品の広告で女性の白い肌を価値の高いものとすることはない。以上からそれぞれの社会で化粧品会社の作る広告はその象徴的な世界のなかで新しい意味を創出し、それを差異化のイメージとして受け手に消費させていることがわかる。

第二に、日本と韓国の化粧品広告では、化粧した顔の自然性を強調する。これはまた、アメリカの化粧品広告でも同様である。ではなぜ化粧品の広告で自然性は強調されるのか。「自然化は自然を解体した後で記号として現実のなかへ復活させることである。（中略）あらゆる宣伝につきまとう『自然らしさ』は、したがって『メイク・アップ』の効果をもつことになる。」とJ・ボードリヤールは述べている。[12] 化粧の場合も同様のことがいえるであろう。化粧は、顔に化粧を施すという人工的な作業を通して、現実の顔という「自然」をなくすことである。そこで、化粧品広告は自然らしさ、自然のようである、などの自然化を追求するようになる。自然性それ自体が、広告の記号として消費されるのである。したがって、日本、韓国、アメリカの化粧品会社は、自らの会社の商品をしっかり顔につけることによって、化粧した顔が大変自然になるという、呪文をかける。

しかしながら、自然の意味はそれぞれの社会で異なっている。日本の広告の場合、化粧品を顔に重ねてつけていくにもかかわらず、薄化粧のように「自然として」の素肌の美をみせることを強調する。したがって、日本では素肌が重視され、素肌のようなメイクが価値の高いものとされる。一方韓国の広告の場合、化粧品をつけることによって皮膚に化粧品がしみこみ、皮膚と化粧品の複合上昇効果が働き、化粧を施した顔が「自然として」美しくなるのである。アメリカの広告における自然の意味は韓国の場合と類似している。

このように、日本と韓国の広告で化粧と顔をめぐる自然らしさの意味が異なることがわかる。ではそれぞれの広告のなかで、肌はどのように意味づけられているのか。日本の場合、化粧品広告は肌自体を「自然」とみなしている。肌を守ることは自然をまもることである。ここには、肌と自然との関係におけるからくりが存在する。すなわち、広告は肌を自然とみなすが、自然だとして肌に手入れをしないで放置することはゆるされないのである。肌は緻密に計算され、ぬけ目なく創られ管理された自然なのである。たえまなく肌に手入れをし、しかも、肌がありのままで美しいかのようにみせる、「創られた自然」が強調されるのである。そして、化粧の最大の目標は、肌を限りなく若い肌に近づけていくことである。常により若い肌を求めるということは、到達目標としての肌が実は不在であるということである。したがって、広告は女性に本質的に不在の目標を追って限りなく努力するように仕向けている。

「新鮮になろう。誰の肌も、本来美しい透明感に輝いているはず。プルミエで、あなたの肌の奥に眠っている透明感をとりもどしましょう。」「ただ素肌っぽいだけで満足していませんか？　透明感のある美しい素肌のようなしあがりがほしくありませんか?」（１９９４年、夏、新プルミエ、SHISEIDO）、「素肌を越えた素肌（ダーマル）のようなメーク、あなたもこの秋体験してみては」（１９９４年、秋、ダーマルメーク、POLA）、「新しい肌よ、生まれなさい。肌はみずみずしく呼吸をはじめます。新しい肌がはじまる予感。」（１９９６年、夏、CLE DE PEAU SHISEIDO）以上の事例が肌に対する考え方を物語っている。

一方、韓国の化粧の広告では、肌に対して日本とは異なる意味づけがされている。韓国の広告は日本のように肌に執着していなく、また、肌をかぎりなく新生児の若い肌に戻すなどの考えをもたせない。現在の肌がいずれは老化するので、化粧品を使用することによって、若さをたもち、老化を延期することが大事だといっている。そして、いつまでも若さを保つようにと仕向ける。そのために、肌につける化粧品が重要であると強調する。化粧品の内容が植物や温泉水などの自然の存在から抽出されたものであったり、科学的に効果が証明されたものである、などということによって差異化をはかろうとする。

「永遠の若さを夢見るプリメーラのしっとりとした感触。複合自然成分による豊かな保湿感が、弾力性、透き通る皮膚を維持します」（1996年、秋、PRIMERA、AMORE）、「アロエが体に良い事をあまりによく知りながら何故皮膚には塗らないのでしょうか。われわれの皮膚にもっとも近いナミヤンアロエ化粧品。皮膚は自然を食べたがっています」（1996年、秋、RAHEL、ナミャンアロエ化粧品社）、「〝あなたの皮膚はいくつ？〟正当漢方化粧品。漢方材料である薬草をより徹底した研究と実験を通して現代女性の皮膚を若く健康に維持するよう努力します」（1996年、秋、CHUNGDAM、チョンダム化粧品社）。以上の事例から肌に対する韓国の化粧品広告の考え方をみることができる。

以上のように日本と韓国で化粧における自然性の意味、肌の意味が異なってくると、両国に参入している国外化粧品会社の販売戦略は、それぞれの国内企業の戦略を無視することができない。むしろ、両国それぞれの国内企業のイメージ戦略に同化することが重要になる。日本に参入している国外企業のコピーは、日本の広告で好まれている「素肌」、「透明感」などの用語を頻繁に使用するようになる。そして、化粧品による肌の手入れの習慣を身につけるようにという。たとえば、ESTEE LAUDER社のFruition Extraの商品をアメリカで広告した場合と、日本で広告した場合とでは、その広告の内容が異なってくる。この商品の広告は、アメリカでも日本でも、商品の写真とコピーだけをだしている。しかし、アメリカでの場合は、商品が皮膚に効果的であることを科学的な用語を使用して、説明する。肌のために効果的で、肌の老化の症候を防止して、おだやかに肌の自然なpH.（水素イオン濃度指数）を維持するという働きを詳しくかいて、消費者を説得しようとする（１９９６年、秋、Fruition Extra、ESTEE LAUDER、アメリカ）。これに対して、日本の場合、同一商品であるのに、一切の専門的説明をしていない。「さらに美しく、もっと美しく、もっとも美しく、素肌。」である（１９９６年、秋、Fruition Extra、ESTEE LAUDER、日本）。ここでは、美しい素肌を最高に強調するねらいである。アメリカの広告では、特別に素肌を強調していないのに対して、日本では素肌を強く訴え商品を認識してもらおうとする戦略が作用していることがわかる。

(4) 国内企業・国外企業の同化・差異化戦略―モデル顔の雰囲気比較―

また、国内の化粧品市場に参入し、そこで生き延びようとする国外の化粧品会社は、国内の化粧品会社と同化する「同化戦略」だけでなく、差異化をはかる「差異化戦略」をも使用する。化粧品広告に国内の企業よりも外国人を多く登場させ、国外のイメージを強くアピールする。また、広告に登場するモデルの顔の角度や顔の雰囲気において、国内企業のそれと差異をつけようとする。**図表４－３**と**図表４－４**は日本と韓国での、国内と国外企業の出す化粧品広告に登場するモデルの顔の雰囲気の比較である。

では、これらの図表を通して、広告におけるモデルの顔の雰囲気を比較してみよう。第一は日本の国内企業と国外企業の比較である。第二は、韓国の国内企業と国外企業の比較である。第一に、日本の国内・国外企業の広告をみることにする（**図表４－３**）。日本の国内企業では、モデルの顔の雰囲気が誘惑する顔が30・１％で最も高く、次にナルシスティックな顔が28・８％で高い。その次がかわい

図表４－３　モデルの顔の雰囲気（日本の国内・国外企業の比較）

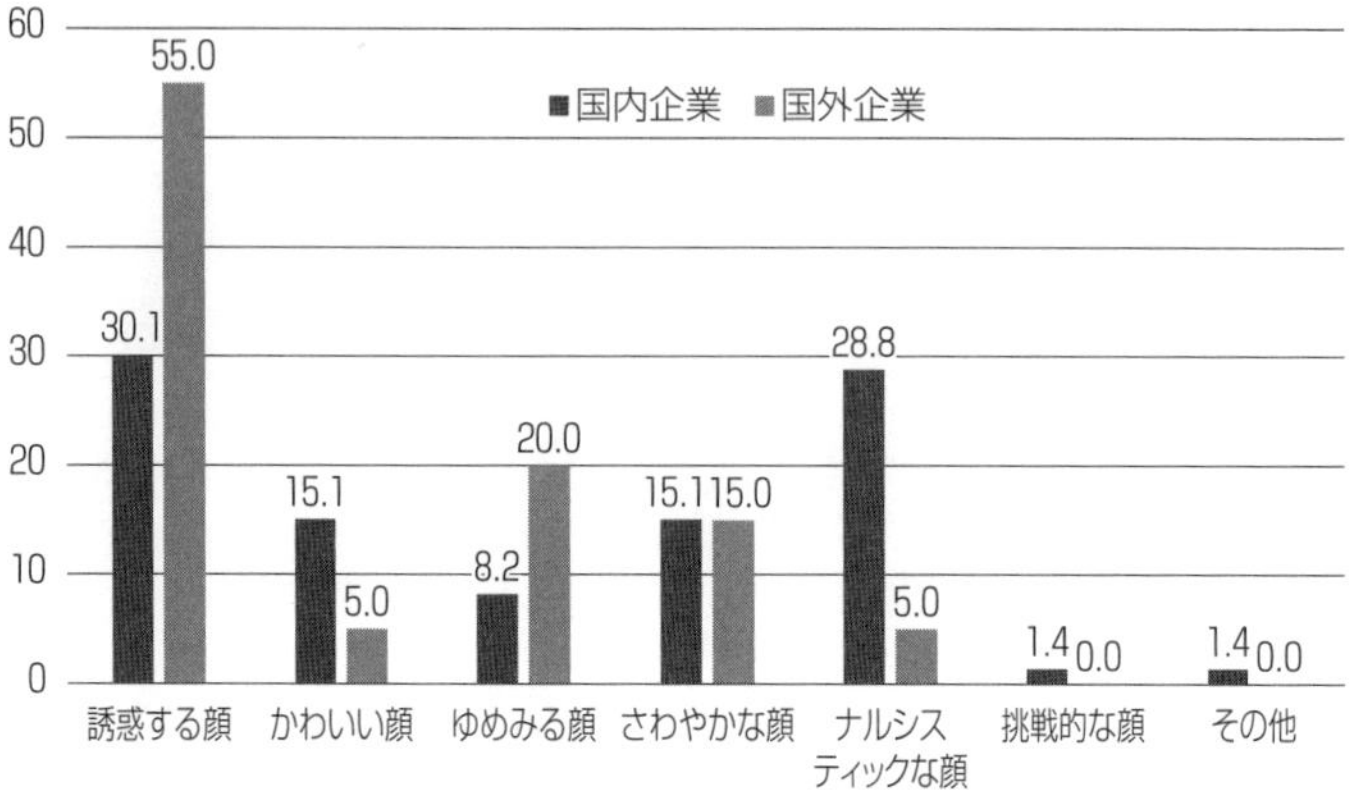

	誘惑する顔	かわいい顔	ゆめみる顔	さわやかな顔	ナルシスティックな顔	挑戦的な顔	その他	合計
国内企業	22	11	6	11	21	1	1	73
構成比(%)	30.1	15.1	8.2	15.1	28.8	1.4	1.4	100
国外企業	11	1	4	3	1	0	0	20
構成比(%)	55.0	5.0	20.0	15.0	5.0	0	0	100

い顔とさわやかな顔で、それぞれ15・1%になっている。ゆめみる顔は8・2%に過ぎない。

　では日本の雑誌に化粧品広告を掲載する国外企業はどのようになっているのか。国外企業は誘惑する顔が55%で最も高く、次はゆめみる顔が20%である。次にさわやかな顔が15%の順になっている。ナルシスティックな顔とかわいい顔のほうはそれぞれ5%に過ぎない。

　日本の企業と国外の企業の違いとしては、まず、誘惑する顔がそれぞれ順位は1位でありながら、比率には大きな差が見られることだ。すなわち、国外の企業は誘惑する顔を提示する比率が日本の企業より24・9ポイント高いのである。そして、日本企業は国外企業よりナルシスティックな顔を提示する比率が高く、その差は23・8ポイントである。また、ゆめみる顔を提示するのは国外企業が日本のそれより11・8ポイント高くなっている。さわやかな顔の提示においては、日本の企業も国外の企業もあまり差異が見られない。

したがって、化粧品広告のモデルの顔の雰囲気において、日本の企業も外国の企業も誘惑する顔を最も多く掲載することは共通しているが、外国の企業は化粧を施したモデルが他者を誘惑する顔の雰囲気を醸し出すことが強調されている。それに比べて、日本の企業は化粧したモデルが自分自身に満足し、自分は美しいと思い誇らしく感じているナルシスティックな顔の雰囲気を強調している。

これは、化粧品広告が他者に自分の魅力をアピールし誘惑することができるというメッセージを国内・外の企業における化粧品広告の共通の戦略であることがわかる。他方、化粧品広告は化粧をする人が自分自身に向けては、日本の場合ナルシスティックな顔を通して、化粧品が自分自身に満足感、優越感を与えることにメッセージ性がある。化粧品を使用することによって自分自身が美しく思えて、自分にうっとりする。なにかをなす、あるいはなにかを達成するということより、美しくなるという「存在（being）」のメッセージが強調される。これに比較して国外の企業は、自分自身に向けてはゆめみる顔を提示する比率が高いことで、化粧を通して憧れの自分になりたいというメッセージが高い。そこには「行動（doing）」のメッセージが見えてくる。

なお、かわいい顔については、日本の企業は多く提示する反面、国外の企業は提示しない戦略をとっていることがわかる。さらに、挑戦的な顔については、日本の企業と同様に外国の企業もほとんど提示しない戦略をとる。

では、韓国の国内企業と国外企業の比較をしてみる（**図表4－4**）。韓国の場合は、化粧品広告には誘惑する顔が最も高く34％であり、次はかわいい顔が12・3％、挑戦的な顔11・3％の順になっている。これに比較して、韓国の雑誌に化粧品広告を掲載する国外企業は、誘惑する顔が最も高く53・8％であり、次にゆめみる顔が15・4％である。その次に挑戦的な顔とさわやかな顔がそれぞれ11・5％になっている。

これを比較すると、韓国の国内と国外の企業は、誘惑する顔を提示することが共通であるが、国外企業のほうが韓国の国内企業よりも比率が高いのである。次に、韓国の企業はかわいい顔と挑戦的な顔を多く提示するが、国外の企業はゆめみる顔と挑戦的な顔を多く提示していることがわかる。

特に外国の企業はかわいい顔を提示することがほとんどない。したがって、韓国における国外企業の化粧品広告の戦略は、韓国のそれと異なりかわいい顔を提示しない差異化戦略である。これは日本における国外の企業の広告戦略と同様である。しかしながら、挑戦的な顔については、韓国の企業が高い比率で提示していることと同様に、国外の企業もほぼ同じ比率で挑戦的な顔を提示する同化戦略をとる。挑戦的な顔は、ゆめみる顔と同じく目標に向かっての「行動（doing）」のメッセージがあるが、ゆめみる顔よりも行動に強い意志が含まれる「チャレンジング（challenging）」のメッセージが付与されるのである。これは韓国の社会において女性たちは社会進出の意思、存在だけに満足できず、チャレンジすることが高く評価される状況が、当時の化粧品広告に反映していたものといえよう。韓国の企業が「挑戦する女性が格好いい」という社会の文化を取り入れて消費を促すために、化粧品広

図表４－４　モデルの顔の雰囲気（韓国の国内・国外企業の比較）

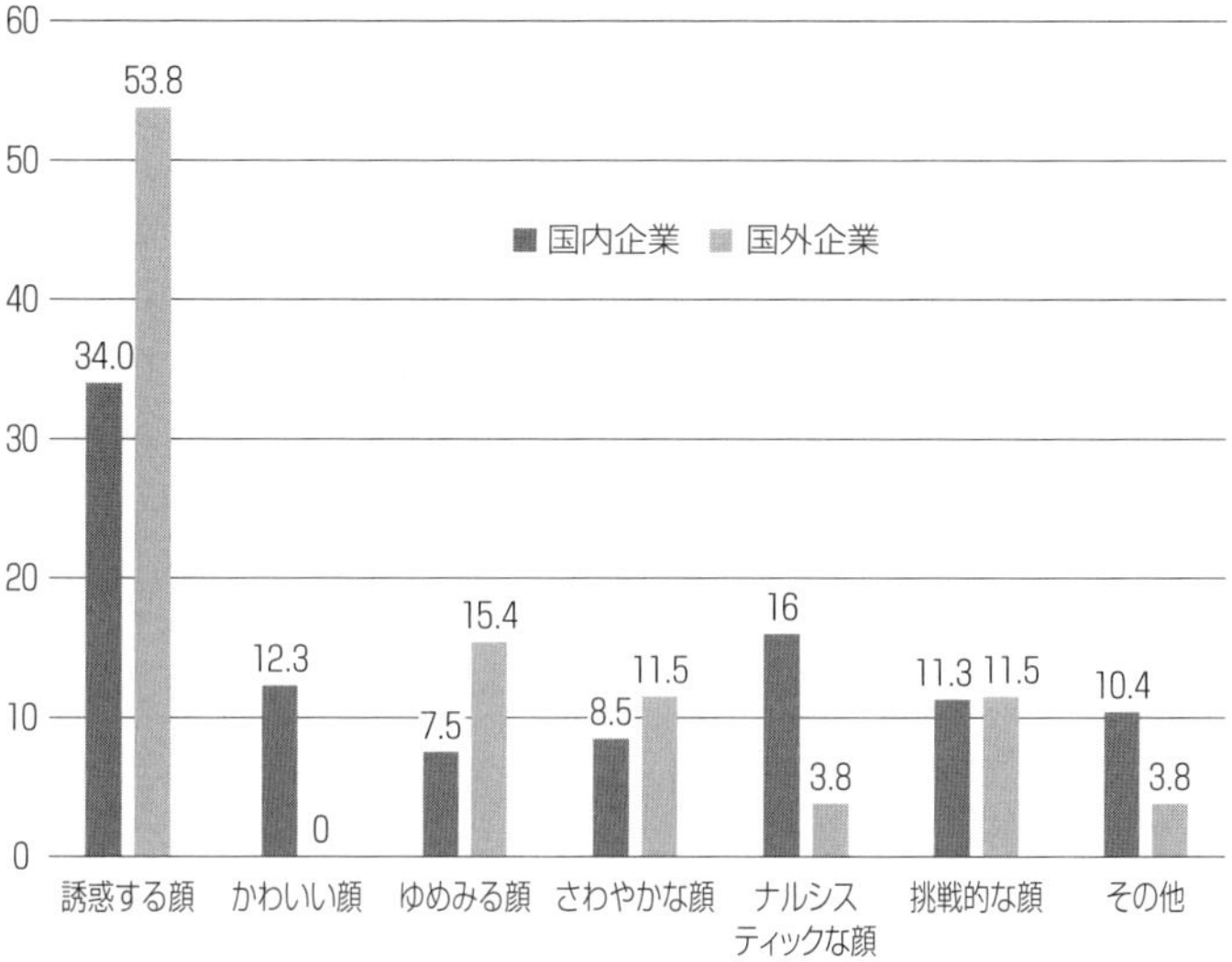

	誘惑する顔	かわいい顔	ゆめみる顔	さわやかな顔	ナルシスティックな顔	挑戦的な顔	その他	合計
国内企業	36	13	8	9	17	12	1	26
構成比（%）	34.0	12.3	7.5	8.5	16	11.3	10.4	100
国外企業	14	0	4	3	1	3	1	26
構成比（%）	53.8	0	15.4	11.5	3.8	11.5	3.8	100

告で挑戦的な顔を提示することになった。国外の企業も、韓国の企業の広告文化に同化する戦略をとり、挑戦的な顔を多く提示することになった。これは日本国内・外の企業の広告モデルの顔にはほどんど少ないことと比較するとこの差異の意味や解釈は非常に興味深いものがある。

化粧の文化構造と行為のシステムには、以上で見てきた文化的場における闘争の他にも、経済的場における闘争が存在する。化粧品会社は自社の商品をより多く生産し効率よく流通させ、消費者により多く消費させるために、他社と闘争する。そして、企業は商品の貨幣への交換価値を高めるため、商品に差異的なイメージを記号として与え、経済的な場での闘争を文化的場へ転換する。また、国外の化粧品会社が国内の化粧品販売市場への参入を求めてくる。既存の国内の化粧品会社の既得権を奪取し、市場の占有率を高めるため、戦略を講じる。国外の化粧品会社は自らが入りこんだ国、社会の化粧文化、化粧をめぐる広告のテクストに対して適切な戦略をたてるのである。そして、国外の化粧品会社は一方ではその社会の化粧文化のあり方に調和する、「同化戦略」を駆使しながら、他方では国内の化粧品会社との区別をつけるため、社会の化粧文化とは異なる「差異化戦略」を駆使する。国外の化粧品会社は国内のそれと文化的な場における熾烈な戦いを行っている。

以上からわかるのは、第一に、化粧の文化構造と消費のシステムにおいて、文化的場と経済的場はおのおの分離し、独立した場としての論理をもっているが、システムの内部で相互に関連して機能を果たしていることである。第二に、国内の化粧品会社と闘争する国外の化粧品会社の化粧の象徴的戦略は、化粧品広告の象徴的世界に、また、日常生活世界での化粧文化に変容をもたらし、その社会の化粧の文化構造と行為パターンを変容させることである。第三に、個人は構成員としている該当社会で生活し自分の趣向によって化粧を実践しているが、実は国内・国外企業のせめぎあいを通して、グローバルな感覚、選択および象徴的権力の支配下におかれている。

5 結論

以上、化粧品広告にみられる身体文化について考察を試みた。序章で確認した理論的な考察に基づいて、日本と韓国を対象に実証的な考察を行った。そして次のような結論にいたった。

化粧に関する身体文化構造と化粧の行為

① 化粧に関してそれぞれの社会では恣意的な身体文化が正統化され、個々人に象徴的な権力をふるっている。

② 化粧品広告の内容はそれぞれの国、社会で恣意的に存在する身体文化と密接な関係がある。身体文化の特定の要素を選択し、新たな意味を付与することによって、広告内での象徴的世界を創出する。日本の広告では、素肌の美しさが強調される。また、他者に見せる身体として、誘惑する顔、ナルシスティックな顔につづいて、さわやかな顔、かわいい顔が重視される。これに対して、韓国の広告では、セクシーであることが強調される。また、他者にみせる身体として、誘惑する顔、ナルシスティックな顔につづき、挑戦的な顔が重視されている。

③ 個人の化粧の行為は、化粧品会社の商品生産・流通、社会の身体文化、広告の象徴的戦略が相互に関連する複雑な世界のなかで社会化を通して、半ば無意的な心・身の性向体系であるハビトゥスを身体化している。そして個人は自らの化粧の表現について社会的他者による知覚、評価を受容し、自己満足を通して化粧の行為を強化する。

化粧の文化構造と消費システムにおける闘争

④ 消費システムにおいて文化的場と経済的場が独立した場の論理をもっているが、システムの内部で相互に関連し機能している。

⑤ 国内の化粧品会社の化粧品販売市場に国外の化粧品会社が参入するとき、その闘争は経済的な場だけでとどまらない。化粧をめぐる身体文化、広告の象徴的な化粧文化という、文化的な場での闘争が熾烈に繰り広げられる。そこで、国外の企業の戦略は、国内の企業の文化戦略に同化、また、差異化をはかることになる。すなわち、「同化戦略」、「差異化戦略」である。結局、国内・国外の化粧品会社の広告をめぐる文化戦略は、その国、社会の身体文化、および化粧品広告の文化のありかたに影響を及ぼす。

化粧品広告と消費行為

⑥ 化粧品広告は消費者に継続して商品を使用させるために、広告のなかで恣意的な様式で個々人を拘束し、管理する。日本の場合は、肌を自然であると想定することによって、肌の手入れと自然へのおもいやりとを同格にする。それにより、肌の手入れを習慣づけさせ、熱中させる。したがって、消費者は自らの肌の管理をしないなら、やさしくない、なまけている女性であるかのような、アイデンティティにおける否定的イメージがもたらされる。

一方、韓国の場合は、化粧品会社はセクシーイメージを強制し、消費者に女性であることを強く意識させる。そして化粧品を使用することを通して、より魅力的な女性としてのアイデンティティをうえつける。したがって、消費者は化粧によって自らを念入りに管理しないなら、セクシーな魅力をもたない女性であるかのような否定的なイメージが与えられる。

以上からわかるように、われわれの身体は、その化粧行為において、社会の恣意的な身体文化の構造から自由になることができない。しかし、その論理が理解できれば、われわれは化粧を通じて自らの身体性によって選択の自由の幅を広げることができる。

注

(1) J・エントウィスル著(鈴木信雄訳)『ファッションと身体』日本経済新聞社、2005年、207―208頁
(2) 同右、207―208頁
(3) 同右、201―295頁
(4) E・ゴッフマン著(石黒毅訳)『行為と演技』誠信書房、1995年、26頁
(5) 同右、243―279頁
(6) 韓国日報、15面、韓国日報社、1997年2月10日(朝刊)
(7) 同右
(8) 同右
(9) 同右
(10) J. Storey, *An Introductory Guide to Cultural Theory and Popular Culture*, University of Georgia Press, 1993, p.192.
(11) J・ウィリアムスン著(山崎カヨル・三神弘子訳)『広告の記号論I』柘植書房、1985年、31頁
(12) J・ボードリヤル著(今村仁司・塚原史訳)『消費社会の神話と構造』紀伊國屋書店、1995年、113頁

第5章　女性ファッション雑誌における化粧品広告の戦略と機能〈1〉

1　化粧品広告とは

(1)　化粧品広告は教育的機能を果たすのか

現代人は生まれたときから広い意味で化粧をしているといっても過言ではない。顔を洗い、清潔に管理をする。そして、個人が所属する社会の文化型によって、顔の手入れの仕方、意識、行為は異なっている。したがって、実際は生まれながらの「生」の顔は存在せず、当該社会のなかで作られた「文化顔」なのである。さらにそれは社会だけではなく、当該社会のなかでも、時代によって流行する文化型が影響を及ぼすのである。

では、個人が行う化粧の行為および化粧の意識は、人生のどの段階で、誰に学ぶのだろうか。化粧の実践は、スキンケアとメイクアップに区分されるが、スキンケアにおいては洗顔料を使用して顔を洗うことも含まれる。そして肌を保護するために化粧水などを使用する。しかし学校教育では、どの教育段階でも化粧について教えない。学校教育で、化粧は主にメイクアップとしてみなされている。したがって、小学校・中学校・高等学校において教員は児童や生徒が化粧をすることを学校の規則で禁止する場合が多い。なぜならば、児童、生徒が化粧をすることは、逸脱、非行につながる標識として認識しているために、化粧を「禁ずるべき行為」としてみなすのである。

しかしながら、他方、10歳から14歳の児童、生徒を読者層とする女性ファッション誌には、スキンケアおよびメイクの化粧品広告、化粧のマニュアルが掲載されている。すなわち、小学校の高学年から女子児童は雑誌を通して化粧品広告に接し、化粧品の使用法を学ぶことになる。学校の外で子どもは自らの顔の手入れの仕方、化粧の意識、行為を身体化することが可能になっている。さらに、ファッション雑誌は、各世代に詳細に区分され、高年齢に至るまで化粧品の企業広告・マニュアル・解説の記事広告を掲載し、すべての年齢の女性読者たちに丁寧に教え込む。

結果的に、女性のファッション雑誌において化粧品広告は、学校教育では排除されている化粧を取り上げて、丁寧に教え込む。すなわち、彼女らが、参加する「場」に応じて演出したいさまざまな顔を化粧を通して表現できるよう教育するのである。それゆえ、化粧品広告は児童、生徒を含む全世代の女性たちに化粧に関する社会教育を行っているのである。

(2) 化粧品広告は、社会的・文化的構造を反映しているのか

化粧品広告は、化粧に関する社会の文化的構造を反映しているのか、それとも、広告を通して社会の文化的構造に影響を及ぼすのか。結論を先取りすると、化粧品広告は、その内容・形式において社

会の文化的構造を反映し、なおかつ、文化的構造に影響を及ぼすという意味で、「相互浸透」をしているといえよう。

化粧品広告は、化粧について当該社会によって、さらに現代の流行を先取りし、時代や社会の流行、さらには読者の年齢だけでなく、化粧に対する読者のイデオロギー、表象、審美的価値を細分化して、提示しなければならないからである。化粧の仕方や、化粧の完成として構築された「化粧顔」が表出・演出するキャラクターは、保守的な「コンサバ」系統から、革新的な「リベラル」系統にいたるまで多様である。同じトレンドとしての化粧の実践におけるメイン・カルチャーがあるとしても、それぞれの系統によって新たに作り出されるサブ・カルチャーを提示する必要がある。

他方、読者にとっても、化粧品広告が時代のトレンドだけを提示しては模倣するのには困難である。それには、広告のなかから意味を解読し、実践するには、想像と創造が必要である。また、「化粧顔」のキャラクターが与える明確なメッセージを解読できなければ、たとえ模倣をしたとしても、読者自身の表出・演出に「ずれ」が生じる可能性がある。

さらには、「化粧顔」による読者同士のコミュニケーションにもコードの読み違いが生じやすい。化粧顔が「コンサバ系」なのか「リベラル系」なのか困惑と誤謬が生成する。たとえば、「コンサバ系」の下位区分の「姫系」の「化粧顔」を提示しているにもかかわらず、他者は「リベラル系」の下位区分の「ストリート系」ひいては「小悪魔系」の「化粧顔」として受け取り、ミスコミュニケーションが生じる。そのため、読者は化粧品広告に、流行をそのまま提示するだけでなく、より細分化された下位区分の事例として模倣が可能なアイコンを「要求」することになる。そして、多様性のもとで詳細に提示される化粧品広告を明確に解読して、練習によって身体化し、実践を通して他者に提示する。読者は模倣した正確な「化粧顔」によって正しいコミュニケーションを試みる。以上のように、化粧品広告は、当該社会の文化的構造を反映し、かつ文化的構造に影響を及ぼし、「相互浸透」して、化粧のメイン・カルチャーとサブ・カルチャーを担っている。

ブルデューによれば、「財生産と趣味生産には照応関係」がある。すなわち「生産物がその中で作りあげられてゆく個別化した生産の場と、趣味がその中で形成されてゆく場、（社会階級という場、あるいは支配階級という場）のあいだには、多かれ少なかれ相同性が成り立つものである」ということである。ブルデューは、「作品がその読者や観客の期待に合致するような状況をもたらすのは相同性の論理」であるとする。[1]

これをファッション雑誌における化粧品広告と購読者の関係性に応用すれば、化粧品広告、特に記事広告は、商品と消費者をつなぐ文化的な仲介者の役割が行われる「場」である。そこで化粧品広告の編集者は文化的な仲介者の役割を担う。というのは、編集者は雑誌の位置づけられる社会的・文化的構造を読み解き、その趣向と合致する購読者層を見込んで記事広告の内容を構成し、購読者に提示しているからである。したがって編集者は、生産財としての化粧品と購読者の趣味趣向の調和的相同性を、化粧品広告を通して仲介しているのである。

しかしながら、化粧品広告それ自体もまた、文化的仲介のモノ、すなわち「アイコン」であるとみなすことができるだろう。化粧品広告は、確かに編集者によって配置、構成されているが、編成物であるそれ自体がなお、シンボルとして文化的仲介の機能を果たしている。広告それ自体に編集者は隠れ、広告そのものが自ら構築されたモノとして、表象、メッセージ、意味を読者に働きかけ、受容し模倣すべき正当性を付与している。したがって、広告それ自体もまた、一つのモノ、アイコンとして、社会の文化的構造と読者を媒介する仲介としての機能を担っている。

(3) 化粧品広告はなぜ重要で、どのような価値があるのか

女性が化粧品を購入し、化粧を施す行為のためには、化粧の流行および化粧品についての多くの情報が必要になる。化粧品広告は、その情報源の一つになる。一方、化粧の意識、行為の面からみると、化粧品広告はそれ自体楽しまれるモノで文化的、象徴的価値がある。しかしそれよりも、化粧品広告はそれを通して情報を獲得し、使用しようとする手段としての価値が高い。

では、化粧品広告は、化粧を巡る領域、「場」においてなぜ重要なのか。その理由は以下の三つに区分できる。第一は、化粧品の購入経路が変化していることである。女性が化粧品を購入する方法は、化粧品を販売する者と対面し、化粧の流行、化粧品の新商品、使用者の年齢、肌状態、演出したい「化粧顔」を相談して購入することが主流であった。化粧品を購入する前に、販売員によって化粧を施され、それに満足して化粧品を購入し、その際に化粧の仕方を学習していた。多くの場合、この「対面購入式」は、化粧品専門店舗、デパート・百貨店の化粧品カウンターなどで行われた。

しかし、このような化粧品の購入は変化し、現在多くの女性が、対面販売店で販売員と対面することなく、自らが陳列されている化粧品のなかから選択して購入する方法へと変化したのである。化粧品の「セルフ購入式」は、主に、ドラッグストア、ディスカウントストア、スーパーの化粧品コーナ

ーなどで行われている。

この方法による場合、重要なのは購入者の化粧品に関する情報、知識である。さらに、化粧品をセルフで購入してから顔に化粧を施すための方法を熟知しなければならない。対面式でないために、化粧の方法を伝授してくれる人がいないのである。そのためには、化粧の方法を教えてくれる人々や、写真・映像などの「モノ」が必要になる。したがって化粧品広告は重要になり、商品の詳細な情報だけでなく、商品を使用する際のマニュアル、化粧の流行、化粧を施す理由を解説するところまで必要になってきた。

第二に、このような変化とともに、化粧品広告の価値も変化してきた。「対面購入式」で化粧品の情報やマニュアル、さらに購入時には化粧の方法を体得している時代の化粧品広告は、それ自体を楽しむ「目的的価値」が重要で、それは広告がなされている化粧品を購入したいという憧れを誘発する「ブランド価値」であり、そのように価値のある化粧品を自分が購入して使用している「象徴的地位」、「優越の満足感」との「交換価値」であるのだ。

それに比較して、「セルフ購入式」での化粧品広告は別の価値も付与される。そこには「目的的価値」だけでなく、それは広告を通して学び、使いこなせるようになるための「手段的価値」が必要になり、かつ優位にたつのである。

第三に、化粧品広告はそこに掲載するマニュアル、解説が最も正しいものであることを読者に植えつけ、認めさせる「正当性の価値」を内包する。したがって、世間で知られている有名なモデルを起用することによって、彼女たちが使い、施している「化粧顔」が、学ぶべきアイコンとして重要で、価値のある「正当性の価値」をもつことになる。しかしながら、有名なモデルは、「対面購入式」において、デパートや百貨店で化粧のトレンドや知識を教え、購入者の顔に化粧を施し、承認してくれた販売者の役割・機能を果たせない。化粧品広告の有名なモデルは、購入者にとって身近な存在で自分の化粧を認めて、同調してくれる存在としてはあまりにも「社会的距離」が遠いからである。

その結果、化粧品広告には、購入者に化粧のマニュアル、化粧の説明、それによって創り上げた「化粧顔」が、彼女たちに親密さを感じさせ、受容を促し、同調させることが必要になる。したがって「読者モデル」の「化粧顔」を提示したり、街で偶然にみつけた一般人をモデルにし、化粧品の使用前と使用後の顔を提示する。それこそが模倣すべき、「親密性の価値」「同調性の価値」を与えることになる。

「セルフ購入式」が主流になった時代の化粧品広告は、「手段的価値」「親密性の価値」「同調性の価値」を内包することになり、多くの「読者モデル」、「街行く人の通行人モデル」の「化粧顔」は、そのアイコンとして読者に影響を及ぼすことになる。

実際、2008年から2011年まで、ポーラ研究所が行った化粧品購入の経路に関する複数回答の調査結果によると、(2)女性の化粧品購入には変化がみられる。スキンケア化粧品であれ、メイクアップ化粧品であれ、「セルフ店販」が最も高く7割～8割、次に「対面店販」の2割～3割である。2011年スキンケア化粧品の「セルフ店販」は72・3%、対面店販は29・3%であった。また、メイクアップ化粧品は、「セルフ店販」が77・2%、「対面店販」が38・2%であった。

また、2008年から2011年までの推移をみると、「セルフ店販」の購入率では大きな変化がみられないが、「対面店販」での購入率は減少する傾向がみられた。

たとえば、洗顔料、化粧水などのスキンケア化粧品の場合、「対面販店」での購入が2008年は43・0％であったものが、2009年は35・8％、2010年は35・3％で、2011年は29・8％であり、13・2ポイント減少した。

また、ファンデーション、口紅、アイシャドーなどのメイクアップ化粧品の「対面販店」購入は、2008年は46・9％であったものが、2009年は43・1％、2010年は41・3％、2011年は38・2％であり、8・7ポイント減少した。

これに比較して、たとえば、スキンケアについて「セルフ店販」をみると、2008年は75・5％、2009年は70・3％、2010年は68・7％、2011年は72・3％であり、わずか3・2ポイントの減少しかみられなかった。また、メイクアップ化粧品については、2008年は77・7％、2009年は76・3％、2010年は75・7％、2011年は77・2％であり、0・5ポイントの減少しかみられない。すなわち、ほとんど変化がないのである。

以上の結果からわかるように、現在の女性の化粧品購入の行為は、販売者との相談や施術がないまま、セルフ方式で購入する比率が非常に高いことが了解されよう。女性は自らの情報力、実践力で化粧行為を行わざるを得なくなり、化粧品広告の重要性は増加していくことになる。また、逆説的に、化粧品広告が、対面販売員の役割を十分に行い、彼女たちに詳細に教え込むことの結果として、化粧品は「セルフ店販」で安心して購入できることが可能になったともいえよう。「対面店販」で行っていた、化粧品の販売と、販売者による実演や教え込みという二つの機能が、今日では、それぞれ分離して、単一で機能を果たしているといえる。化粧品の販売は「セルフ店販」によって機能し、化粧品の教え込みは化粧品広告が担っている。したがって、化粧品広告はより重要性を増しているのである。

しかしながら、これまで女性のファッション雑誌における化粧品広告の研究領域では各世代に対してどのような戦略を行使し女性たちにどのような機能を果たすのか、各世代を網羅して比較する研究はほとんど行われていない。そこで本研究は、各世代に向けて発行する女性ファッション雑誌を対象に、化粧品広告の戦略と機能を分析することにする。

2 調査の方法

(1) 化粧品広告の世代別の戦略

女性ファッション雑誌における化粧品広告は世代別にどのように異なっているのか。そして、その相違にはどのような目的があり、どのような機能を果たしているのか。この世代別の広告戦略を考察するために、以下の調査方法を採用した。

第一は、化粧に関する意識や行動に関して文献を収集し、実際に女性たちの化粧行動を考察した。

第二は、ファッション雑誌を各世代別に分類し、同世代でも読者層が異なる雑誌をバランスよくとりいれ、かつ、同系列では販売部数が多いものになるように雑誌を収集した。

第三には、化粧品広告の記事、写真、宣伝文句の文字の色、および色の明度、彩度を分析した。ただし、第三の文字の色、明度、彩度については、紙面の関係上、分析の記述を割愛している。

また、化粧品広告は大きく次の三つに区分することができる。①化粧品広告の会社が制作したものをそのまま雑誌に掲載する場合、これを「企業広告」と称する。②化粧品を製造会社から提供してもらい、雑誌の編集者が、使用目的別に各社の化粧品を分類して、写真、価格を掲載する場合、これを「記事広告」とする。「記事広告」はマニュアルと解説に区分できる。掲載する際に、使用する方法、手順、使用場所などのマニュアルを写真で説明している場合があるが、これを「マニュアルの記事広告」と称する。③化粧品広告で、化粧の流行、化粧法など化粧の全般的なことを解説する場合、これを「解説の記事広告」とする。

以上の三つの化粧品広告は各世代に対して、どのように発信しているのか広告の類型を分析した。

(2) ファッション雑誌の対象と選別

女性のファッション雑誌は、10歳の小学生から50代以上のシニア世代までを対象にしたさまざまなものがある。本研究では日本雑誌広告協会が2009年に行った「雑誌ジャンル・カテゴリー区分」(3)に依拠した。大分類の「ライフデザイン」から下位区分の「ジャンル」、「カテゴリー」、「ビークル(vehicle)」の区分のなかでバランスがとれるように雑誌を選択した。「ビークル」では、各雑誌の部数を調査し上位のものを選んだ。したがって、2009年11月の女性雑誌25冊を収集した。

具体的には、「女性ティーンズ誌」ジャンルの下位にカテゴリーとして、「ローティーン」(10歳―14歳)と、「ハイティーン」(15歳―19歳)がある。「ローティーン」では、さらに下位の「ビークル」のなかで、『Nicola』、『ピチレモン』、『ニコプチ』を選択した。また、「ハイティーン」では、『Seventeen』、『POPTEEN』を選択した。さらに「ストリート」のカテゴリーで『CUTiE』を選択した。

「女性ヤング雑誌」（20歳―24歳）では、「ファッション・総合」のカテゴリー、その下位の「ビークル」で、『CanCam』、『ViVi』、『JJ』を選択した。

「女性ヤングアダルト誌」（25―34歳）では、「ファッション・総合」のカテゴリーの下位に『With』、『MORE』、大人ギャルのカテゴリーに『Sweet』、キャリアカテゴリーの下位に『AneCan』、『CLASSY』を選択した。

「女性ミドルエイジ誌」（35歳―49歳）では「30代ファッション」（35歳―39歳）と「40代ファッション」のカテゴリーがある。「30代ファッション」では『Very』、『LEE』、『InRed』、『Saita』を選択し、「40代ファッション」では『Story』、『Precious』、『Marisol』を選択した。また、バランスを考えて「ライフスタイル・総合」のカテゴリーで『婦人画報』を選択した。

「女性シニア誌」（50歳以上）では、「ファッション」カテゴリーの下で『HERS』、『クロワッサンプレミアム』、『eclat』を選択した。

以上の雑誌のなかで化粧品広告を取り出し、分析をした。さらに、２０１６年10月の同雑誌を収集し化粧品の広告を参考にした。しかしながら、雑誌のなかには廃刊されたものもあった。『ピチレモン』は２０１５年12月号、『CUTiE』は２０１５年９月号を最後に廃刊された。『クロワッサンプレミアム』は不定期刊行のものだが、２０１３年10月以後は刊行されていない。その後『AneCan』も２０１６年11月発行の12月号をもって休刊し、現在は電子版のみ発行されている。

(3) データ処理の手続き

ファッション雑誌のなかで化粧品広告を取り出し、データ化する手続きは以下のとおりである。

① 化粧品関係のページの確定は、化粧品広告が掲載されているページを抜き出して計算した。

② 化粧品の種類については、「基礎化粧品」、「メイク用化粧品」に区分したが、その内容は以下のとおりである。「基礎化粧品」はスキンケアをする化粧品で、化粧水、乳液、クリーム、ローション、洗顔料である。「メイク用化粧品」は、メイクアップをするための化粧品で、ファンデーション、口紅、アイシャドー、アイライナー、アイブロウ、マスカラ、チークである。

③ 化粧品関係の広告の類型に関して、「企業広告」は「広告」、「記事広告」はそれぞれ「マニュアル」、「解説」に分類し、データ処理を行った。

④ 化粧品広告に掲載されている顔写真の「コマ数」は、ページのなかに掲載されている顔の写真一つを1コマとして計算した。また、顔のパーツが一つでも含まれている場合も、それを1コマと計算した。ただし、顔の絵やイラストは「コマ数」に含めなかった。

⑤ 顔の「パーツ」は、フェイス、アイ、リップ、チークの4種類に区分した。フェイスは顔全体、アイは目、リップは唇、チークは頬の写真である。

⑥ 化粧品広告の文字に関しては、文字を含んだページを対象にし、ページのなかでフォントが大きい文字の上位3位を抽出してデータ化した。最もフォントの大きい文字の順位で、1位、2位、3位として表記した。

⑦　文字の色の判断に関しては、「ＰＣＣＳハーモニックカラーチャート２０１－Ｌ」を使用した。これは日本色研事業株式会社が発行し、財団法人日本色彩研究所が監修したものである。化粧品広告の文字の色はカラーチャートを基準にして判断した。ただし、完全に一致しない色については、「新配色カード１２９ａ」を使用して分類した。このカードも上記の会社と研究所によるものであった。以上によって、分類した色は、白、黒、灰（グレー）、ピンク、赤、だいだい、青、緑、黄、茶、紫の11色である。

⑧　使用された色の構成比率については、以下のようにした。まず、広告のうちに、文字を含んだページを「文字入りページ」と分類した。文字のフォントの大きさの三つの順位ごとに、使用された色の割合を算出した。「白」の場合は、「白文字」と「白抜き文字」に分類した。「白文字」は背景の色のなかで白い文字を使用した場合である。その際、白文字の周辺の色を調べてデータ化した。「白抜き文字」の場合は、白色文字を白色以外の色で縁どったものである。

⑨　文字の色の明度については、前述の「ＰＣＣＳハーモニックカラーチャート２０１－Ｌ」に基づいて判断した。分類は、明度の最高値を白、最低値を黒にして、その間を「高い」、「やや高い」、「中くらい」、「やや低い」、「低い」とした。さらに、彩度と同様に比較するために、「高明度」、「中明度」、「低明度」にした。「高明度」は「高い」と「やや高い」の合計である。「中明度」は「中くらい」である。「低明度」は、「やや低い」と「低い」を合計したものである。

⑩　文字の色の彩度については、明度同様に、「ＰＣＣＳハーモニックカラーチャート２０１－Ｌ」を使用して判断した。分類は、「高彩度」、「中彩度」「低彩度」である。

ただし、上記の⑥から⑩については、紙面の関係上、分析の記述を割愛している。

3 調査対象女性ファッション雑誌の属性

(1) 女性ファッション雑誌の発行部数

雑誌分析において基本属性として、雑誌区分、対象年齢、雑誌名、発行部数は**図表5－1**の通りである。

ここに示されたように、調査対象の雑誌は、各年代において1号あたりの平均発行部数が多いものを選別した。部数については、ＪＭＰＡマガジンデータに基づいている[4]。10歳から14歳までを対象とする「ローティーン」では、発行部数をみると、『Nicola』が19万４１７部で最も多く、次に『ピチレモン』、『ニコプチ』の順である。平均は16万４３３６部である。また、15歳から19歳までの「ハイティーン」ではギャルファッション系の『POPTEEN』が38万８９５０部数で最も多く、次に『Seventeen』が31万４４４５部数で僅差であるが、ストリート系の『CUTiE』は17万部として少なくなっている。平均は29万１１３２部である。したがって、「ローティーン」と「ハイティーン」を合わせた10歳から19歳の「ティーンエイジ」の平均は、22万７７３４部である。

次に「ヤング」世代をみることにする。20歳から24歳までのヤングのお姉系では、『CanCam』が57万部で最も多く、次に『ViVi』が44万１６６７部であり、『JJ』は25万３６８４部として少なくな

図表5－1　調査対象女性雑誌の区分

区分		対象年齢	雑誌名	発行部数
ティーンエイジ	ローティーン	10～14	Nicola	190,417
			ピチレモン	172,592
			ニコプチ	130,000
			〈合計〉／〈平均〉	493,009/164,336
	ハイティーン	15～19	Seventeen	314,445
			CUTiE	170,000
			POPTEEN	388,950
			〈合計〉／〈平均〉	873,395/291,132
			〈ティーンエイジの合計／平均〉	1,366,404/227,734
ヤング		20～24	CanCam	570,000
			ViVi	441,667
			JJ	253,684
			〈合計〉／〈平均〉	1,265,351/421,784
ヤングアダルト		25～34	With	531,684
			More	532,500
			Sweet	—
			AneCan	255,000
			CLASSY	204,175
			〈合計〉／〈平均〉	1,523,359/380,840
ミドルエイジ	30代	35～39	Very	229,767
			LEE	306,667
			InRed	—
			Saita	212,500
			〈合計〉／〈平均〉	748,934/249,645
	40代	40～49	Story	260,167
			Precious	107,334
			Marisol	70,000
			婦人画報	104,117
			〈合計〉／〈平均〉	541,618/135,405
			〈ミドルエイジの合計／平均〉	1,290,552/184,365
シニア		50～	HERS	108,686
			クロワッサンプレミアム	103,559
			eclat	66,084
			〈合計〉／〈平均〉	278,329/92,776
全体の合計／平均				5,723,995/1,144,799

注：「—」は調査時非公開

っている。平均は42万１７８４部である。

次は「ヤングアダルト」であるが、「ヤングアダルト」とは、25歳から34歳までのいわゆる「アラサー世代」である。「アラサー」とはアラウンド・サーティ（around thirty）の略語で、30歳前後の人々を指す言葉である。「ヤングアダルト」のなかで、『Sweet』の発行部数の公表されたデータがなかったためこれを除外した他の雑誌でみることにする。このなかでも、20代後半向け「ファッション・総合」の『MORE』が53万２５００部で最も多いが、同じジャンルの『With』が53万１６８４部で僅差となっている。それに比較して、「キャリア」ジャンルの『AneCan』、『CLASSY』は25万５０００部、20万４１７５部で少なくなっている。『CLASSY』は『MORE』、『With』に比較して、キャリア系のなかでも淑女風ＯＬファッションを特徴としている。『Sweet』は「大人ギャル」のカテゴリーで差異を見せている。「ヤングアダルト」雑誌の平均発行部数は、38万８４０部である。

では次に、「ミドルエイジ」についてみることにする。「ミドルエイジ」は35歳から49歳までを指しているが、30代後半と40代に区分している。30代は35歳から39歳であり、40代は40歳から49歳までである。30代向けのファッション雑誌をみよう。『InRed』は公表されているデータがないため除外しておく。

『LEE』は30万６６６７部で他の雑誌より発行部数が最も多く、次に『Very』が22万９７６７部、『Saita』が21万２５００部の順である。30代向け雑誌の平均発行部数は、24万９６４５部である。

40代向けのファッション雑誌をみると、『Story』が26万１６７部で最も多い。次は、『Precious』10万７３３４部、『婦人画報』が10万４１１７部でほぼ差がない。『Marisol』は、これらに比較して

7万部と少なくなっている。40代向けの発行部数の平均は、13万5405部である。

最後に「シニア」世代をみることにする。読者が50代以上と幅が広い。『HERS』の10万8686部が最も多く、次が『クロワッサンプレミアム』で10万3559部、『eclat』6万6084部の順になっている。「シニア」世代向けの雑誌の平均発行部数は9万2776部である。

世代別の平均発行部数をみると、「ヤング」世代が42万1784部で最も多く、次が「ヤングアダルト」が38万8840部であり、「ハイティーン」が29万1132部である。「ミドルエイジ」の30代が24万9645部で4位になっている。

では逆に、発行部数が少ない世代をみると「シニア」世代で9万2776部が最も少なく、次が、「ミドルエイジ」の40代で13万5405部である。「ローティーン」は16万4336部になっている。これにより、「シニア」および「40代向け」のファッション雑誌の発行部数は少なく、「ローティーン」のそれよりも低いことがわかった。このように「ローティーン」向けの雑誌の平均発行部数が多いことは注目すべきである。

では、「ティーンエイジ」、「ミドルエイジ」を比較してみよう。「ティーンエイジ」向けの雑誌の平均発行部数は、22万7734部であるのに比べ、「ミドルエイジ」のそれは18万4365部である。したがって、「ティーンエイジ」向けのほうが、「ミドルエイジ」のそれより部数を多くしていることがわかる。結果、「ティーンエイジ」の女性たちが、「ミドルエイジ」よりもファッション雑誌を購入していると言うことが可能であろう。さらに、上記の「シニア」の平均部数と比較しても、「ティーンエイジ」のほうがより多く購入していると言えるであろう。

(2) 女性ファッション雑誌の系統と出版社

女性ファッション雑誌を購入するときに、女性たちは自分の世代向けの雑誌を購入することだけに気を取られることが多い。しかし実際には、子どもからシニア世代に至るまで全世代を通してみると、どのような会社（出版社）がどのような世代に、また、世代をまたがってどのような雑誌を発行しているのだろうか。**図表5－2**をみると、調査対象の女性ファッション雑誌の出版社は各年代にまたがって発行している場合が多いことがわかる。たとえば、「ローティーン」向けの雑誌の場合、女子小学生向けの『ニコプチ』と女子中学生向けの『Nicola』を新潮社が発行している。**図表5－2**にまとめてみた。

「ティーンエイジ（ハイティーン）」で『CUTiE』を発行する宝島社は、「ヤングアダルト」で『Sweet』を、「ミドルエイジ（30代）」では『InRed』を発行している。

同様に、集英社は、「ティーンエイジ（ハイティーン）」では『Seventeen』を、「ヤングアダルト」では『MORE』、「ミドルエイジ（30代）」では『LEE』、「ミドルエイジ（40代）」では『Marisol』、「シニア」では『eclat』を発行している。

小学館は「ヤング」では『CanCam』を、「ヤングアダルト」では『AneCan』、「ミドルエイジ（40代）」では『Precious』を発行している。

光文社は「ヤング」では『JJ』、「ヤングアダルト」では『CLASSY』、「ミドルエイジ（30代）」では『Very』、「ミドルエイジ（40代）」では『Story』、「シニア」では『HERS』を発行している。

講談社は「ヤング」では『ViVi』を、「ヤングアダルト」では『With』を発行している。

図表5－2　調査対象女性雑誌の区分（出版社別）

世代区分		対象年齢	雑誌名	出版社
ティーンエイジ	ローティーン	10～14	Nicola	㈱新潮社
			ピチレモン	㈱学習研究社
			ニコプチ	㈱新潮社
			〈合計〉	
	ハイティーン	15～19	Seventeen	㈱集英社
			CUTiE	㈱宝島社
			POPTEEN	㈱角川春樹事務所
			〈合計〉	
			〈ティーンエイジの合計〉	
ヤング		20～24	CanCam	㈱小学館
			ViVi	㈱講談社
			JJ	㈱光文社
			〈合計〉	
ヤングアダルト		25～34	With	㈱講談社
			MORE	㈱集英社
			Sweet	㈱宝島社
			AneCan	㈱小学館
			CLASSY	㈱光文社
			〈合計〉	
ミドルエイジ	30代	35～39	Very	㈱光文社
			LEE	㈱集英社
			InRed	㈱宝島社
			Saita	㈱セブン＆アイ出版
			〈合計〉	
	40代	40～49	Story	㈱光文社
			Precious	㈱小学館
			Marisol	㈱集英社
			婦人画報	㈱アシェット婦人画報社*
			〈合計〉	
			〈ミドルエイジの合計〉	
シニア		50～	HERS	㈱光文社
			クロワッサンプレミアム	㈱マガジンハウス
			eclat	㈱集英社
			〈合計〉	

＊2011年からは㈱ハースト婦人画報社

以上のように、調査対象の女性ファッション雑誌の版元は、各世代においてだけでなく、女性たちが年を重ねて世代を移行しても、継続して購読するように世代別の雑誌を発行している。

そして、出版社はそれぞれの雑誌に特色のあるコンセプトを提案していく。たとえば、宝島社の場合、「ティーンエイジ（ハイティーン）」でガーリー系の『CUTiE』を購読し、「ヤングアダルト」になった時には、大人ガーリー系の『Sweet』を購読し、そして彼女たちが「ミドルエイジ（30代）」になると、華のある大人の女性をイメージした『InRed』を購読してもらうように導いている。すなわち、女性の趣向がガーリーから、大人ガーリーへ、そして華やかな中年女性へと成長していく人々を対象にしている。

これに比較して、小学館は働く女性たちの「キャリア系」を対象にしている。女性ファッション雑誌ガイドによると、『CanCam』はOLお姉系と表し、「大学生からOL向けの、モテ系×お姉系ファッション誌」として、『AneCan』はキャリア・お姉系として『CanCam』卒業生のためのファッション&情報誌」であるとする。そして「ミドルエイジ」には、同じくキャリア向けの『Precious』を発行しているが、コンサバ・キャリア系を志向し、「30代後半からの、洗練された大人のスタイルをお届け」する雑誌であると評している[5]。

さらに、非キャリア系の女性たちを対象に光文社は独自のコンセプトを打ち出している。「ヤング」世代の女性で『JJ』を購読していた「ヤングアダルト」世代には『CLASSY』を提案している。女性ファッション雑誌ガイドによると、『CLASSY』を「お嬢様・コンサバ系」とし、「高級感と落ち着きのあるライフマガジン」であるとしている。その後の「ミドルエイジ」の30代向けに発行する『Very』

は「ミセス・コンサバ系」で「基盤のある女性は強く、優しく、美しく」のコンセプトを提案している。さらに、40代向けの『Story』は、同じく「ミセス・コンサバ系」で「人生を満喫する、知性と好奇心に溢れた女性」をイメージしている。そして、50代の「シニア」世代向けの『HERS』も「ミセス・コンサバ系」を貫き、好奇心をもち個性的で自由に行動する「『大人』の女性に向けた新しい女性誌」であるとしている[6]。

上記のことから、女性雑誌は、各世代に向けて発行されているが、多くの場合は、出版社ごとに独自のコンセプトをもって、読者のライフステージに合わせ雑誌を発行していることが理解される。女性雑誌が女性の成長、成熟に合わせて、通時的に独自のコンセプトで教え込み、社会教育の機能を果たしているといえよう。

(3) 女性ファッション雑誌の平均ページ数

女性のファッション雑誌は年代によってどのような分量の違いがあるのだろうか。図表5－3にまとめてみた。

この図表からわかるように、女性雑誌の平均ページ数は、各世代によって異なる。最も多いのはヤングアダルト世代371・8枚、ミドルエイジの40代が371・5枚でほぼ同数である。次は、ヤング世代が340・7枚、ミドルエイジの30代が300・5枚の順になっている。枚数が少ないのは、ティーンエイジとシニア世代である。そのなかをみると、ハイティーンは222・0枚で、次がシニアの196・7枚であり、ローティーンは132・3枚で最も少ない。すなわち、女性雑誌の平均ペ

図表５－３　調査対象女性雑誌の区分（ページ数）

世代区分		対象年齢	雑誌名	総ページ数	平均ページ数
ティーンエイジ	ローティーン	10～14	Nicola	132	
			ピチレモン	136	
			ニコプチ	129	
			〈合計〉	397	132.3
	ハイティーン	15～19	Seventeen	241	
			CUTiE	147	
			POPTEEN	278	
			〈合計〉	666	222.0
			〈ティーンエイジの合計〉	1,063	177.2
ヤング		20～24	CanCam	354	
			ViVi	382	
			JJ	286	
			〈合計〉	1,022	340.7
ヤングアダルト		25～34	With	349	
			More	334	
			Sweet	419	
			AneCan	412	
			CLASSY	345	
			〈合計〉	1,859	371.8
ミドルエイジ	30代	35～39	Very	342	
			LEE	352	
			InRed	282	
			Saita	226	
			〈合計〉	1,202	300.5
	40代	40～49	Story	386	
			Precious	388	
			Marisol	280	
			婦人画報	432	
			〈合計〉	1,486	371.5
			〈ミドルエイジの合計〉	2,688	366.0
シニア		50～	HERS	188	
			クロワッサンプレミアム	194	
			eclat	208	
			〈合計〉	590	196.7
全体の合計				7,222	288.9

ージ数の多いのは、ヤングアダルト、ミドルエイジ40代、ヤング、ミドルエイジ30代、ハイティーン、シニア、ローティーンの順である。

以上の結果を、年齢をより広い区分にして大枠でみることにする。ミドルエイジの30代と40代をミドルエイジ全体の枠とすると、平均ページ数は３６６・０枚である。また、ローティーンとハイティーンをティーンエイジの大枠とすると、平均ページ数は１７７・２枚になる。したがって、大枠で雑誌の平均ページ数を見た場合、ヤングアダルトが最も多く、ミドルエイジ、ヤング、シニア、ティーンエイジの順になる。

では、なぜ女性ファッション雑誌のページ数は世代によって異なるのだろうか。出版社は当然のことながら販売を目的に雑誌を発行している。その際に雑誌は販売対象とする女性の世代によって発信する情報の量、情報の種類に差異をおく必要がある。他方、女性ファッション関係の商品を生産する会社も購買する顧客の条件に合わせて、情報媒体としてのファッション雑誌に広告を依頼する。さらに、雑誌を購買する顧客になる消費者としての女性たちは、無駄に多量の情報を読む必要はなく、自らの世代に適切な情報だけを入手したいと思う。したがって、女性ファッション雑誌のページ数は、商品の生産者、読者としての女性消費者、両側の媒介としての雑誌社のポリティクスによって決定される。

では、なぜ、ヤングアダルト、ミドルエイジ、ヤングの世代は、雑誌の平均枚数が多いのか。これらの世代は、シニア世代やティーンエイジの世代より、ファッションに興味・関心が高く、多くの情報を求めるうえ、実際に購買力が高い世代である。そのために、雑誌では多様な情報をより多く掲載することになる。結果、雑誌のページ数も多くなる。

ただし、シニアの世代とティーンエイジの世代には、枚数が少なくても、それぞれ解釈が異なる。シニア世代は、すでに人生のライフステージの各段階でファッションのマニュアル、ノウハウ、コツを体得し、自分自身に相応しいファッションを経験してきたのである。そのために、具体的な多様な情報よりも、簡略化したトレンド情報を欲しがるのである。そしてその情報を自らが応用し、自分に見合うように実践することができる。

他方、ティーンエイジの世代向けの雑誌は平均枚数が少ないが、その理由は他の世代とは異なる。ローティーンは10歳から14歳で、学校段階では小学校の高学年から中学生である。ハイティーンは15歳から19歳までの高校生である。彼女たちは、ライフスタイルのなかで学校生活が中心であり、制服や運動服のトレーナー、体操着などを日常的に使用する世代である。また、ファッションについて、どのようなものが好きで、自分自身に相応しいのか、選択と実践に関する能力が十分でなく、それを探求している段階でもある。このような世代のために、ファッション情報の量も、多様性も他の世代に比較して少ないため、ファッション誌の平均枚数も少ない。小・中学生のローティーンより、高校生のハイティーンになると平均枚数が増加するのもこの理由によって理解ができよう。

(4) 女性ファッション雑誌の価格

女性雑誌の本体価格は購読対象の世代によって差異があるのか。そして雑誌の1ページ当たりの単価はいくらになるのか。また、女性雑誌は各世代によってページ単価はどのような差異がみられるのか調べてみた。結果は**図表5－4**のとおりである。

ここからわかるように、女性雑誌の購買価格は雑誌によって異なっており、各年代内では類似しているが、年代間では差異がみられる。

女性ファッション雑誌全体の平均価格は672・0円である。各年代で雑誌の価格が最も高いのは、ミドルエイジのなかの40代の855・0円であり、最も低いのはローティーンの483・3円である。価格の高い順でみると40代に次いで、シニア世代766・7円、ヤングアダルトで696円、ヤングで663・3円、ミドルエイジの30代で645円、ハイティーンで526・7円、ローティーンで483・3円の順になっている。これでわかるのは、女性雑誌の出版社はミドルエイジ40代で購買能力が高いと予想し、雑誌価格を最も高く設定していることがわかる。面白い現象は、ミドルエイジの30代のほうが、ヤングアダルトやヤングの世代よりも、雑誌価格を低く設定していることである。ティーンエイジでは、ハイティーンのほうがローティーンより価格が高く設定されている。

また、雑誌価格を年代の大枠でみると次のようになる。すなわち、ミドルエイジの30代と40代をミドルエイジとして一つの枠に統合し、ローティーンとハイティーンも同様にティーンエイジとして大枠を与えてみることにする。結果、シニアが766・7円で最も高くミドルエイジが750・0円であり、二つとも700円台以上になっている。その次に、ヤングアダルトは696・0円、ヤングは663・3円で600円台である。最後に、ティーンエイジは505・0円で、500円台になっている。したがって、雑誌の価格を大枠からみると、世代が上がることに価格が高くなっていることが了解されよう。

図表5－4　調査対象女性雑誌の価格とページ単価

世代区分		対象年齢	雑誌名	発行部数	総ページ数	平均ページ数	雑誌の本体価格（円）	1ページあたりの平均価格（円）
ティーンエイジ	ローティーン	10～14	Nicola	190,417	132		450	
			ピチレモン	172,592	136		450	
			ニコプチ	130,000	129		550	
			〈合計〉	493,009	397	132.3	483.3	3.7
	ハイティーン	15～19	SevenTeen	314,445	241		580	
			CUTiE	170,000	147		550	
			POPTEEN	388,950	278		450	
			〈合計〉	873,395	666	222.0	526.7	2.4
			〈ティーンエイジの合計〉	1,366,404	1,063	177.2	505.0	2.9
ヤング		20～24	CanCam	570,000	354		690	
			ViVi	441,667	382		650	
			JJ	253,684	286		650	
			〈合計〉	1,265,351	1,022	340.7	663.3	1.9
ヤングアダルト		25～34	With	531,684	349		650	
			More	532,500	334		630	
			Sweet	・	419		780	
			AneCan	255,000	412		690	
			CLASSY	204,175	345		730	
			〈合計〉	1,523,359	1,859	371.8	696.0	1.9
ミドルエイジ	30代	35～39	Very	229,767	342		700	
			LEE	306,667	352		650	
			InRed	・	282		780	
			Saita	212,500	226		450	
			〈合計〉	748,934	1,202	300.5	645.0	2.1
	40代	40～49	Story	260,167	386		800	
			Precious	107,334	388		740	
			Marisol	70,000	280		780	
			婦人画報	104,117	432		1100	
			〈合計〉	541,618	1,486	371.5	855.0	2.3
			〈ミドルエイジの合計〉	1,290,552	2,688	366.0	750.0	2.2
シニア		50～	HERS	108,686	188		820	
			クロワッサンプレミアム	103,559	194		680	
			eclat	66,084	208		800	
			〈合計〉	278,329	590	196.7	766.7	3.9
全体の合計				5,723,995	7,222	288.9	672.0	2.3

(5) 女性ファッション雑誌の1ページ当たりの単価

次に女性ファッション雑誌の1ページ当たりの価格単価をみることにする。ページの単価は、雑誌価格を総ページ数で割ったものである。これも図表5－4にまとめた。本図表でわかるように、対象雑誌全体の1ページ当たりの平均単価は2・3円である。

これを年代別にみると、シニア世代が1ページ当たり3・9円で最も高く、ヤング世代、ヤングアダルト世代が1・9円で最も低い。では単価を年代別にみると、シニア世代の3・9円に次いで、ローティーンが3・7円で高く、ハイティーンが2・4円、ミドルエイジの40代が2・3円、ミドルエイジの30代が2・1円、ヤングアダルト1・9円、ヤングが1・9円の順になっている。

これからわかるのは、シニア世代は他の世代より平均ページ数が196・7ページと少なく、ページ単価は最も高く3・9円になっている。

シニア向けの女性雑誌は他の世代より平均発行部数が最も少なく、平均ページ数もローティーンの小・中学向けよりは多いものの、ヤング以上の大人向けの雑誌のなかでは最も少ない。したがって、広告収入の内容や刷部数にもよるので一概には言えないが、シニア対象の女性雑誌は1ページ当たりに経費を高くかけているとみることもできよう。さらに、平均発行部数、ページ数が多く、1ページの平均価格が低いヤングやヤングアダルト向けの雑誌と比較してみると、シニア向け雑誌は紙の質を高め、色においても金色、ゴールド等を多く使用して高級感を演出している。

また、ローティーンにおいても、平均ページ数が132・3ページと最も少なく、ページ単価が3・7円である。この世代も、シニア世代と同様、雑誌の1ページにかける費用が高くなっていることがわかる。

では、雑誌のページ単価を世代の大枠でみるとどのような差異がでるのか。ミドルエイジの30代と40代をミドルエイジ全体として大枠にし、ローティーンとハイティーンもティーンエイジとして大枠に操作した。シニア世代が3・9円で最も高く、次にティーンエイジが2・9円、ミドルエイジが2・2円、ヤングとヤングアダルトが1・9円で最も低くなっている。この場合も、シニア世代とティーンエイジ世代が、ページ当たりの単価が高くなっている。

したがって、シニアと、ティーンエイジにおいて特にローティーンを対象にする女性雑誌は、ページ単価を高め高級感を出すことによって、雑誌に必要に応じてすぐ使える情報やマニュアル等ノウハウを求める「実用的価値」を優先するより、雑誌の高級感、ブランド志向によって雑誌それ自体の「存在的価値」で顧客を満足させることとつながるのである。「手段的価値」より、「目的価値」や「象徴的価値」の交換性が高いと言えるであろう。すなわち、シニアやローティーン世代は、雑誌からファッションや化粧の情報を得てマニュアルを使用し、雑誌をモデルとして生活のなかで化粧やファッションに即座に使用して満足するための手段性が他の世代より低いと言えよう。むしろ、かれらは高級化した雑誌を持つことによって、自分は身体管理や化粧ファッション、流行に気をつけていると満足し、雑誌を持つこと自体が自らの文化的価値を満足させるという象徴的な意味をもつことができる。かれらには、女性雑誌がもちろん「手段的価値」もあるが、「目的的価値」や「象徴的価値」のほうが他の世代より強く機能する蓋然性が高いことを表している。

次章ではいよいよ本研究の本題に入ってゆく。すなわち、女性ファッション雑誌における化粧品広告の世代別差異化戦略についてみることにする。

注

（1）P・ブルデュー著（石井洋二郎訳）『ディスタンクシオン社会学的判断力批判Ⅰ』新評論、1989年、352頁―361頁

（2）ポーラ文化研究所「№120女性の化粧行動・意識に関する意識調査～スキンケア・メーク篇2011～」2011年、30頁、30―32頁

（3）日本雑誌広告協会「雑誌ジャンル・カテゴリー区分」2009年（www.zakko.or.jp/subwin/genre.html 最終閲覧：2017年2月20日）

（4）http://www.magazine-data.com/women-menu（最終閲覧：2017年2月20日）

（5）同右

（6）http://www.magazine-data.com/women-magazin（最終閲覧：2017年2月20日）

ファッション雑誌ガイドによると、『HERS』は、『ミセス・コンサバ系』を貫き、好奇心をもち個性的で自由に行動する「『大人』の女性に向けた新しい女性誌」であるとする。

第6章　女性ファッション雑誌における化粧品広告の戦略と機能〈2〉
―子ども・若者・ヤングアダルト向けの化粧品広告の差異化戦略―

はじめに

それでは、第5章をうけて化粧品広告の世代別差異化戦略の分析に移ることにしよう。女性ファッション雑誌の化粧品広告の戦略と機能を明らかにするために、以下の二つの内容を分析することにする。

第一に、女性ファッション雑誌において化粧品広告が占める比率は世代によってどのような差異があるのか。第二に、そして化粧品広告はどのような形態を成しているのか。すなわち、基礎化粧品、メイク、基礎とメイクのコンビネーションの比率はどのように異なるのか。さらに、これは雑誌の対象とする女性の世代によってどのように変容していくのか。本章では、そのなかでも主に子ども・若者・ヤングアダルト世代を分析する。

1 女性ファッション雑誌において化粧品広告が占める比率

(1) 世代別

女性ファッション雑誌の化粧品広告は、大きく三つの種類に分けられる。広告、マニュアル、解説である。第一に、広告では、化粧品会社が提供するものをそのまま掲載する場合と、ファッション雑誌の編集者がさまざまな化粧品を分類して広告する場合の二つがある。第二に、マニュアルは、化粧品を提示し、その使い方のマニュアルを説明するものである。多くの場合、マニュアルは、写真を掲載し化粧の仕方を提示するものである。第三に、解説は、化粧についてトレンドや一般的な傾向の説明をするものである。後者のマニュアルや解説は化粧品関連記事としてみなすことができる。したがって、広い意味での化粧品広告は、商品の広告と商品の関連記事で構成される。ここでは広い意味での化粧品広告を、「化粧品広告」として用いる。

では、実際に、女性ファッション雑誌における化粧品関係の広告・記事の占める割合についてみることにする。**図表6－1**の通りである。

女性ファッション雑誌において化粧品関係（広告・記事）が、雑誌全体の枚数のなかで占める比率は、全世代平均で13・7％になっている。雑誌の総ページのなかの1割強が化粧品広告であることが理解される。

これを世代別にみると、雑誌全体のなかで化粧品広告の比率が最も高いのは、ミドルエイジの40代

図表６－１　女性雑誌における化粧品関係（企業広告・記事広告）のページの占める割合（世代別）

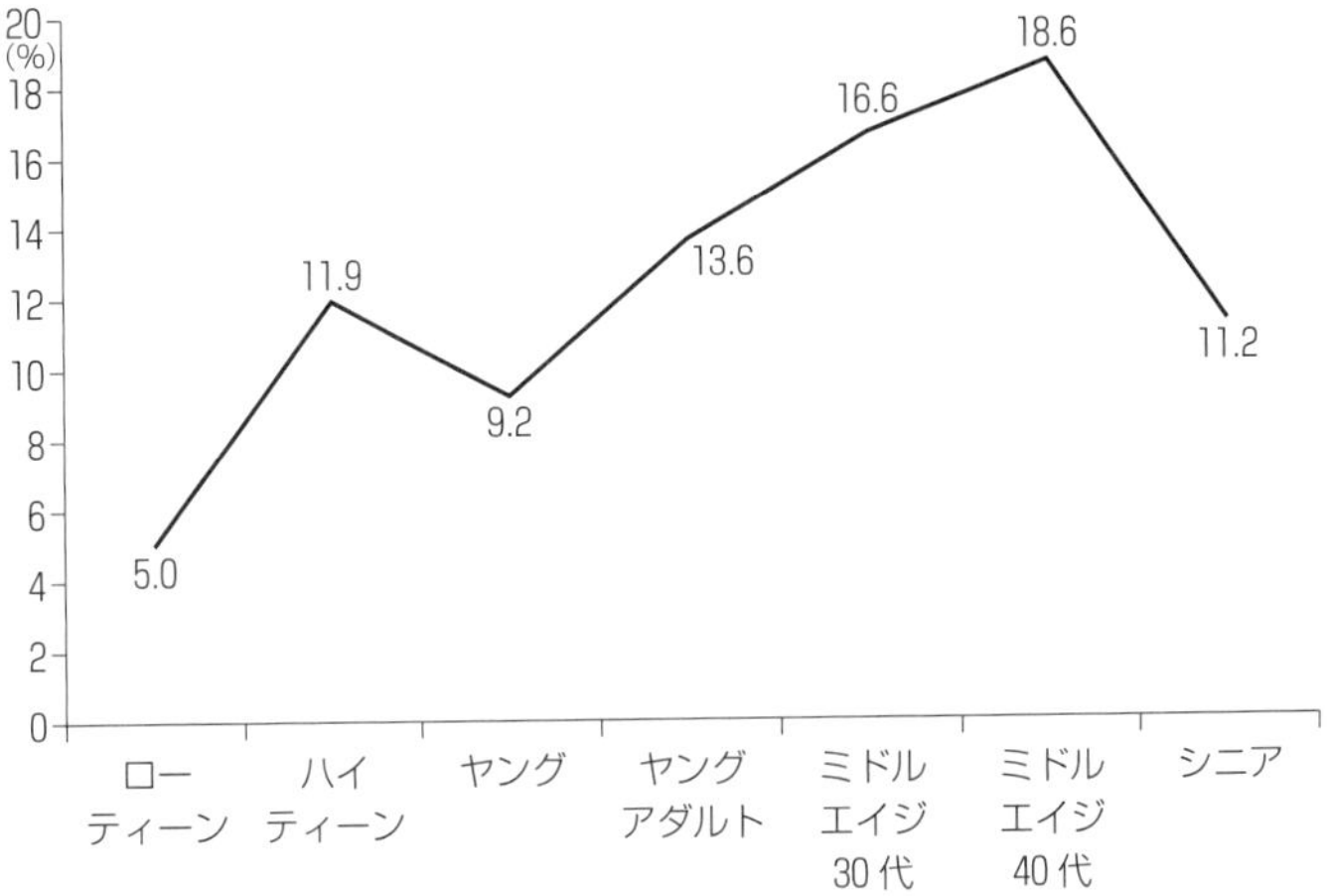

世代区分		化粧品関係のページ	合計(総ページ数)
ティーンエイジ	ローティーン	5.0%（20）	100.0%（397）
	ハイティーン	11.9%（79）	100.0%（666）
	ティーンエイジの合計	9.3%（99）	100.0%（1063）
ヤング		9.2%（94）	100.0%（1022）
ヤングアダルト		13.6%（252）	100.0%（1859）
ミドルエイジ	30代	16.6%（199）	100.0%（1202）
	40代	18.6%（277）	100.0%（1486）
	ミドルエイジの合計	17.7%（476）	100.0%（2688）
シニア		11.2%（66）	100.0%（590）
全体の合計		13.7%（987）	100.0%（7222）

で18・6％である。次にミドルエイジの30代が16・6％、ヤングアダルトが13・6％になっている。次はハイティーンが11・9％、シニア11・2％、ヤング9・2％であり、ローティーンが5・0％の順になっている。

ここでわかることは、第一に、40代、30代、20代後半の女性たち向けの雑誌において、ほぼ平均かそれ以上の割合で化粧品広告が掲載されている。25歳から49歳までの女性たちを対象とするファッション雑誌は他の世代より化粧品広告を提示する比率が高く、重要な項目になっていることがわかる。

第二に、ハイティーン向けのファッション雑誌の化粧品広告が、シニア向けのそれとほぼ同様であるが、0・7％ほど少し高くなっている。女子高校生に値するハイティーンと50歳以上の女性を対象にする女性ファッション雑誌で、類似の比率であることが注目に値する。

第三に、ローティーンとハイティーンにおいては、広告の比率の差が存在する。小学校の高学年と中学生を対象とするローティーンでは化粧品広告の比率が5・0％であるが、高校生を対象とするハイティーンではその比率が11・9％である。これは、小学生、中学生から高校生にライフステージが変化することによって、化粧や化粧品への関心が高まること、および小学生向けの化粧品の市場規模が圧倒的に小さいことと深く関係していることが理解できる。したがって、女子高校生向けの雑誌には、小学生・中学生のそれに比較して、化粧品広告の比率が増加していると解釈できる。

第四に、ヤング世代向けのファッション雑誌では、ハイティーン向けのそれより、化粧品広告の比率が低くなっている。ハイティーンが11・9％であるのに対して、ヤングでは9・2％である。全世代別では、ヤング世代を過ぎてその比率が高くなっていく。ヤング世代のライフステージにおいて大きな特徴は、高校時代の制服を脱ぎ去り、社会生活において本格的に私服が中心になる生活をする時期である。化粧はもちろんであるが、ファッションについて新しい情報が必要であり、関心も高くなる。したがって、ファッション雑誌は、化粧品広告を一定程度の比率を維持しながら、ファッションの情報に紙面の比率を増加させていることが理解される。換言すれば、**図表6－1**で示されているように、ヤング世代の9・2%の比率は、ティーンエイジの平均である9・3%とほぼ同程度を維持していることが、これを物語っている。

(2) 雑誌別

化粧品広告が占める比率を雑誌別にみると、**図表6－2**の通りである。

図表6－2でわかるように、第一位はヤングアダルトの『More』が25・1%で最も多くの化粧品広告を掲載している。第二位はミドルエイジ40代の『Marisol』が23・2%、第三位はミドルエイジ30代の『LEE』が21・9%である。第四位は、ミドルエイジ40代の『Precious』が19・3%、第五位は、同じく40代の『婦人画報』が18・5%、第六位はミドルエイジ30代の『InRed』が16・0%の順になっている。第七位はハイティーンの『POPTEEN』が15・5%、第八位は、ミドルエイジ30代の『Very』が14・9%、第九位は、ミドルエイジ40代の『Story』とヤングアダルトの『CLASSY』が同率14・8%である。

したがって、化粧品広告の比率が高い雑誌は、『More』、『Marisol』、『LEE』『Precious』、『婦人画報』、『InRed』の順になっている。また、上位六位までの雑誌では、ミドルエイジ40代が三つ、ミド

図表6－2　女性雑誌における化粧品関係（企業広告・記事広告）の占める割合（雑誌別）

世代区分		対象年齢	雑誌名（出版社）	化粧品関係のページ	総ページ数
ティーンエイジ	ローティーン	10～14	Nicola（新潮社）	4.5%（6）	132
			ピチレモン（学習研究社）	6.6%（9）	136
			ニコプチ（新潮社）	3.9%（5）	129
			〈合計〉	5.0%（20）	397
	ハイティーン	15～19	Seventeen（集英社）	12.0%（29）	241
			CUTiE（宝島社）	4.8%（7）	147
			POPTEEN（角川春樹事務所）	15.5%（43）	278
			〈合計〉	11.9%（79）	666
			〈ティーンエイジの合計〉	9.3%（99）	1,063
ヤング		20～24	CanCam（小学館）	10.7%（38）	354
			ViVi（講談社）	7.9%（30）	382
			JJ（光文社）	9.1%（26）	286
			〈合計〉	9.2%（94）	1,022
ヤングアダルト		25～34	With（講談社）	13.8%（48）	349
			More（集英社）	25.1%（84）	334
			Sweet（宝島社）	7.4%（31）	419
			AneCan（小学館）	9.2%（38）	412
			CLASSY（光文社）	14.8%（51）	345
			〈合計〉	13.6%（252）	1,859
ミドルエイジ	30代	35～39	Very（光文社）	14.9%（51）	342
			LEE（集英社）	21.9%（77）	352
			InRed（宝島社）	16.0%（45）	282
			Saita（セブン＆アイ出版）	11.5%（26）	226
			〈合計〉	16.6%（199）	1,202
	40代	40～49	Story（光文社）	14.8%（57）	386
			Precious（小学館）	19.3%（75）	388
			Marisol（集英社）	23.2%（65）	280
			婦人画報（アシェット婦人画報社）	18.5%（80）	432
			〈合計〉	18.6%（277）	1,486
			〈ミドルエイジの合計〉	17.7%（476）	2,688
シニア		50～	HERS（光文社）	11.2%（21）	188
			クロワッサンプレミアム（マガジンハウス）	8.2%（16）	194
			eclat（集英社）	13.9%（29）	208
			〈合計〉	11.2%（66）	590
全体の合計				13.7%（987）	7,222

ルエイジ30代が二つ、ヤングアダルトが一つで構成されている。さらに広げて、第一位から九位までの雑誌をみると、ミドルエイジ40代の雑誌が四つ、ミドルエイジ30代が三つ、ヤングアダルトが二つ、ハイティーンが一つになっている。以上でわかることは、化粧品広告率の上位に位置づけられる女性ファッション雑誌は、ミドルエイジ40代、ミドルエイジ30代向けのものが多いということである。

(3) 雑誌の出版社別

では、女性ファッション雑誌の出版社別に化粧品広告の比率をみることにする。化粧品広告の比率が20・0%以上の雑誌の出版社をみると、対象とする女性ファッション雑誌のなかで広告の比率が最も高いのは、集英社が発行するヤングアダルト向けの『More』が25・1%である。次も同じく集英社のミドルエイジ40代向けの『Marisol』が23・2%、ミドルエイジ30代の『LEE』が21・9%である。すなわち、広告比率20・0%以上の上位3位を占めている雑誌は、集英社が各世代向けに発行しているものであることがわかる。

次に、ミドルエイジ40代の『Precious』（小学館）が19・3%、同じく40代の『婦人画報』（アシェット婦人画報社）18・5%、ミドルエイジ30代の『InRed』（宝島社）が16・0%、ハイティーンの『POPTEEN』（角川春樹事務所）が15・5%の順になっている。このように、広告比率の15・0%以上20・0%未満では、小学館、アシェット婦人画報社、宝島社、角川春樹事務所の順でそれぞれを発行しているものである。

次に雑誌全体の平均である13・7%以上15・0%未満の領域をみると、ミドルエイジ30代の

『Very』（光文社）が14・9％、ミドルエイジ40代の『Story』（光文社）が14・8％、ヤングアダルトの『CLASSY』（光文社）が14・8％の順になっている。また、シニア向けの『eclat』（集英社）が13・9％、ヤングアダルトの『With』（講談社）が13・8％である。ミドルエイジ30代では、光文社が三つの雑誌を発行していることがわかる。したがって、女性ファッション雑誌における化粧品広告の比率が高いのは、集英社、宝島社、光文社の順になっていることがわかる。

2 女性ファッション雑誌の化粧品広告における化粧品種類の割合（世代別）

女性ファッション雑誌は、どのような化粧品を主に広告しているのか。購読する女性の世代向けの雑誌によって、どのような差異がみられるのか。ここでは、広告を化粧品の種類によって、「基礎化粧品広告」、「メイク用化粧品広告」に区分した。また、基礎化粧品とメイク用化粧品を合わせて広告を行う場合を「コンビネーション広告」と称した。「基礎化粧品」は、スキンケアをする化粧品で化粧水、乳液、クリーム、ローション、化粧品である。「メイク用化粧品」は、メイクアップをするための化粧品で、ファンデーション、口紅、アイシャドー、アイライナー、アイブロウ、マスカラ、チークである。

化粧品広告における化粧品種類の割合は、**図表6－3**の通りである。化粧品全体では、基礎化粧品広告が55・6％、メイク用化粧品広告が39・3％、コンビネーション広告が5・1％で、基礎化粧品

図表6－3　化粧品関係（企業広告・記事広告）における化粧品種類の割合（世代別）

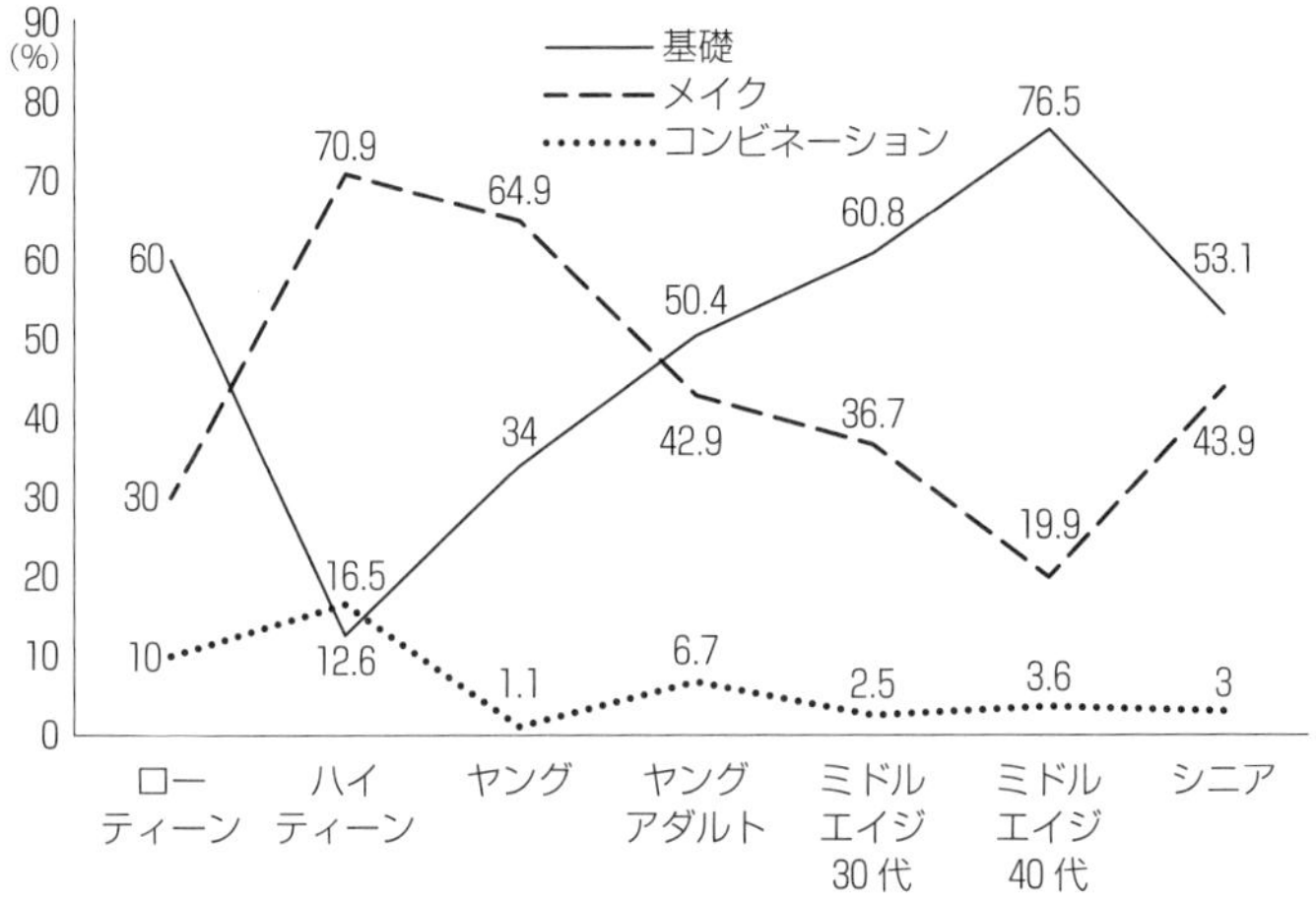

世代区分＼種類		基礎	メイク	コンビネーション（基礎＋メイク）	合計
ティーンエイジ	ローティーン	60.0%（12）	30.0%（6）	10.0%（2）	100.0%（20）
	ハイティーン	12.6%（10）	70.9%（56）	16.5%（13）	100.0%（79）
	ティーンエイジの合計	22.2%（22）	62.6%（62）	15.2%（15）	100.0%（99）
ヤング		34.0%（32）	64.9%（61）	1.1%（1）	100.0%（94）
ヤングアダルト		50.4%（127）	42.9%（108）	6.7%（17）	100.0%（252）
ミドルエイジ	30代	60.8%（121）	36.7%（73）	2.5%（5）	100.0%（199）
	40代	76.5%（212）	19.9%（55）	3.6%（10）	100.0%（277）
	ミドルエイジの合計	70.0%（333）	26.9%（128）	3.1%（15）	100.0%（476）
シニア		53.1%（35）	43.9%（29）	3.0%（2）	100.0%（66）
全体の平均		55.6%（549）	39.3%（388）	5.1%（50）	100.0%（987）

広告の比率が最も高い。化粧品広告の約6割は、基礎化粧品広告であることが了解される。

では、各世代に向けての雑誌は、この三つの構成比率をどのように変えているだろうか。以下、三つの各広告における世代別の差異をみることにする。

(1) 基礎化粧品広告の世代別差異

まず、基礎化粧品広告だけを取り上げてみることにする。基礎化粧品広告の比率が最も高いのは、ミドルエイジ40代で76・5％である。次は、ミドルエイジ30代が60・8％、ローティーンが60・0％、シニアが53・1％の順になっている。そして、ヤングアダルトが50・4％、ヤングが34・0％であり、ハイティーンが12・6％で最も低い。すなわち、基礎化粧品広告は、ミドルエイジの40代が最も高く、ミドルエイジ30代、ローティーン、シニア、ヤングアダルト、ヤングの順で低く、ハイティーンが最も低い構造である。

これを大枠でみることにする。ミドルエイジの40代と30代をミドルエイジとし大枠で捉えると70・0％である。また、ローティーンとハイティーンをティーンエイジの大枠で捉えると22・2％である。大枠でみた結果、基礎化粧品の広告は、ミドルエイジが70・0％、シニアが53・1％、ヤングアダルトが50・4％、ヤングが34・0％、ティーンエイジが22・2％の順になっている。ここでもミドルエイジが最も高く、シニア、ヤングアダルト、ヤングの順で低く、ティーンエイジが最も低くなっている。

以上の結果からいえる特徴は、第一に、基礎化粧品広告が占める割合においてはミドルエイジ40代において比率が高く、8割弱に至る。第二に、基礎化粧品広告比率の全世代の変化をみると、ローティーンで6割を占めていたものがハイティーンで1割までに減少し、ヤング世代からは3割、ヤングアダルト5割、ミドルエイジ30代6割、ミドルエイジ40代8割弱へと増加していく。第三に、シニア世代ではミドルエイジ世代よりも基礎化粧品の比率が減少していることである。第四に、ローティーンとハイティーンにおける基礎化粧品広告の比率の差が47・4ポイントと非常に大きく、なおハイティーンのそれが最も低い傾向にあることである。

本来、スキンケアをすることが目的である基礎化粧品の広告は、20代を境に年齢の増加に伴う老化の現象に対処し、肌のケアをするために必要性も増加する。しかしながら、基礎化粧品広告の比率はそれと完全に比例関係になっていない。たとえば、ミドルエイジ40代のほうが、シニアより基礎化粧品広告の比率が高い。また、ローティーンとハイティーンでは広告の比率の差異が非常に大きい。さらに、ハイティーンでの基礎化粧品広告率は他の世代に比較して最も低い。

では、基礎化粧品広告におけるこのような違いはなぜ生じるのか。それは大きく三つの理由があろう。第一には、スキンケアを目的とした基礎化粧品でも、その意味は世代によって異なる。ローティーンにおけるスキンケアは、肌の保護、安全を目的にする場合が多い反面、ハイティーンにおけるそれは、ニキビ、肌の清潔維持を目的とする場合が大きい。これに比較して、ヤング世代以後は、加齢に伴う老化現象を防ぐ、あるいは老化を遅延させる目的、および紫外線など環境によるシミ、そばかす、アレルギーなど皮膚を保護する目的によるスキンケアが重要になってくる。さらには、皮膚トラブルによる精神的な不安、癒しなど自己管理と基礎化粧品との関係性も必要とされている。これらの現実的な理由が化粧品広告に反映されていることになる。

第二に、基礎化粧品広告を巡る雑誌広告の場には、独自の論理がある。雑誌における基礎化粧品の広告はミドルエイジ40代に最も高い、約8割という比率を占めている。しかし、実際には40代女性における基礎化粧品の使用、スキンケア行為重視者の比率は約6割ほどであり、ほかの世代と比較してあまり違いはない(1)という調査結果がある。このような基礎化粧品広告の論理は、女性ファッション雑誌における広告の戦略であり、独自の論理に従って構成されているのである。

第三には、基礎化粧品の広告の比率は、メイク用化粧品広告、コンビネーション広告の関係によって変化する。女性の世代によって、メイク用化粧品広告、および、コンビネーション広告をどれほど提示するかは、基礎化粧品広告の割合を変化させる大きな要因になる。以上の三つの理由によって、基礎化粧品広告の比率が世代別に異なっていくことになる。

(2) メイク用化粧品広告の世代別差異

女性ファッション雑誌においてメイク用化粧品の広告は全体の39・3%を示している。では、世代別にどのような差異があるのかをみると、**図表6－3**の通りである。メイク用化粧品広告を高い順でみると、ハイティーンで最も高く、次にヤング、そしてシニア、ヤングアダルト、ミドルエイジ30代、ローティーン、ミドルエイジ40代となっている。

具体的にみると、化粧品広告のなかでメイク用品の比率が最も高い世代は、15歳から19歳のハイティーンで、70・9%を占めている。化粧品広告のなかでメイク用化粧品が7割を占めており、これは世代全体の平均である39・３％より、31・６ポイントも高い傾向を示している。

その次は、20歳から24歳のヤング世代が64・９％を占めている。全世代のなかでこれらハイティーンとヤングという二つの世代、換言すれば、15歳から24歳までのアラウンド・トゥエンティ（around twenty）を対象とする雑誌の化粧品広告は、メイク用化粧品広告が67・６％を占めている。

次は、25歳から34歳までのヤングアダルトで42・９％になっている。これはヤング世代を対象にした雑誌における比率が64・９％であることに比較し、22・０ポイント減少している結果になっている。ヤングアダルト世代は、別名でアラウンド・サーティ（around thirty）と称されている。

では、アラウンド・トゥエンティとアラウンド・サーティのメイク用化粧品広告を比較してみよう。前者はハイティーンとヤング世代を一つの枠にしたもので、メイク用化粧品広告の比率は、67・６％である。これに比較して後者のそれは42・９％であり、前者より24・７ポイント減少している。したがって、メイク用化粧品広告を掲載する比率は、アラウンド・トゥエンティが高く、加齢するアラウンド・サーティのほうで約２割減少していることがわかる。

では、次の世代の順を見ると、50代以上のシニア43・９％、ミドルエイジ30代36・７％、ローティーン30・０％、ミドルエイジ40代19・９％の順である。ここでメイク用化粧品広告の比率が最も低いのは、ミドルエイジ40代で19・９％である。これは同じミドルエイジ30代や、50代のシニア、ひいてはローティーンよりも低いという現象であり注目に値する。

以上の結果を世代の大枠でみることにする。ローティーンとハイティーンからなるティーンエイジの枠では、メイク用化粧品の比率は62・６％である。また、ミドルエイジ30代と40代からなるミドルエイジ全体での比率は26・9％になっている。これをふまえて、大枠におけるメイク用化粧品広告の比率をみることにする。ヤング世代とティーンエイジ世代がそれぞれ64・9％、62・6％で高い。次に、シニア世代が43・9％、ヤングアダルト世代が42・9％、ミドルエイジ26・9％の順になっている。

では、メイク用化粧品広告の比率にはどのような特徴があるのか。第一に、ハイティーン世代で最も高いことである。この世代は学校歴からすれば高校生、専門学校、大学の低学年である。メイク化粧に関心をもち実践を行う人々が多い世代である。そのため、女性ファッション雑誌においてメイク用化粧品広告の比率が最も高いのである。第二に、メイク用化粧品広告の世代全体の傾向は、ローティーンからハイティーンで増加し、その後は減少していく。しかし、シニア世代になると、再び増加し、ヤングアダルト世代に近いほどまでに戻る。**図表6－3**を見るとその傾向が容易に理解される。第三に、ローティーンとハイティーンにおけるメイク用化粧品広告の比率の差が40・9％と非常に大きく、なおハイティーンのそれが最も高い傾向である。

(3) コンビネーション（基礎化粧品とメイク用化粧品）広告の世代別差異

女性ファッション雑誌においてコンビネーション広告は全体の5・1％を占めている。コンビネーション広告とは、基礎化粧品とメイク用化粧品を一つの広告の枠のなかに一緒に扱っている広告を称する。この広告は、基礎化粧品、メイク用化粧品の単独広告より、非常に低い比率で掲載されている。しかしながら必要性によって広告がなされていることを考え、女性の世代によってどのような差異があるのかをみることにする。

　世代別の差異は、先の**図表6－3**の通りである。化粧品のコンビネーション広告の比率が高い順でみると、ハイティーンが16・5％で最も高い。次がローティーンで10・0％、ヤングアダルト6・7％、ミドルエイジ40代3・6％、シニア3・0％、ミドルエイジ30代2・5％、ヤング1・1％の順になっている。ここでわかるのは、ハイティーンとローティーンでそれぞれ2割弱、1割の比率になっているが、他の年代では1割に満たないことである。また、上位四つまでをみると、ハイティーン、ローティーン、ヤングアダルト、ミドルエイジ40代となっている。

　ではこれを大枠でみると、ローティーンとハイティーンを一枠にしたティーンエイジが15・2％である。また、ミドルエイジ30代と40代を一枠にしたミドルエイジが3・1％である。以上の大枠でみた結果、ティーンエイジが15・2％で最も高く、ヤングアダルト6・7％、ミドルエイジ3・1％、シニア3・0％、ヤング1・1％の順である。したがって、化粧品広告のなかで、基礎とメイクを一緒に提示するコンビネーション広告は、ティーンエイジ、ヤングアダルト、ミドルエイジで高いことが理解できる。

　では、コンビネーション広告はどのような特徴があるのか。第一に、コンビネーション広告は、基礎化粧品、メイク用化粧品の広告比重の変化に関係していることである。

　すなわち、女性の対象とする世代が変わる際に、基礎化粧品とメイク用化粧品の比率が変化する場合に、コンビネーション広告が高くなる。たとえば、基礎化粧品広告の比率が高かった世代から、メイク用化粧品広告の比率が高くなる世代へ変化する場合、コンビネーション広告の比率も高くなる傾向がある。また逆に、メイク用化粧品広告が高比率である世代から、基礎化粧品広告の高比率へと変化する世代においても、同様に、コンビネーション広告の比率が高くなるのである。その理由は、コンビネーション広告は、基礎化粧品とメイク用化粧品単独使用の埋め合わせの機能を果たすからである。両方の化粧品の組み合わせで広告を掲載することによって、それぞれの化粧品の使用のバランス、方法などに関する知識を提供することができるのである。このような役割、機能は、年代による変化があるときに必要であると判断され、広告の比率が増加すると思われる。コンビネーション広告は、基礎とメイク用広告単独のものの「補完的機能」を果たしているのである。

第二に、コンビネーション広告の比率は、ハイティーン年代で最も高く、ティーンエイジの年代に高いことである。ローティーンからハイティーンになったときに、ハイティーンではメイク用化粧品の広告が30・0％から70・9％に増加している。また、基礎化粧品広告の場合、ローティーンからハイティーンになったとき、60・0％から12・6％に減少している。この際、急激にメイク用化粧の広告へと比重を変えたハイティーンでは、コンビネーション広告の比率も増大しており、コンビネーション広告は10・0％から16・5％へと6・5ポイント増加している。

したがって、雑誌の編集側は、基礎化粧品を極端に減少させる一方、コンビネーション広告を増加させることで、基礎化粧品とメイク用化粧品のバランスを取る。さらに、雑誌側は、ハイティーン世代の人々に、突如メイクだけを強調することの反動を和らげ、基礎化粧品とそれをいかに使用していくかのバランスや方法を提示しているのである。

第三に、ヤングからヤングアダルト世代に変化する際に、コンビネーション広告の比率が再度増加している。この場合は、ヤング世代でメイク用化粧品広告を強調していたことから、ヤングアダルトになったときに、基礎化粧品広告を強調する方向へ変化していくことと関係している。ヤング世代の場合、メイク用化粧品広告が64・9％であったが、ヤングアダルトでは42・9％へと20・0ポイント減少した。また、基礎化粧品広告の場合、ヤング世代が34・0％からヤングアダルトになると50・4％へと16・4ポイント増加した。このように世代が変わる際に、コンビネーション広告は、1・1％から6・7％へと5・5ポイント増加したのである。

3 女性雑誌の化粧品広告における化粧品種類の割合（世代別・雑誌別）

女性雑誌における化粧品広告で、化粧品種類の割合を雑誌別にみると、次の図表6－4の通りである。

(1) ローティーンの場合

図表6－4でわかるように雑誌別に化粧品種類の割合には差異がみられる。

第一に、ローティーンにおいて小学生向けの雑誌は基礎化粧品広告のみを、中学生向けの雑誌はメイク用化粧品広告の比率が増加している。

小学生を対象にする『ニコプチ』は、基礎化粧品のみの広告を掲載している。これに比較して中学生を対象にする雑誌も含めると、基礎化粧品広告の全体の平均は60・0％に減少する。全体ではメイ

図表6－4　化粧品関係（企業広告・記事広告）における化粧品種類の割合（雑誌別）

世代区分		雑誌名	基礎	メイク	コンビネーション	合計
ティーンエイジ	ローティーン	Nicola	33.3％(2)	33.3％(2)	33.3％(2)	100.0％(6)
		ピチレモン	55.6％(5)	44.4％(4)	0.0％(0)	100.0％(9)
		ニコプチ	100.0％(5)	0.0％(0)	0.0％(0)	100.0％(5)
		〈合計〉	60.0％(12)	30.0％(6)	10.0％(2)	100.0％(20)
	ハイティーン	Seventeen	13.8％(4)	44.8％(13)	41.4％(12)	100.0％(29)
		CUTiE	0.0％(0)	100.0％(7)	0.0％(0)	100.0％(7)
		POPTEEN	14.0％(6)	83.7％(36)	2.3％(1)	100.0％(43)
		〈合計〉	12.6％(10)	70.9％(56)	16.5％(13)	100.0％(79)
		〈ティーンエイジの合計〉	22.2％(22)	62.6％(62)	15.2％(15)	100.0％(99)
ヤング		CanCam	36.8％(14)	63.2％(24)	0.0％(0)	100.0％(38)
		ViVi	23.3％(7)	76.7％(23)	0.0％(0)	100.0％(30)
		JJ	42.3％(11)	53.9％(14)	3.8％(1)	100.0％(26)
		〈合計〉	34.0％(32)	64.9％(61)	1.1％(1)	100.0％(94)
ヤングアダルト		With	27.1％(13)	64.6％(31)	8.3％(4)	100.0％(48)
		More	72.6％(61)	23.8％(20)	3.6％(3)	100.0％(84)
		Sweet	51.6％(16)	45.2％(14)	3.2％(1)	100.0％(31)
		AneCan	21.0％(8)	55.3％(21)	23.7％(9)	100.0％(38)
		CLASSY	56.9％(29)	43.1％(22)	0.0％(0)	100.0％(51)
		〈合計〉	50.4％(127)	42.9％(108)	6.7％(17)	100.0％(252)
ミドルエイジ	30代	Very	60.8％(31)	33.3％(17)	5.9％(3)	100.0％(51)
		LEE	67.5％(52)	32.5％(25)	0.0％(0)	100.0％(77)
		InRed	57.8％(26)	42.2％(19)	0.0％(0)	100.0％(45)
		Saita	46.2％(12)	46.2％(12)	7.6％(2)	100.0％(26)
		〈合計〉	60.8％(121)	36.7％(73)	2.5％(5)	100.0％(199)
	40代	Story	80.7％(46)	15.8％(9)	3.5％(2)	100.0％(57)
		Precious	72.0％(54)	25.3％(19)	2.7％(2)	100.0％(75)
		Marisol	61.5％(40)	38.5％(25)	0.0％(0)	100.0％(65)
		婦人画報	90.0％(72)	2.5％(2)	7.5％(6)	100.0％(80)
		〈合計〉	76.5％(212)	19.9％(55)	3.6％(10)	100.0％(277)
		〈ミドルエイジの合計〉	70.0％(333)	26.9％(128)	3.1％(15)	100.0％(476)
シニア		HERS	42.9％(9)	57.1％(12)	0.0％(0)	100.0％(21)
		クロワッサンプレミアム	43.7％(7)	56.3％(9)	0.0％(0)	100.0％(16)
		eclat	65.5％(19)	27.6％(8)	6.9％(2)	100.0％(29)
		〈合計〉	53.1％(35)	43.9％(29)	3.0％(2)	100.0％(66)
合計			55.6％(549)	39.3％(388)	5.1％(50)	100.0％(987)

ク用品が30・0％、コンビネーション広告が10・0％になっている。

雑誌別にみると、中学生を対象にする『ピチレモン』は、他の雑誌よりメイク用化粧品広告が44・4％と高く、この世代平均の30・0％より14・4％高いものである。これに比較して、『Nicola』はメイク用化粧品広告を平均に近い33・3％にして、コンビネーション広告を33・3％と高くしているが、その比率はこの世代平均の10・0％より23・3％高いものである。ここでわかるのは、『ピチレモン』は、基礎化粧品かメイク用化粧品かの二種類の枠のなかで広告を掲載し、『Nicola』はコンビネーション広告を取り入れて三種類の枠のなかで広告を掲載している。

コンビネーション広告のなかでメイク用化粧品広告を増加させることが可能であり、基礎化粧品との組み合わせを通して、メイク用化粧品使用の提案、受容、方法を自由に駆使することができる。**図表6－4**でみられるように、純粋に基礎化粧品だけの広告は『ピチレモン』が55・6％、『Nicola』が33・3％になっている。したがって、『Nicola』のほうが『ピチレモン』より、コンビネーション広告の枠を通してメイク用化粧品広告を多く掲載していることがわかる。

(2) ハイティーンの場合

第二に、ハイティーンにおいては、メイク用化粧品広告の比率が急激に増加する。雑誌において、「女の子」「可愛い」「自由」のコンセプトが強い「ガーリー」系の雑誌では、メイク用化粧品の広告が多く掲載されている。換言すれば、ハイティーン世代における化粧品広告は、主にメイク用化粧品が重要な位置を占め、可愛い女の子を演出することに強い関連がある。

この世代はメイク用化粧品広告が70・9％で他の世代と比較しても最も高い。ローティーンと比較してみると、30・0％から70・9％になり、40・9ポイントも激増していることがわかる。これに反比例し、基礎化粧品広告は、60・0％から12・6％へと、47・4ポイントが激減している。メイク用広告の比率が最も高い雑誌は『CUTiE』が100・0％で、次に『POPTEEN』が83・7％である。『CUTiE』は「ストリートファッション」誌で、原宿・ロリータ・ガーリーファッションを軸に、トレンドのヘア・メイクを掲載するティーンエイジの「ラブリー・ガーリー」系である。[2] また、『POPTEEN』も「ティーン・ガーリー」系である。これらの雑誌では、メイク用化粧品広告を多く掲載している。

他方、『Seventeen』の場合は、コンビネーション広告の枠を大いに使用している。基礎化粧品広告の比率は、『POPTEEN』の14・0％とほぼ変わらない13・8％である。しかしながら、メイク用広告の比率においては、『POPTEEN』が83・7％であることに比較して44・8％に抑えている。そしてコンビネーション広告の比率を41・4％と最も多く使用している。『Seventeen』は、他の雑誌より、コンビネーション広告の枠のなかでメイク用化粧品を基礎化粧品とともに紹介する方法を取っている。これは、『Seventeen』が「ティーン・カジュアル」系のコンセプトであることと関係があると思われる。『CUTiE』と『POPTEEN』が、「ガーリー」系の雑誌であることに比較して、『Seventeen』が「カジュアル」系であるため、メイク用化粧品広告の比率を高めに設定せず、コンビネーション広告のなかでメイク用化粧品広告も取り入れて、雑誌のコンセプトに合わせて全体の比率を調整しているのであろう。

(3) ヤングの場合

第三に、ヤング世代では、ハイティーンと比較すると、基礎化粧品広告が増加している。基礎化粧品はハイティーンで12・6％であるが、ヤングは34・0％であり、その差21・4ポイントと大幅に増加している。メイク用化粧品の場合は、ハイティーンが70・9％であるのに対し、ヤングは64・9％であり、6・0ポイントだけ減少している。また、雑誌別でみると、「フェミニン」「ガーリー」系の雑誌のほうがメイク用化粧品広告を掲載する比率が高く、「カジュアル」系のほうで基礎化粧品広告の比率が高い。

ヤング世代は、20歳から24歳の人々で、すでにハイティーンの時代を過ごし、大学・短大・専門学校などの学生であるか、あるいは社会人としての生活を送っている段階である。ハイティーンのようにもっぱらメイク用化粧品に頼った化粧より、メイク用品を重視しながら基礎化粧品との調和を取り入れる化粧を行う世代である。

したがって女性雑誌も、働く女性を主な対象にして特定のコンセプトを設定するものと、働くこととは関係なく特定の女性像をコンセプトにするものとに区分できる。

メイク用化粧品広告の比率が高いのは『ViVi』であるが、その比率は76・7％であり、平均の64・9％より11・8ポイント高い。次は『CanCam』の63・2％で、平均より少し低い。これに比較して、『JJ』は53・9％で他の雑誌よりメイク用化粧品広告率が低い。その反面、基礎化粧品広告は42・3％で他の雑誌より最も高い。また『ViVi』は基礎化粧品広告率が23・3％で他の雑誌より低いのである。

では、このような差異がみられるのはなぜだろうか。それは雑誌のコンセプトと関係がある。まず、『ViVi』はコンセプトが「大人ギャル・ガーリー」である。[3] ヤング世代を大人ではないがギャルでもない、「大人ギャル」として定義し、「ガーリー」なコンセプトで雑誌を編集している。その結果、ファッションや化粧を通して大人ギャルの「ガーリー」な演出を求めることにより、メイク用化粧品広告を多く掲載していると思われる。

他方、『CanCam』は「OL／通勤服・フェミニン」をコンセプトにしている。[4]「働くヤングの女性」を対象にし、「女性らしい」「フェミニン」なイメージを提供している。したがって、「働く女性」の仕事、私生活、通勤のファッションをいう「前提」があっての化粧品広告になる。そのため、化粧品種類の配分比率には、メイク用化粧品広告だけの傾斜ではなく、基礎化粧品とのバランスを配慮することになるだろう。そこで、全体平均に近い配分率になっている。

さらに、『JJ』は、「OL／通勤服・カジュアル」をコンセプトにしている。[5] この雑誌も「働く女性」を対象にしており、そのうえ、コンセプトは「カジュアル」なファッションである。したがって、働く女性のカジュアルファッションに相応しい化粧品広告が必要になってくる。その結果、メイク用化粧品広告が他の雑誌より減少し、代わりに基礎化粧品の広告が増加することで、雑誌のコンセプトに相応しいバランスが取れることになる。

このようにみていくと、ヤング世代を対象とする雑誌の化粧品種類の割合は、購読する対象のコンセプトが「働く」かどうか、また「ガーリー」・「カジュアル」かの軸によって異なってくることが理解されよう。

(4) ヤングアダルトの場合

第四に、ヤングアダルトにおいては、ヤング世代より基礎化粧品の広告が16・4ポイント増加している。反面、メイク用化粧品広告はヤング世代より22・0ポイント減少している。この世代では、全体として基礎化粧品広告とメイク用化粧品広告の比率に大きな差異はなく、基礎化粧品広告が50・4%、メイク用品広告が42・9%になっている。

雑誌別に広告をみよう。基礎化粧品広告は『More』が72・6%で最も高く、次が『CLASSY』56・9%である。また、メイク用化粧品広告は、『With』が64・6%で最も高く、次に『AneCan』55・3%である。コンビネーション広告においては、『AneCan』が23・7%で最も高くなっている。

ヤングアダルトでは25歳から34歳の女性を対象にするが、ほとんどの雑誌は「働く女性」がコンセプトになっている。しかしながらこの世代では、現実には「働く・働かない」の区分軸、「独身・既婚」区分軸の交差によって、対象とする女性のコンセプトを区分することができる。その結果、「働く独身」「働く既婚」「働かない独身」「働かない既婚」の四つのタイプに分類することができる。

すなわち、上記の雑誌ではほとんどが基本的には「働く女性」をコンセプトに設定しているが、実際の読者には上記の四つのタイプの人々が存在する。そのため、雑誌は職場に適切なファッション、化粧だけでなく、仕事以外の私的な生活場面のそれも紹介している。したがって、読者は、仕事をもたない女性たちも、このような雑誌の戦略に沿って発行する雑誌を、フォーマルな場面とカジュアルな場面に置き換えて、雑誌を参考に自らのファッション、化粧を実践するのである。

上記にしたがって、雑誌を大きく区分すると、『With』、『AneCan』、『Sweet』、『More』は「OL／

通勤服・フェミニン」のコンセプトであり、『CLASSY』は「OL／通勤服・大人カジュアル」系統である[6]。そこで、雑誌の大枠の下位により細分化したコンセプトやイメージをみることにする。

ヤングアダルト世代において、メイク用化粧品広告比率が高い『With』、『AneCan』、および基礎化粧品広告の比率が高い「OL／通勤服・フェミニン」の雑誌イメージを比較してみることにする。結論を先取りして、下位のコンセプトをみると次のように区分することができる。すなわち、『With』、『AneCan』における「OL／通勤服・フェミニン」の下位コンセプトは「大人ガーリー」で、イメージは「華やか・キレイ系」である。これに比較して、『More』、『CLASSY』における「OL／通勤服・フェミニン」の下位コンセプトは「カジュアル」で、イメージは「上品・控えめ系」である。ただし、両方においての互いの下位概念は存在するが、上記のように下位概念のほうがより強調されていることを記述しておく。にもかかわらず、これら雑誌の独自のコンセプト、イメージが、化粧品広告における基礎化粧品、メイク用化粧品、コンビネーション広告の構成比率に影響を及ぼすのである。

では、広告における化粧品種類別の割合を雑誌のコンセプト・イメージとの関係でみていくことにする。『With』におけるメイク用化粧品広告率は64・6％で、平均の42・9％より21・7ポイント高い。これは雑誌のコンセプト、イメージとどのように関わっているのだろうか。女性ファッション雑誌ガイドで『With』には、ガーリー・カジュアル・キレイ系のコンセプトがあるとする。「きれいめ／キレイ系のカジュアルなファッションが好きな女性にもおすすめの雑誌である」と記述されている[7]。また、イメージとしては、「オシャレはもちろん、恋もキレイもお仕事も、大人になるって楽しい[8]」とある。

このような記述から、「ガーリー」「キレイ系」などのコンセプトや、読者についての「オシャレ、恋、キレイ、仕事、大人って楽しい」のイメージから、ヤングアダルト世代の「キレイにメイクした明るくガーリーな女の子、さらに大人の女性を楽しむライフスタイル」が類推される。したがって、『With』が求めるイメージは、仕事ができ、流行・トレンドの情報を敏感に取り入れ、オシャレに配慮し、ガーリーでキレイ系ファッション・化粧を楽しむ女性」になる。このようなコンセプトやイメージが、きれいめ／キレイ系の色合いを創るメイク用化粧品広告の比率が高いことに関わっていると理解される。

では、『AneCan』の場合をみることにする。『AneCan』の場合は広告が複雑な構造をしている。メイク用化粧品広告は55・3％で平均の42・9％より12・4ポイント高いが、『With』の広告率64・6％よりは低い。また、基礎化粧品の広告が他の雑誌より最も低い21・0％である。しかし、メイク用化粧品と基礎化粧品のコンビネーションで行う「コンビネーション広告」の比率は23・7％で最も高く、平均の6・7％より17・0ポイント高くなっている。したがって、『AneCan』の広告様式は、基礎化粧品が低く、メイク用化粧品の比率は高いがそれだけに集中せず、コンビネーション広告枠を活用してメイクおよび基礎化粧品広告を行っている。

『AneCan』は、「『CanCam』を卒業した25歳以上の女のコ」に向けて、「『CanCam』のお姉さん雑誌」として創刊したものである。(9) したがって、『AneCan』は『CanCam』より上の世代に、同系列のコンセプトやイメージを付与する「姉妹雑誌」であるとみなされる。女性ファッション雑誌ガイドによると、『CanCam』と『AneCan』を同系列で説明をする。たとえば、『CanCam』について「働く女のコのHappyは、この一冊に詰まっている」とし、『AneCan』については「Happy（ハッピー）&Active（アクティブ）なレディになろう」と雑誌を解説している。[10]

ここで『CanCam』と『AneCan』二つの雑誌に共通するのは、「働く」こと、および「Happy（ハッピー）」であることである。これらはどの雑誌でも、「働く人の幸せ」がコンセプトであり、対象とする読者は「働いている人が幸せを感じて生きている」というイメージを描いている。さらに、二つの雑誌で変化していることは二つある。第一は、『CanCam』から『AneCan』への変化が「働く女のコ」から「働くレディ」へと定義づけが変わったことである。第二には、「Happy（ハッピー）」だけであったことから、「Happy（ハッピー）& Active（アクティブ）」へ変化し、「Active（アクティブ）」な活動をする女性を強調することになった。

具体的にはどのような女性たちであるのか。『AneCan』でイメージするのは、「やりがいのある仕事を効率よくこなしつつ、旅行やイベントで毎日を充実させる。恋愛、結婚へも前向き。よく遊び、よく学び、よく動く、アラサーの女性たち。」、「新しいコト・モノが好きな、仕事をしている20代・30代女性」である。[11]

したがって、雑誌だけでなく、ウェブメディアであるAneCan.TVでも、これらのコンセプトとイメージに適合する広告を行っている。専属モデルを起用し、「きれいなお姉さんで、生きていく」というキャッチコピーを使用したもので、「働く女性の何気ない、幸福感に満たされた一瞬を切りとったAneCanのテレビコマーシャル」が放映されている。[12] このような言説や映像から、『AneCan』が求めるイメージは、仕事に充実し、趣味や私生活に勤しむ、新しいトレンドを取り入れ美容や化粧も華やかで煌めき、日常に幸福を感じる女性であることが類推される。

以上、『With』『AneCan』の雑誌が発信するコンセプト、イメージに共通する部分は、働く女性で、キレイ系のフェミニンファッションや化粧を重視する。美容の流行・トレンドを敏感に取り入れて、華やかで輝いているガーリーでフェミニンなイメージを表現する。さらには、そのような自分自身に満足し、それを楽しむことである。結果、メイク用化粧品広告の比率が高いことは、イメージに相応しい華やかで煌めいているきれいな色彩の化粧を施すために必要であることと深くかかわっていることが理解される。

では、基礎化粧品広告の比率が高い『More』のコンセプト、イメージをみることにする。『More』の場合、基礎化粧品広告率が72・6％で、平均の50・4％より22・2ポイント高い。『More』は、「フェミニン＆カジュアル系」で、「ワンランク上を目指す女性のためのクオリティライフマガジン」のコンセプトが特徴である。[13] 姉妹雑誌で『Seventeen』、『non-no』などがある。ヤング世代向けの『non-no』の読者がヤングアダルト世代になった際に購読するように提供する。したがって、『More』は『non-no』と系統的に類似なコンセプトやイメージに緩やかにつながる。『non-no』は、「カジュアル・ガーリー系」である。『non-no』のファッションスタイルのイメージのなかには、ヤング世代のガーリーから、可愛いフェミニン、カジュアルまで紹介するが、「旬なベーシックスタイルや上品シンプルな大人見え服」を提案している。[14]「ベーシックスタイル」、「上品」、「シンプル」なイメージの言説は、『More』にも共通している。

では、『More』の具体的なイメージをみることにする。「ベーシックながらもこなれて見える『大人の女っぽさ』」、「トレンドを適度に取り入れた遊び心」、「シンプルかつ上品なコーディネート」、「可愛いだけにならない『甘さ控えめ』のフェミニン」である。[15] たとえば、雑誌のなかでは「おしゃれ格上げのコーデレシピ」、「ルールは簡単！　甘辛ミックステク」などのコピーが掲載されている。[16] 化粧においても、「More 世代のためのスキンケア&メイク方法等の美容情報も豊富に提供」と記述する。[17] したがって、「More 世代」というカテゴリーに適切な化粧やその方法を提案していることがわかる。雑誌『More』の化粧品広告における基礎化粧品広告の比率が高いことも、この「More 世代」のコンセプト、イメージと深くかかわっていることが了解されよう。

注

（1）ポーラ文化研究所「№.112女性の化粧行動・意識に関する意識調査～スキンケア・メーク篇2009～」2009年、6頁

（2）ファッション雑誌ガイド、CUTiE　http://www.magazine-data.com/women-magazine/cutie.html（最終閲覧：2017年2月20日）

（3）http://www.magazine-data.com/women.html（最終閲覧：2017年2月20日）

（4）同右

（5）同右

（6）同右

（7）http://www.magazine-data.com/women-magazine/with.html（最終閲覧：2017年2月20日）

（8）http://www.magazine-data.com/women.html（最終閲覧：2017年2月20日）

（9）http://anecan.tv/about/（最終閲覧：2017年2月20日）

(10)『CanCam』、『AneCan』についてはそれぞれ以下の通りである。
http://www.magazine-data.com/women.html（最終閲覧：２０１７年２月20日）
http://www.magazine-data.com/women-magazine/anecan.html（最終閲覧：２０１７年２月20日）
(11) http://anecan.tv/about/（最終閲覧：２０１７年２月20日 AneCan.TVは、２０１７年10月31日をもって閉鎖）
(12) 同右
(13) http://www.magazine-data.com/women-magazine/more.html（最終閲覧：２０１７年２月20日）
(14) http://www.magazine-data.com/women-magazine/nonno.html（最終閲覧：２０１７年２月20日）
(15) 同右。http://www.magazine-data.com/women-magazine/more.html（最終閲覧：２０１７年２月20日）
(16)『More』№３８９、集英社、２００９年11月号、36頁、40頁
(17) 同右

第7章 女性ファッション雑誌における化粧品広告の戦略と機能〈3〉
―ミドルエイジ・シニア向けの化粧品広告の差異化戦略―

1 女性雑誌の化粧品広告における化粧品種類の割合（世代別・雑誌別）

(1) ミドルエイジの場合

ミドルエイジ世代においては、基礎化粧品の広告率が、全世代のなかで最も高いのが特徴である。この世代はどの雑誌においても基礎化粧品の広告率が非常に高い。さらに、ミドルエイジのなかでも30代と40代を比較してみると、30代より40代のほうで基礎化粧品の広告が増加している。すなわち、ミドルエイジにおいては加齢にともない基礎化粧品を使用し肌の手入れ、肌の管理に励むよう基礎化粧品の広告が増えていることがこの年代の特徴である。メイク用化粧品広告率が最も高いヤング世代とは対称的である。

では、具体的に雑誌の種類別にみることにする。ミドルエイジ30代においては、基礎化粧品広告率が平均で60・8％であるが、雑誌では『LEE』が67・5％で最も高い。次が『Very』60・8％、『InRed』57・8％、『Saita』46・2％の順である。反面、メイク用化粧品の比率は平均が36・7％であるが、雑誌のなかでは『Saita』が46・2％で最も高く、『InRed』が42・2％、『Very』33・3％、『LEE』32・5％の順に低くなっている。

基礎化粧品の広告比率が高い『LEE』、『Very』のコンセプトは、それぞれ「トラッドカジュアル系」、「コンサバ・カジュアル系」で、伝統、保守、カジュアルが共通している。具体的に『LEE』をみることにする。『LEE』のコンセプトは「トラッドカジュアル系」である。トラッドとは、伝統的で保守的なファッションスタイルで、「伝統的」という意味の言葉である「トラディショナル」を略したファッション用語である。これは主に、アメリカの東部名門私立大学グループ「アイビーリーグ」の学生たちの服装である「アイビーリーグルック」の特徴を取り入れ発展させたファッションスタイルである。「トラッドカジュアル系」は、流行・トレンドを過度に取り入れず、伝統的な様式のなかに適切に表現するカジュアル系のファッションである。したがって、化粧もこのコンセプトのファッションに調和し、トータルルックのファッションを理想とするイメージが容易に類推される。

他方、『LEE』は、ヤングアダルト世代に向けて刊行された『More』の姉妹雑誌である。すなわち、『More』を購読した世代が次の世代に移ったのちに継続して購読させるための雑誌である。『More』はヤング世代においても基礎化粧品の広告率が最も高い結果を示している。

さらに、『LEE』は既婚の女性、さらに子どもがいる母親を主な対象にしている。したがって読者に提供する情報は、ファッションやライフスタイルにおいてもカジュアル系の特性が他の雑誌より強いのである[1]。結果、化粧においても、子育て中の母親を対象にしているため、華やかなメイク化粧用品よりも、カジュアル系に相応しいほどのメイク、ひいては基礎化粧品を重視する化粧品の広告の比率が高くなると理解される。

以上の結果から、『LEE』における基礎化粧品広告率の高さは以下の三つの理由に関連があるといえよう。すなわち、第一に、化粧においても流行・トレンドのメイクの華やかさよりも、肌の管理に価値が重視されている。なぜなら、この価値は伝統的なトラッドカジュアル系のファッションに適切に調和する化粧のイメージだからである。第二に『More』とのコンセプト・イメージの類似性・継続性にある。『LEE』も『More』と共通するイメージに価値をおき、基礎化粧品の広告が優先され比率が高くなっているのである。

第三に、この理由が最も重要である。『LEE』の読者の対象は既婚の女性、ひいては子どもがいる母親で、子育て中の女性たちである。そこで、「カジュアル系」のコンセプトを重視したことが基礎化粧品広告率の高さに関わっている。なぜなら、「カジュアル系」の読者のイメージには、子育て中の女性たちの日常生活で化粧は華やかなメイク用化粧品より、基礎化粧品を中心にしたものがあるということである。したがって、「カジュアル系」重視の子育て中の読者に提供する情報のため、基礎化粧品広告率が高くなっていると考えられる。

次にミドルエイジ40代をみることにする。40代の基礎化粧品広告率は、30代のそれより高くなっている。40代の基礎化粧品広告率の平均は76・5％であり、30代の60・8％より15・7ポイント増加している。換言すれば、40代向けの諸雑誌は、化粧品広告全体のほぼ8割を基礎化粧品広告に紙面を割いていることになる。特に、基礎化粧品広告の比率が最も高い雑誌は『婦人画報』であり90・0％を占め、次に『Story』80・7％、『Precious』72・0％、『Marisol』61・5％の順となっている。反面、メイク用化粧品広告率は、全世代のなかで最も低く、その平均が19・9％である。メイク用化粧品広告率が最も高いのは『Marisol』で38・5％であり、次に『Precious』の25・3％の順となっている。

では、基礎化粧品広告率についてみることにする。『婦人画報』は基礎化粧品広告率が90・0％で断突に高く、メイク用化粧品広告が2・5％、コンビネーション広告が7・5％になっている。コンビネーション広告では他の雑誌より高く、基礎化粧品とメイク用化粧品広告の調整を行っている。『Story』の場合は80・7％で、メイク用化粧品広告が15・8％、コンビネーション広告が3・5％である。

『婦人画報』のコンセプトは1905年の創刊から、「日本文化継承と女性の生活を豊かにする」ための「よきヒト、モノ、コト」をキーワードとし、上質な情報を提供することである。また、『婦人画報』が提案するライフ・デザインは、「ファッション、ビューティ、ヘルスケアを中心に、細やかでわかりやすい切り口で『婦人画報』世代の読者へ向けて情報を提供」して、「日本女性の美と健康をサポート」することである。そして提供する情報自体が、「上質」で「選りすぐり」のものである[2]。『婦人画報』の読者イメージは、「知的でアクティブ」な女性である[3]。具体的には「年齢を重ねるほどに咲き続ける知的で美しい女性」と表現される[4]。結果、『婦人画報』の読者イメージは、知的で、美しく、アクティブな「日本」女性である。さらに、「『婦人画報』はそのような女性のためにファッションョン、美容、健康、旅などをテーマに、上質な人生のヒントをお届けします」としている[5]。ここでも

「上質な人生のヒント」の表現を通して、読者と情報の関係性を表している。

以上により次の2点が理解される。第一に、『婦人画報』が求める読者の女性像には、知的、美しい、アクティブな特性があり、「日本文化」を意識する意味での「日本女性」のイメージが付与されている。第二に、ファッション、美容などに関する情報は、選び抜かれた上質なものであり、読者の上品・上質なライフスタイルをサポートものであることを表している。

結論的に、『婦人画報』における基礎化粧品広告率の高さは、イメージにおける知的、上品、上質と深い関係があるものである。さらにそれは「日本文化」に彩られた「日本女性」という意味付与が行われている。基礎化粧品による上品な肌や化粧が、「日本女性」、「知的な美しさ」、「アクティブ」を想起させるイメージ戦略になっている。

次は『Story』についてみることにする。『Story』は、「コンサバ・大人カジュアル系」であるが、具体的には、「コンサバ・キャリア・エレガント・大人カジュアル系」の雑誌である。情報は、「いまどきの40代のためにお洒落で上品なファッションを中心に、着心地やシルエットを重視した〝大人かわいい〟or〝大人かっこいい〟スタイル、きちんと感やコンサバ感のあるシンプルな上級コーデ、ゆるくても丁寧で品のあるコーディネートなどを紹介」する。[6] ここで「上品なファッション」、「大人かわいい」あるいは「大人かっこいい」、「きちんと感やコンサバ感」、「丁寧で品のある」のような表現からも「コンサバで上品なカジュアル」、「エレガントな大人かわいい」、「上品な大人かっこいい」のイメージも理解できる。

そして『Story』の読者は、以下の記述から描き出すことができる。「子育てが一段落し、これからは一人の女として人生を充実させたい……そんなセカンドキャリアに踏み出すアラフォー女性の生き方とお洒落を応援する雑誌です。また、いつまでも若々しく輝いていたい40代女性にもおすすめです。[7]」この雑誌のコンセプトは、「『新しい40代』のためのファッション&ライフ・スタイル誌である[8]」と記述されている。では、「新しい40代」とはどのような意味をもつどのような女性であるのだろうか。

前述の「一人の女性として人生を充実させたい」という言葉からも推察できるが、第一に、「人生を満喫する、知性と好奇心に溢れた女性」であり、第二に、「女性としての美しさと経験のベストバランスを保っている女性」であり、第三に、ライフスタイル全般にポジティブで「年を重ねる＝美しさ」という価値観を生きている女性」である[9]。したがって、雑誌のコンセプトで提示されている「新しい40代」の女性イメージは、知性・好奇心をもち、美と経験を調和させ、加齢の美しさを解釈できる価値観を有する女性である。ここでは「年をとる」ことを生理的な老化の面を強調し、ネガティブに捉えない。むしろ「新しい40代」といわれる女性たちは、「年を重ねる」ことをポジティブに考えるとのことである。すなわち、このコンセプトでは、加齢に伴う40代の肌の老化、肉体の衰えさえも年相応の身体経験として知的に認識し、ポジティブな価値観と好奇心をもって、身体管理を含む日常および非日常の生活を積極的に楽しみ、肉体の衰えと、さまざまな人生の経験を積み重ねることで「加齢」を、内面の美しさとして意味付与し、一人の女性として自分自身を充実させることが「新しい40代」の女性であると新たに解釈し定義づけている。

ここで、『Story』の読者イメージと『Story』の基礎化粧品広告の関わりをみることにする。第一には、読者イメージに、コンサバで、上品、大人カジュアルの要素は、基礎化粧品広告率が高いことに深い関係がある。

第二は、「知性」、「好奇心」「年を重ねることの美しさ」という価値観による内面世界を重視する要素は、基礎化粧品によって肌を磨き、美しさを引き立てることができる。この価値観は基礎化粧品広告率が高いことに深く関わっていることが理解される。40代ミドルエイジ対象の『Story』の基礎化粧品の広告率は、前者の上品・カジュアルなイメージも大事だが、それよりも後者の「加齢の美しさ」に依拠した「内面の美」の強調のほうが、基礎化粧品広告率の高さにおいて重要である。

第三に、基礎化粧品広告は、アンチエイジングの機能に深く関わっている。「いつまでも若々しく輝いていたい40代女性」がこれを物語っている。すなわち、ミドルエイジの40代では、加齢とともに失われていく生理的な「若さ」、「艶」をファッション、美容、ライフスタイルなどによって維持し、いつまでも「若々しく輝いていたい」40代の女性をサポートする情報を提供する。基礎化粧品広告も同様の機能を果たしている。加齢による顔の肌の艶・水分の低下、肌のたるみ・シワの増大、シミ・ソバカスの増加などの老化現象を遅延させ、肌の「若さ」を維持する役割を担っている。このように、ミドルエイジ40代の基礎化粧品広告は、生理的なアンチエイジングに深く関わっている。さらに、基礎化粧品広告は、生理的なアンチエイジングを超え、他者に「若くみえる」という「若々しさ」や、素敵であり羨望のまなざしを受ける「輝き」を維持できることを示している。結果、基礎化粧品広告は、他者からの「社会的視線」による「若々しさ」、「輝き」という社会的・文化的な意味におけるアンチエイジングにまでに関わっているのである。

以上の分析の結果は、次の三つに要約される。第一に、ミドルエイジ40代では、基礎化粧品広告率の高い雑誌は、読者イメージがコンサバ、大人カジュアルで、上品、品格などに深く関わっている。そしてこれはミドルエイジ30代と共通している。

第二に、40代の基礎化粧品広告において他の世代と異なることは、基礎化粧品およびその広告が、「知性」、「加齢の美しさ」、「ライフスタイルにポジティブな価値観」に関わっていることである。すなわち、基礎化粧品広告は、女性が自分自身の意志で社会や文化のなかでアクティブに活動し、経験を積み重ねることで形成される「新しい40代」のシンボル、すなわち「知性」、「内面性」、「ポジティブな価値観」、「加齢の美しさ」を肌に滲み出させ、女性を一層美しく見せることに関わっている。顔の肌は、加齢や経験による身体の内面世界を映しだす鏡であり、ひいては「新しい40代」という象徴でもある。そして、基礎化粧品には鏡を磨き、シンボルを当事者と他者に知らしめる「媒介」としての意味が付与されていることが理解される。

(2) シニアの場合

次に50代のシニア世代における化粧品広告雑誌別の割合をみることにする。その前に、まず、この世代における化粧品広告の種類別構成比率の特徴を確認してみよう。シニア世代は基礎化粧品広告が53・1%、メイク用化粧品広告43・9%、コンビネーション広告が3・0%であり、基礎化粧品広告が5割強を占めていることがわかる。全世代のなかで比較すると、基礎化粧品広告においては、ミドルエイジ40代の7割に次いで高い。また、ミドルエイジ世代全体と比較して、基礎化粧品広告率が減少し、メイク用化粧品広告率が増加している。コンビネーション広告率はほとんど変動がない。

まず、メイク用化粧品広告率をみると、シニア世代では43・9％であり、40代の19・9％より24・0ポイント高い。そしてヤングアダルトの42・9％よりは1・0ポイント高いもののほとんど近接している。また、基礎化粧品広告率をみると、シニア世代では53・1％であり、40代の76・5％より23・4ポイントも低く、30代の60・8％より7・7ポイント低いが、ヤングアダルトの50・4％よりも2・7ポイント高い。これは基礎化粧品広告率において、シニア世代は、ミドルエイジではなく、ヤングアダルトの世代に近い比率であることがわかる。

さらに、コンビネーション広告においてシニア世代は、30代、40代のそれとあまり差がなく、40代とほぼ同率である。シニア世代では3・0％であるが、30代で2・5％、40代で3・1％である。

本来、シニア世代は、40代より年齢が上であるため、肌の老化の管理がより重要になり、基礎化粧品の広告率は40代より高いはずである。しかしながら、化粧品広告では、基礎化粧品広告率を40代より急激に減少させ、逆にメイク用化粧品の広告率を急激に増大させている。

なぜ、化粧品広告はこのような戦略を行っているのか。シニア世代を対象にした化粧品広告はどのような特徴があるのか。

シニア世代を対象にする化粧品広告は、その内容において、ミドルエイジの30代、40代とも異なる特徴がある。第一に、50代を対象にした基礎化粧品の広告においては、ミドルエイジ40代と同様アンチエイジングの強化だけでなく、すでに加齢してしまった肌の特徴を化粧品によって除去し、肌の「修復」、若い肌の「取戻し」の意味が強い。

すなわち、ミドルエイジ40代の基礎化粧品の広告内容は、加齢による肌の特徴の現れを延期し、予防することが重視される。これに比較して、50代のシニア世代では、すでに現れた加齢の肌を「修復」し、若い年齢の肌に「逆戻り」、「リセット」することが強調されている。

たとえば、「ふけパーツ目元は、もっと若くなる」、「たるみ、小じわ、くすみ…ここをおさえればマイナス5歳見え!」[10]。「今一番取り戻したいのはハリと弾力。」、「年齢とともに重力に逆らえない現実も感じている昨今。日中用乳液は昼間のメークの縁の下の力持ちのように『長時間保湿効果』を発揮」[11]。以上の表現からもシニア世代の基礎化粧品広告内容の意味が読み取れる。

第二に、50代のシニア世代を対象にしたメイク用化粧品の広告においても、他の世代とは内容、意味が異なっており、それには以下のような三つの特徴がある。

一つ目の特徴は、顔の全体の雰囲気を強調することである。他の世代が顔のパーツを強調し、それを美しく見せるためにメイク用化粧品を使用するための広告内容が主流であった。これに比較して、シニア世代のメイク用化粧品広告においては、各パーツの美しい特性を強調するよりも、フェイス全体の「雰囲気」を表現するように変化している。というのは、加齢によって、目や口などのパーツは垂れとシワが生成しているため、パーツを強調する化粧をすると、同時に、垂れやシワが強調されてしまうのである。したがって、顔の各部分のパーツを強調せずに、顔全体の「雰囲気」を表現するように変容している。

二つ目の特徴は、顔全体の「印象」を強調していることである。たとえば、メイク用化粧品の使用は、顔全体が「明るい印象」、「幸せそうな感じ」に見せることで、顔のイメージを演出することが重視される。メイクによって「老けた印象」を払拭し、「若々しい印象」を作りなおす。ミドルエイジ

40代でもこの傾向はあるが、シニア世代にはこれが強調されていく。たとえば、「50代は『肌作りが命！』」、「さらりとはたくだけのお直しでもあっという間にツヤ復活！」、「50代のメークの目標は『派手すぎず暗すぎず』マットとパールの2色使いでこれならもう大丈夫」などがこれを物語っている[12]。

さらに、メイクの方法においても「印象」が強調される。たとえば、「さようなら、残念眉　人生を変える『眉』の描き方」、「これが間違い『残念眉』の見本帳」、「老け感大の触角眉・リタイア感きわだち薄眉・困ったちゃん垂れ眉」、「顔の上昇印象を左右する『眉』メイクの実力」など、眉メイクの方法によって理想とする「印象」を作り出すのである[13]。

三つ目の特徴は、他者に見せたくないものは「隠」し、失われたものを新たに「与える」ことである。コンシーラーやファンデーションは、黄ばんだくすみ、しみ、小じわなどを「隠し」、「ツヤ」を与える高性能、高機能のものとして意味付与される。修復できないしみ、くすみなど部分的な欠点はコンシーラーを塗って隠し、他者の視線を逸らす。顔全体のくすみ、たるみは、ファンデーションで隠し、失った「ツヤ」を「与える」。さらに、明るい色のチークを頬に塗ることで、血色がいいように見せ、健康で、元気な様子を「作り」上げる。

たとえば、他の世代においてファンデーションは、メイクのために肌を整えるものとしてみなされる傾向が強い。しかしながら、シニア世代では、肌を整える機能だけでなく、失われた「艶」を「復活」させるために、「ツヤ」を与える機能が強調され新たな意味が付与される。「キーワードは『大人のツヤ』。高機能ファンデーション、さらに進化中！」、「シミにも目の周りの小ジワも使える逸品をご紹介！メークの肝はコンシーラーだと思っています」、「この秋注目すべきは華やかさと輝きを顔にもたらす優秀・ツヤ肌ファンデーション」、「黄ぐすみや小シワなど、大人の悩みに応える新作」という言説がこれを物語っている[14]。

第三に、基礎化粧品およびメイク用化粧品の広告は、化粧の習慣、化粧品の選択、化粧の方法において「再教育」の役割を担っている。さらに、教育の方法は、「否定からの助言・提案」の傾向が強いという特徴がある。なぜなら、加齢によって「シミ」「そばかす」「シワ」など身体が変化しているため、若い時からの化粧に関する行動を見直して、基礎化粧品による顔の手入れの習慣、および従来習慣化されていたメイクの方法を一新し、変化させなければならない。化粧品広告では、化粧による顔の管理のマニュアルを新たに提示し、読者が修正させるように仕向けるのである。したがってこれまでの化粧の方法を「強く否定」し、新しい方法を提示する様式を使用している。たとえメイク用化粧品の広告率が、ヤングアダルト世代のそれと類似しても、シニア世代における化粧品広告の再教育的機能、および「否定からスタート」する教育方法は、ヤングアダルト世代とは異なる特徴である。すなわち、25歳から34歳までのヤングアダルト世代を対象にする広告の言説は、彼女たちのライフステージに合わせて「親切、丁寧な助言」を「提案」する形態をなしている。シニア世代向けのように専門家的立場や上からの目線で「指導する方法」をとらず、あくまでも流行の情報を提供し彼女たち自らに「選択させる方法」をとる。この際彼女たちと同じ目線で優しいアドバイザーの立場をとる。このように化粧品広告の教育的機能は、その言説内容だけでなく、言説を提示する方法、立ち位置、構え、ニュアンスなどが異なることが理解されよう。

では、シニア世代において雑誌別の化粧品広告を雑誌別にみることにする。基礎化粧品広告において、『eclat』が65・5％で最も高く、『クロワッサンプレミアム』43・7％、『HERS』42・9％の順になっている。メイク用化粧品広告の比率では『HERS』が57・1％で最も高くなっている。調査当時に『eclat』では黒田知永子、『HERS』では萬田久子が表紙のモデルを飾っていた。

では、なぜ『eclat』は他の雑誌に比較して、基礎化粧品広告率が高いのか。結論を先取りすると、次の三つの理由があると思われる。第一に、ファッションが「大人フェミニン・カジュアル」系を中心に展開していること、第二に、雑誌全体のコンセプト、イメージが、「上品」「上質」を非常に強調していること、第三に、雑誌では表紙モデルが単なる表紙を飾るだけでなく、ファッションおよびライフスタイルにおける「イメージ・キャラクターモデル」の役割を果たしていることがあげられる。

では、具体的にみていくことにする。第一に、女性ファッション雑誌ガイドによると、『eclat』は「マダム・ファッション」スタイルの情報を提供するマガジンである。具体的には「お洒落で品のあるファッションスタイルを中心に、女性らしさを忘れない大人フェミニンから〝ほの甘 or こなれ〟モードな大人カジュアル、トラッド感のある大人ベーシックなコーディネートなどを掲載しています。また、センス溢れる上質なファッションだけでなく、トラベル・アート・カルチャーまで、落ち着きと余裕のある大人の女性のための情報が満載のファイルスタイルマガジン」であると紹介されている。(15) 結果的に、「大人フェミニン・カジュアル」系であることが理解される。

第二に、雑誌全体のコンセプト、イメージとして「上品」、「上質」、「輝き」が特に強調される点であるが、２００７年９月集英社で創刊された『eclat』、２００８年３月に光文社で創刊された『HERS』は両方とも、40代後半から50代の女性たちが、自らの好奇心や欲望をファッションや生活を通して自由に表現し、ライフスタイルを楽しむことを掲示している。いわゆる「新しいアラフィー（around fifty）」、「ニュー・アラフィー」と呼ばれる女性たちである。これらの人々をメインターゲットにし、それに相応しいファッション、ライフスタイルの情報を提供することになる。『eclat』と『HERS』は両方とも、新しい女性像として適切な提案をしているが、互いのコンセプトやイメージ、モデルの役割は異なっている。

両雑誌とも、「上品」、「上質」であるモノや情報を提案しているが、『eclat』のほうは特に、これらの概念にこだわっている。ファッションはシンプルで上質なものを纏う。化粧においても上品な「印象」を演出する。ライフスタイルは品のある、上質な最低限のモノを楽しむミニマリズムである。ファッションやライフスタイルにおいても、無駄な力をいれない「エフォートレス」を追求する。これらのコンセプト、イメージによって、女性自身が「輝いて」生きることを中心においている。『eclat』という雑誌名は「輝き」であることからもそれが伺える。

第三に、「イメージ・キャラクターモデル」が強調され、中心的な存在であることがあげられる。雑誌では読者モデルや、一般人の街中スナップ写真による間接的に提案する方式の比重は少ない。『eclat』のコンセプト・イメージを象徴するのがモデルである黒田知永子である。そして読者の「eclat世代」は、少しだけ頑張り、彼女を役割モデルとして学び、ファッション、化粧、ライスタイルを実践していくことが提案される。したがって、黒田知永子は模倣するに値する「リーダー的存在」として提案されている。

調査時の雑誌の表紙には、『eclat』のコンセプトを表すかのように、「知性も経験も、輝きだすのは今」と記述されている。そして「ファッション特大号、１００％知永子スタイル、秋の新法則」、「黒田知永子着こなし劇場」など、等身大のイメージモデルである黒田知永子にフォーカスし、読者が真似るように編集されている。[16]結果、彼女は２００８年10月から２０１６年9月号までの８年間表紙モデルを務めたが、雑誌が提案する「eclat 世代」のファッション、化粧、旅、生き方を牽引する「イメージ・キャラクターモデル」であった。その証に、２０１６年9月号で彼女は最後にモデル時代を振りかえって自身のライフスタイルを回顧するが、雑誌『eclat』が提案する「等身大のモデル」であったことが物語られている。[17]

この世代の雑誌は、基礎化粧品およびメイク用化粧品広告の配分において、それぞれどのような特集を組むかによって比率が変化するので、一概には判断し難い部分がある。

また、調査時の『HERS』では、萬田久子がモデルを務めた。雑誌名『HERS』（「ハーズ」）は、「〝SHE〟の所有代名詞、50年間生きてきた女性の宝物、誇り」を意味している。[18]表紙には、「次のステージに向かって〝ちょっとだけ〟頑張る。ズルく、可愛く、カジュアルＵＰ！」と記述されている。「コレクションをそのまま着たらみんなと同じ。新しい50代は一流ブランドで遊びます」、「最新を追い続けてたどり着いた自分だけの逸品。公開します、私のコスメ、私の分身。」などの特集が組まれている。[19]

『HERS』は、おしゃれで好奇心旺盛な50代を対象にし、そのテーマは、「『50代からの〝いい女像〟への挑戦』。子育てを終え、お金と時間を使えるようになり、これから人生を楽しむ！　という〝新たな出発感〟に溢れている。企画は、読者スナップが一番人気です。主婦の方たちは周りが何を着ているのか、すごく気になるみたいですね。同じブランドでも、どう着こなすかは人それぞれですから、『これはアリ』『これはナシでしょ！』ってツッコミを入れたいのだと思います」となっている。[20]『HERS』では、このように多様な読者モデルをより多く起用して、ファッションやライフスタイルの情報を提案するのである。

コンセプトにおいても、『eclat』は「上品」、「おしゃれ」、「輝き」、「印象」、「麗しさ」、「きちんと感」を重要な語彙、概念として扱っている。『HERS』は「上品」、「上質」「おしゃれ」などは同様であるが、「華やかさ」、「自分だけ」、「私自身」、「脱却」、「新しい50代」などを重要な語彙、概念として使用している。[21] したがって、雑誌のめざす方向は、両方とも、自分の意志によって行動する「ニュー・アラフィー」である。『eclat』では「私」を強調することにより、イメージキャラクターを模範にモデルに照らし合わせて、自らを「上品でおしゃれ」で、「控え目で自然体」な形態で意思を表示する。『HERS』では「私」自身を中心に据え置き、街中のスナップ写真の一般モデルを参考に同年代の他者を意識する。そして他者とは異なる「自分だけ」の個性、「過去の自分」とは異なる「今の自分」、「自由で、華やか」な形態で意思を表示する様子が雑誌を通して見受けられる。[22]

2 女性ファッション誌における化粧品広告の形態・類型

――企業広告、マニュアル、解説の構成

前述したように、女性ファッション雑誌における化粧品広告は、企業広告と、記事広告に区分できる。企業広告は化粧品製造会社が広告を制作し、ファッション雑誌にオリジナルのまま掲載するものである。記事広告は、ファッション雑誌の編集側で、化粧品に関する記事を作成して広告を行うもので、マニュアルと解説に区分できる。

マニュアルの記事広告は、化粧の方法について、マニュアルを掲載し、それに使用した化粧品を紹介するものである。マニュアルの場合は、メイク用化粧品の広告が多く、メイクの方法を写真入りで説明する方法が多い。また、解説の記事広告は、化粧の流行、年代による化粧の在り方、方法、化粧品の情報、化粧品選択の条件、注意点などを説明し、化粧品広告を行うものである。

では、化粧品広告における広告の形態・類型は、年代によってどのように異なっているのかをみることにする。

図表7－1でわかるように、化粧品広告の形態は、企業広告が全体の77・8％で最も高い。次にマニュアルの記事広告が15・2％、解説の記事広告が7・0％の順である。

まず、年代別にティーンエイジを対象にした広告をみることにする。ティーンエイジ全体では、企

図表7－1　化粧品関係（企業広告・記事広告）における広告の類型（世代別）

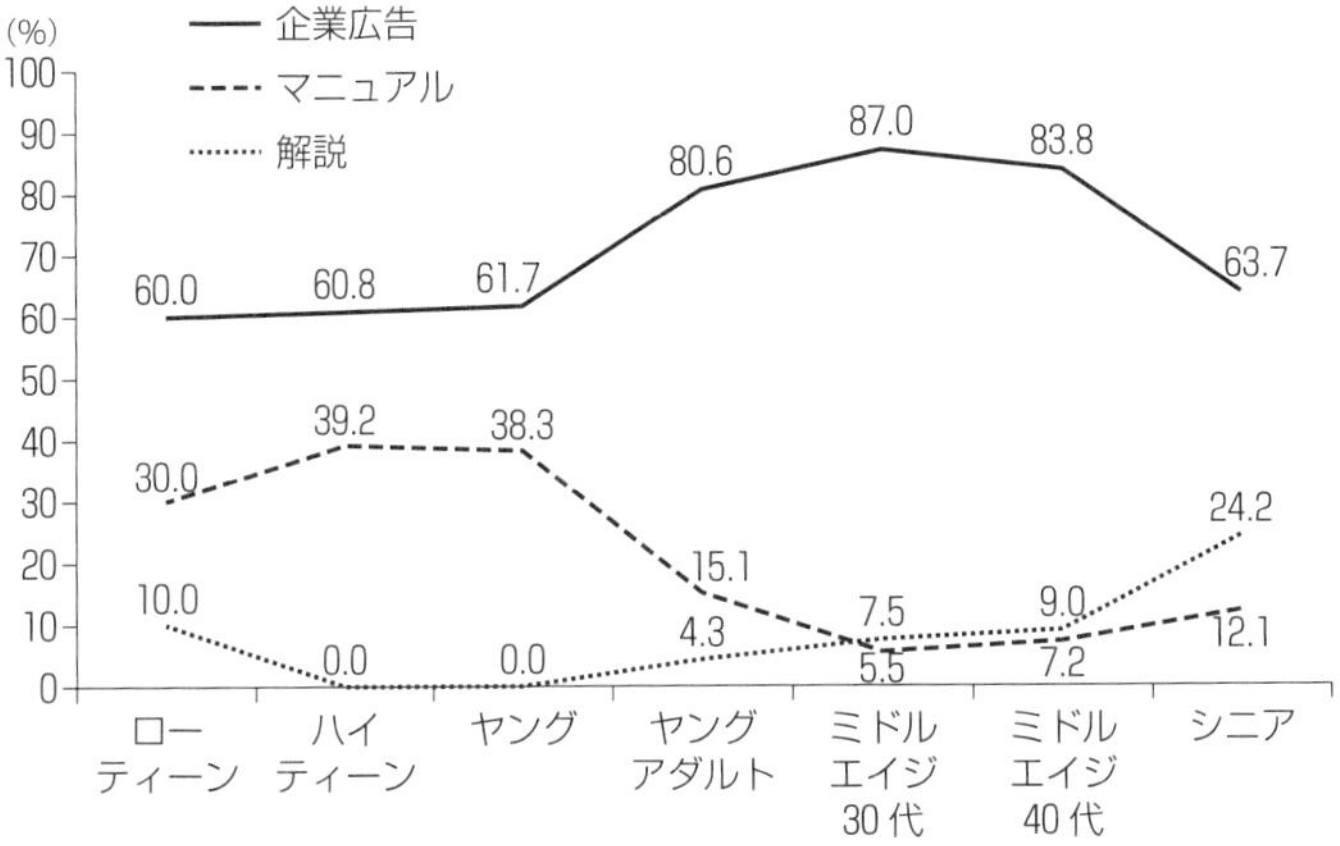

世代区分		企業広告	マニュアル	解説	合計
ティーンエイジ	ローティーン	60.0%（12）	30.0%（6）	10.0%（2）	100.0%（20）
ティーンエイジ	ハイティーン	60.8%（48）	39.2%（31）	0.0%（0）	100.0%（79）
ティーンエイジ	ティーンエイジの合計	60.6%（60）	37.4%（37）	2.0%（2）	100.0%（99）
ヤング		61.7%（58）	38.3%（36）	0.0%（0）	100.0%（94）
ヤングアダルト		80.6%（203）	15.1%（38）	4.3%（11）	100.0%（252）
ミドルエイジ	30代	87.0%（173）	5.5%（11）	7.5%（15）	100.0%（199）
ミドルエイジ	40代	83.8%（232）	7.2%（20）	9.0%（25）	100.0%（277）
ミドルエイジ	ミドルエイジの合計	85.1%（405）	6.5%（31）	8.4%（40）	100.0%（476）
シニア		63.7%（42）	12.1%（8）	24.2%（16）	100.0%（66）
全体の平均		77.8%（768）	15.2%（150）	7.0%（69）	100.0%（987）

業広告が60・6％で最も高く、マニュアルが37・4％、解説が2・0％の順である。さらに、ハイティーンとローティーンとを区分して比較すると、両方において企業広告はほとんど差異がみられない。しかし、マニュアルにおいては、ハイティーンがローティーンより高い。また、解説においては、ローティーンのほうがハイティーンより高い。これはなにを意味するのか。化粧に関して、ローティーンに関しては化粧そのものについて解説をし、肌の手入れを習慣づけること、および化粧に馴染むことなどについて解説することが重視されている。他方、ハイティーンにおいては、化粧に興味を示し、メイクを行っている人が多いために、化粧について手ほどきを行い、教育をすることが重視されている。ニキビなど肌のトラブルに対応することからメイクを行う方法に至るまで具体的に説明をし、模範を見せる必要がある。そのために、マニュアルの記事が写真付きで掲載され、使用された化粧品の価格、会社名、特徴を提示する。特に、ハイティーンの場合だけを取り上げてみると、マニュアル記事広告が39・2％でその比率が最も高く、全体平均の15・2％より、24・0ポイント高いことが注目に値する。

では、ヤング世代はどのような構成になっているのか。ヤング世代における企業広告の比率は61・7％で、ティーンエイジ全体より1・1ポイント増加したもののほぼ同様である。マニュアル記事広告においても、38・3％でティーンエイジ全体より0・9ポイント増加したもののほぼ同様である。特に、ヤング世代は、ハイティーン世代と非常に類似した結果を示している。

次に、ヤングアダルト世代をみることにする。ヤングアダルト世代はこれまでのティーンエイジ世代やヤング世代とは完全に異なる傾向を見せている。すなわち、企業が制作した広告をそのまま掲載する企業広告が80・6％になっており、逆にマニュアルの記事広告は15・1％になっている。解説の記事広告は4・3％であり、ヤング世代とは非常に異なるパターンを見せている。企業広告はヤング世代より18・9ポイント増加し、マニュアルの記事広告は23・2ポイント減少した。解説の記事広告も4・3ポイント増加している。これは何を意味しているのか。

ヤングアダルトにおいてまずマニュアルの記事広告が2割以上減少したことは、これらの世代はもはや化粧、特に、メイク用品によるメイク化粧のノウハウを蓄積していることを示している。女性雑誌では、ローティーン世代からヤング世代まで、化粧品広告の約3割から4割弱を化粧方法のマニュアルに紙面を使用してきた。ヤングアダルト世代は、もはや化粧の方法を体得し、身体化しているため、新たに学ぶ必要はあまりない。この世代の女性は25歳から34歳までを対象にして、その多くが学校を卒業し、仕事、結婚、出産、育児を行っている時期である。他の世代に比較して、女性のライフスタイルが多様性に富んでいるが、化粧の方法においてはすでに学び取ったことで、ヤング世代よりは、企業広告のほうに重点が移っているといえよう。

次は、ミドルエイジ世代についてみることにする。ミドルエイジ全体の比率をみると、企業広告は85・1％で最も高く、解説の記事広告は8・4％、マニュアルの記事広告は6・5％の順になっている。この世代は、ヤングアダルト世代より、企業広告が増加し、マニュアルの記事広告が減少している。解説の記事広告については、ヤングアダルト世代より増加している。企業広告が4・4、解説の記事広告が4・1ポイント増加し、マニュアルの記事広告が8・6ポイント減少している。

ここで、注目することは、第一に、ミドルエイジ世代自体の分布において、解説の記事広告がマニュアルの記事広告より比率が高くなっていることである。また第二に、マニュアルの記事広告は全世代のなかで比率が最も低くなっている。では、これは何を意味しているのか。

35歳から49歳までの人々にとって、メイクアップのマニュアルはほとんど必要なく、むしろ化粧に関する流行色、化粧品の技術的進歩などに関する知識や情報が重要となっている。すでにミドルエイジの世代は、メイクアップの技術をこれまでの各々のライフステージにおいて獲得し、自らの顔に相応しいメイクのノウハウ、知識を有している存在であると見なされている。したがって、ミドルエイジ世代は、自らのノウハウ、知識の蓄積のうえで、解説の記事広告から新しい情報を収集し、主体的に取り入れて自ら適切に化粧を施す存在として位置づけられている。

では、より詳しく、ミドルエイジのなかで、30代と40代を比較してみることにする。企業広告においては30代が87・0％で他の世代を含めても最も高く、40代では3・2ポイント減少する。これに比較して、マニュアルは30代が5・5％で他の世代を含めても最も低く、40代で1・7ポイント増加している。さらに、解説をみると、30代は7・5％であったが、40代になると1・5ポイント増加している。

次に、シニア世代についてみることにする。シニア世代に向けた広告では、企業広告が63・7％で最も高く、次に解説の記事広告が24・2％、マニュアルの記事広告が12・1％になっている。ミドルエイジ全体と比較してみると、シニア世代では、企業広告が21・4ポイント減少し、解説の記事広告が15・8ポイント増加した。また、マニュアルの記事広告は、ミドルエイジのそれより5・6ポイント増加した。ここで注目に値するのは、解説広告、およびマニュアルの記事広告が大幅に増加していることである。

このような傾向はなにを意味しているのか。解説の記事広告が24・2％で全世代を通して最も高い。全世代の平均である7・0％よりも17・2ポイント高い。そして、ミドルエイジ全体の平均8・4％よりも15・8ポイント高い。シニア世代は、ミドルエイジよりも、化粧に関して熟練のノウハウと知識を有しているため、自分に必要な最新の情報、トレンドを求める存在としてみなされていることを意味している。そのために、シニア世代を対象にする化粧品広告においては、他の世代より化粧の解説に関する記事情報が多く提供されている。

では、マニュアルの記事情報がミドルエイジのそれより多く提供されているのはなぜであろうか。シニア世代においてメイクアップの方法、テクニックは、彼女たちがハイティーン、ヤング、ヤングアダルトの時代に学び、体得して、習慣になったものである。たとえば、眉の描きかた、瞼の色をのせるアイシャドーの塗り方も、過去に体得し習慣化された方法を無意識に施してしまうのである。たとえ、流行するアイシャドーの色を最新情報をもとに取り入れるとしても、その方法は過去の方法に無意識に依存することになる。まるで、P・ブルデューのいう、無意識に身体化された身的・心的ハビトゥスによって、メイクを行うのと同じことである。

しかしながら、シニア世代は、最初にメイクの方法を学んだハイティーン世代、ヤング世代と顔自体が変化している。顔全体の筋肉が落ち、たるみ、しみ、そばかすが増加し、目の周囲のしわが増加した。ハイティーン世代、ヤング世代は、マニュアル記事を通して目を強調するメイクをするが、そのために目を大きく見せるためのさまざまなテクニックを駆使する。眉も、若い肌、顔、そして目の強調に合わせて描かれる。

しかし、シニア世代は多くの人々が目の周囲にしわが生成し、筋肉が落ち、皮膚が垂れ、目の下にクマができる。そのために、目を強調するメイクをすればするほど、目の周囲のしわが目立ち、老化した顔が強調される。したがって、顔の印象はさらにふけて、暗く見える。化粧品広告では、シニア世代の悩みであるこのような現象を和らげ、抑制するために、シニア世代に合わせた新しいメイクアップのテクニックを提供するのである。メイクのテクニックをシニア世代に、わかりやすく、マニュアル化し、写真付きで、メイクアップの仕方を詳しく教えるのである。

シニア世代と若者を比較すれば、老化した顔という生身の身体、すなわち「生体（living body）」に合わせて、新しい化粧の技法を伝授する必要性が生じている。ここで、目を強調する化粧ではなくなり、それにともない、眉の描き方も変化する。目ではなく、フェイス全体を明るく見せるテクニックを強調することになる。このように、シニア世代は、自らが無意識に行ってきたメイクの方法、ノウハウ、知識を新たに変容せざるを得なくなり、その結果、シニア向けの広告では、マニュアルの記事広告が増加することになる。これは、シニア世代が、老いていく自らの顔に対して、新しい技法をマニュアルによって再び体得し、化粧によって老化した暗い印象を払拭し、明るい印象の「化粧顔」を手に入れることを意味している。

また、現代の50歳以上のシニアは、アンチエイジングへの関心が高く、化粧によって自らを変身させることに熱心な人々が多い世代である。したがって、このような世代の需要に合わせて、２０００年代後半よりシニア向けのファッション雑誌の創刊が増大した。そして化粧品広告のなかで、シニア向けの化粧もアンチエイジング、若々しく演出することが重要な要素となった。そのため、ファッション雑誌は、シニア世代に対して、化粧品広告を通して、過去のメイクアップのテクニックを変容させ、新しいメイクの技法を身体化させるために、マニュアル化した記事広告を増加させている。このように、「新しい50代」を対象とする女性ファッション雑誌で、シニア世代向けの化粧品広告の類型は、このような需要と供給のもとで成り立っているのである。

3 結論

身体を管理することにおいて化粧を行うことは、生きられる肉体としての「生体（living body）」に化粧品の手ほどきをすることであるが、それは当事者が属している社会の文化的構造のなかで求められるイメージ・表象だけでなく、個人の年齢、性別、所属する集団および社会階層、美意識、趣向、価値に深く関わるのである。そのために、化粧はジェンダー、セクシュアリティ、そして生体およびその営みそのものに影響をうけるだけでなく、それを反映し、構築されるものである。

日本のファッション雑誌における化粧品広告は、欧米やアジアの他の国のそれと共通する部分と、日本だけの固有性が存在する。化粧品広告は、大きく特定の化粧品を宣伝するために企業側が制作した「企業広告」、および雑誌の編集側が制作した記事広告に区分される。記事広告には「マニュアル」、「解説」がある。

を掲載することである。広告の内容は異なるものの、形式において企業広告を掲載することは同様である。

日本の化粧品広告だけの固有の特徴は、編集者の作成した写真を多く挿入したマニュアルの記事広告、解説の記事広告、小学生のローティーンから50代以上のシニアまで年代別に非常に細分化された広告内容である。さらにマニュアル化、解説化の広告内容では、説明の語彙を通して、読者に対する「教育的指導」の傾向が強いのである。

したがって、ファッション雑誌における化粧品広告は、ジェンダー、セクシュアリティにおけるステレオタイプの基盤の上になりたっているといえる。第5章〜第7章を通じ、本研究では、ローティーンからシニアまでの女性ファッション雑誌の化粧品広告の戦略と機能を分析した。本研究の視座は、化粧品広告についてジェンダー、セクシュアリティに関して批判や擁護をするものではない。化粧品広告の世代別差異化戦略と教育的機能を分析し、以下の知見が得られた。

①女性雑誌全体の戦略において、平均のページ数は、ヤングアダルト、ミドルエイジの40代、ヤング、ミドルエイジの30代で多い。ページ数が少ないのは、ローティーンとシニアである。さらに、1ページ当たりの単価が高いものは、シニア、ローティーン、ハイティーンの順である。低いものは、ヤング、ヤングアダルトである。したがって、女性雑誌のページ数と単価は、各世代の社会的、文化的、生理的特性と発行部数、購買の行動、雑誌への意味付与等を考慮して設定されている。

②女性雑誌における化粧品関係（企業広告、記事広告）の占める割合は、全体の13・7％であるが、

ミドルエイジの40代、ミドルエイジの30代、ヤングアダルト、ハイティーンの順で高い。反面、最も比率が低いのは、ローティーンである。

③化粧品関係（企業広告、記事広告）における化粧品種類の割合を年代別にみると、基礎化粧品の場合、全体の平均は55・6％であるが、ミドルエイジ40代、ミドルエイジ30代、シニアの順で高い。最も低いのは、ハイティーンである。

他方、メイク化粧品の場合は、全体の平均が39・3％であるが、ハイティーン、ヤング、シニアの順で高い。最も低いのは、ミドルエイジ40代である。

コンビネーションの場合は、全体でわずか5・1％に過ぎないが、高いものはハイティーン、ローティーン、ヤングアダルトの順である。最も低いものはヤングである。

④化粧品種類の割合を雑誌別にみると、雑誌の求めるコンセプト、イメージによって異なる。「コンサバ系」、「カジュアル系」、「ストリート系」の場合は、基礎化粧品の比率が高い。他方、「大人ギャル系」、「フェミニン系」、「ガーリー系」の場合はメイク用化粧品の比率が比較的高い。

⑤化粧品関係（企業広告、記事広告）における広告の類型においては、企業広告、マニュアル、解説に区分される。まず、企業広告では、ミドルエイジ30代、ミドルエイジ40代、ヤングアダルトの順で高い。最も低いのはローティーンである。

マニュアルの場合は、ハイティーン、ヤング、ローティーンの順で高い。最も低いのはミドルエイジ30代で、次が40代である。マニュアルでは、主に目の化粧であり、写真つきで説明を行う。さらに、マニュアルに使用した化粧品の価格、会社名、特徴を説明することで広告を行う。

解説の場合は、シニアが最も高く、ローティーン、ミドルエイジ40代の順で高い。最も低いのは、ハイティーンとヤングが同値である。シニアの場合は、すでにライフコースを通してメイクの方法を身体化しているため、化粧に関する流行、身体の衰退に合わせたメイクの再教育を行っている。教育方法は、過去の習慣を改善させるために、否定的・批判的な説明方法を用いる。ローティーンの場合は、子どもたちが好む語彙、文字の色、キラキラ効果をもたらす絵文字などを使用し、化粧との親和性を高める方法を用いている。

注

（1）http://www.magazine-data.com/women-menu/shueisha.html（最終閲覧：2017年2月20日）
（2）http://www.hearst.co.jp/brands/fujingaho/media_kit_print（最終閲覧：2017年2月20日）
（3）同右
（4）http://www.hearst.co.jp/brands/fujingaho（最終閲覧：2017年2月20日）
（5）同右
（6）http://www.magazine-data.com/women-magazine/story.html（最終閲覧：2017年2月20日）
（7）同右
（8）同右
（9）同右
（10）南方知英子編『eclat』第3巻第11号、2009年、集英社、104―114頁
（11）中澤淳司編『HERS』第2巻第11号、2009年、光文社、23頁
（12）『HERS』前掲雑誌、101頁、102頁

(13)『eclat』前掲雑誌、第3巻第11号、98頁
(14)『eclat』前掲雑誌、97頁
(15) http://www.magazine-data.com/women-magazine/eclat.html（最終閲覧：2017年2月20日）
(16)『eclat』前掲雑誌、表紙
(17)「黒田知永子 FINAL」『eclat』前掲雑誌、第10巻9号、2016年、集英社、53―68頁
(18) https://www.wwdjapan.com/9290（最終閲覧：2017年2月20日）
(19)『HERS』前掲雑誌、表紙および13頁
(20) https://www.wwdjapan.com/9290（最終閲覧：2017年2月20日）
(21)『eclat』前掲雑誌、第3巻第11号、および『eclat』前掲雑誌、第10巻9号。また、『HERS』前掲雑誌、第2巻第11号、および『HERS』第9巻9号、2016年、光文社
(22) 同右

第8章 化粧品広告における「顔」写真の差異とメタファー

はじめに

女性ファッション雑誌における化粧品広告で掲載される「顔」写真には、対象である女性の各世代によってどのような差異が存在するのか。また、「顔」写真が表すメタファーは世代によってどのように異なっているのか。本章では、化粧品広告における「顔」写真の差異とメタファーを明らかにしていくことにする。

なお、本章における調査の方法やデータは、前章と同一のものを使用している。

1 化粧品広告における「顔」写真

(1) ファッション雑誌の化粧品広告ページに占める「顔」写真の差異（世代別）

ファッション雑誌における化粧品広告で「顔」写真入りページはどれほどの割合を占めているのか。

図表8－1　化粧品関係ページに占める「顔」写真入りページの割合（世代別）

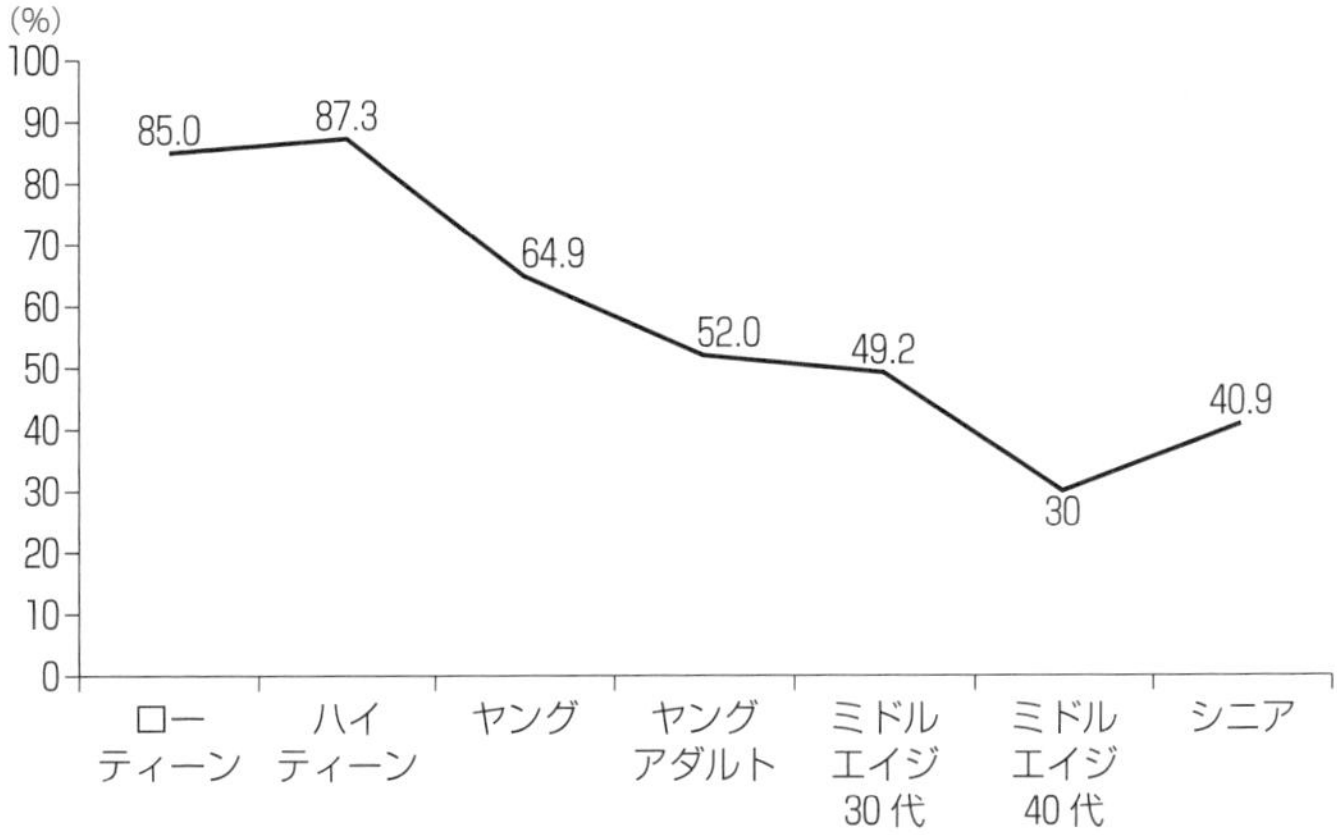

世代区分		顔入りページ	化粧品関係の総ページ数
ティーンエイジ	ローティーン	85.0%(17)	100.0%(20)
	ハイティーン	87.3%(69)	100.0%(79)
	〈ティーンエイジの合計〉	86.9%(86)	100.0%(99)
ヤング		64.9%(61)	100.0%(94)
ヤングアダルト		52.0%(131)	100.0%(252)
ミドルエイジ	30代	49.2%(98)	100.0%(199)
	40代	30.0%(83)	100.0%(277)
	〈ミドルエイジの合計〉	38.0%(181)	100.0%(476)
シニア		40.9%(27)	100.0%(66)
全体の合計		49.2%(486)	100.0%(987)

読者対象の世代別にみると図表8－1の通りである。

図表8－1でわかるように、化粧品広告の総ページのなかで「顔」写真入りページは全体の平均が49・2％である。世代別にみると15歳から19歳までのハイティーンが87・3％で最も高く、次に10歳から14歳までのローティーンが85・0％である。したがって、ティーンエイジの平均は86・9％であり、全世代の平均を37・7ポイントも上回っている。

次に、20歳から24歳までのヤング世代向け化粧品広告では、「顔」写真入りページが64・9％を占めている。また、25歳から34歳までのヤングアダルトの世代では52・0％になっている。以上ティーンエイジからヤングアダルトまでの年代における化粧品広告で「顔」写真入りのページが占める割合は、全体の平均より高くなっている。

しかしながら、35歳から39歳までのミドルエイジ30代を境に、それ以上の世代では、「顔」写真入りページの比率が減少していく。すなわち、ミドルエイジ30代では49・2％で全体平均と同様である。40歳から49歳までのミドルエイジ40代では30・0％であり、30代よりも19・2ポイント減少している。ミドルエイジ全体の平均は38・0％であるが、ミドルエイジの30代と40代はこのように大きな差異が存在することがわかる。

50代のシニアでは、「顔」写真入りの広告が40・9％を占めている。これはミドルエイジ全体と比較するとあまり変化していないが、40代と比較した場合10・9ポイント増加していることがわかる。

では、なぜ化粧品広告における「顔」写真入りページの比率に差異が生じるのか。特に、ティーンエイジ全体は「顔」写真入りの割合が86・9％と高く、特にハイティーンで87・3％に上る理由はどこにあるのか。化粧品広告のほぼ9割が「顔」写真入りであることは注目に値する。これは「顔」写真の掲載率が最も低いミドルエイジ40代のそれと比較すると57・3ポイントも高いのである。

ティーンエイジ、特にハイティーンで「顔」写真入りページの比率が高いことには、以下の二つの理由が存在する。第一に、現代日本社会における女子の身体管理意識と実践の様式に関わる理由である。ハイティーンの世代は、化粧を巡る領域あるいは「場」において、ライフコースのなかで化粧を学習する段階である。大人になる「通過儀礼」の一つとして化粧が考えられ、化粧への興味・関心による親和性が高い。彼女たちは、化粧の知識・技法を学び、試行錯誤を通して実践を身体化していく段階にある。したがって、化粧の学びと教え込みの過程で、詳しい技法を文章によって説明するより、写真を掲載しながら技法を伝えるほうが効率的である。つまり、化粧の教育におけるマニュアル、ノウハウ、技法の学習に視覚的効果を求めるため、「顔」写真の掲載率は高くなっている。

第二に、化粧品の製造産業、化粧品広告制作産業、およびファッション雑誌産業からなる供給側の市場経済戦略に起因する。これらの産業では、少子・高齢化社会で、消費を促進し利益を高めるために、低年齢の段階で化粧品を消費させることが重要である。このような化粧品の生産、広告、消費の連鎖は、化粧品広告を増加させる。ハイティーンは化粧の学習を通して「変身」を試みるために、化粧品の種類や数も多く必要になる。また、化粧品を広告する側でも、「顔」写真の掲載は効果的である。なぜなら、さまざまな種類や数の化粧品を使用するモデルの「化粧顔」のノウハウを読者に「教え込む」ために、「顔」写真を掲載する必要があるからである。したがって多様な化粧品の使い方の提示のために、より多くの「顔」写真が必要になる。その結果、「顔」写真の掲載率が高くなっている。

⑵ ファッション雑誌の化粧品広告ページに占める「顔」写真の差異（雑誌別）

ファッション雑誌の化粧品広告ページに「顔」写真入りのページがどれほどの割合を占めているのか。雑誌別にみると、図表8－2のとおりである。

図表8－2でわかるように、ローティーンの場合は、「顔」写真入りページの割合が85・0％である。そして、中学生雑誌別にみると、小学生の高学年を対象にする『ニコプチ』は100・0％である。中学生を対象にする『Nicola』が83・3％で、『ピチレモン』は77・8％になっている。このように、小学生向けに化粧品広告をする場合は、すべて「顔」写真を掲載することがわかる。それは、化粧について好感をもたせ、親和性を高めることに深く関わっている。また、中学生になるにつれ、「顔」写真入りページの比率は、小学生より減少しているものの広告ページの約8割で「顔」写真を入れていることがわかる。このようなローティーンの年代の化粧品広告における化粧品種類別の割合をみると、基礎化粧品の広告が60・0％、メイク用化粧品の広告が30・0％、コンビネーション広告（基礎化粧品とメイク用化粧品の組み合わせ）が10・0％で構成されている（第6章、図表6－3参照）。したがって、この年代に、「顔」写真入りの化粧品広告を通して子どもたちに化粧への好感、親和性を学習させることは、多くが基礎化粧品の広告を通じて行われ、コンビネーション広告を含めて約7割の広告で行われていることがわかる。

次はハイティーンをみることにする。ハイティーンの場合は、化粧品広告ページ全体のなかで「顔」写真入りのページの占める割合が87・3％である。この年代の比率が全体のなかで最も高いことは前述のとおりである。雑誌別にみると、『Seventeen』が89・7％で最も高く、『POPTEEN』が86・0％、

図表8－2　化粧品関係ページに占める「顔」写真入りページの割合（雑誌別）

世代区分		雑誌名	顔入りページ	化粧品関係の総ページ数
ティーンエイジ	ローティーン	Nicola	83.3％（5）	100.0％（6）
		ピチレモン	77.8％（7）	100.0％（9）
		ニコプチ	100.0％（5）	100.0％（5）
		〈合計〉	85.0％（17）	100.0％（20）
	ハイティーン	Seventeen	89.7％（26）	100.0％（29）
		CUTiE	85.7％（6）	100.0％（7）
		POPTEEN	86.0％（37）	100.0％（43）
		〈合計〉	87.3％（69）	100.0％（79）
		〈ティーンエイジの合計〉	86.9％（86）	100.0％（99）
ヤング		CanCam	52.6％（20）	100.0％（38）
		ViVi	90.0％（27）	100.0％（30）
		JJ	53.8％（14）	100.0％（26）
		〈合計〉	64.9％（61）	100.0％（94）
ヤングアダルト		With	41.7％（20）	100.0％（48）
		More	54.8％（46）	100.0％（84）
		Sweet	54.8％（17）	100.0％（31）
		AneCan	65.8％（25）	100.0％（38）
		CLASSY	45.1％（23）	100.0％（51）
		〈合計〉	52.0％（131）	100.0％（252）
ミドルエイジ	30代	Very	35.3％（18）	100.0％（51）
		LEE	62.3％（48）	100.0％（77）
		InRed	33.3％（15）	100.0％（45）
		Saita	65.4％（17）	100.0％（26）
		〈合計〉	49.2％（98）	100.0％（199）
	40代	Story	56.1％（32）	100.0％（57）
		Precious	28.0％（21）	100.0％（75）
		Marisol	29.2％（19）	100.0％（65）
		婦人画報	13.8％（11）	100.0％（80）
		〈合計〉	30.0％（83）	100.0％（277）
		〈ミドルエイジの合計〉	38.0％（181）	100.0％（476）
シニア		Hers	52.4％（11）	100.0％（21）
		クロワッサンプレミアム	31.3％（5）	100.0％（16）
		eclat	37.9％（11）	100.0％（29）
		〈合計〉	40.9％（27）	100.0％（66）
全体の合計			49.2％（486）	100.0％（987）

『CUTiE』が85・7％の順になっている。しかしながら、上記のようにハイティーンの雑誌間にあまり差異がみられない。化粧品広告ページ全体の約9割が「顔」写真を入れて宣伝をしているのである。この年代の化粧品広告における化粧品種類別の割合をみると、基礎化粧品の広告が12・6％、メイク用化粧品の広告が70・9％、コンビネーション広告が16・5％で構成されている（図表6−3）。すなわち、化粧品広告種類別の比率においてローティーンの年代とは完全に異なる現象が生じている。基礎化粧品とメイク用化粧品の広告の逆転現象が生じているのである。したがって、この年代の「顔」写真入り広告は、その多くがメイクの知識、技法を学習させるために、ハイティーンに「メイク教育の機能」を果たしていることが明らかになった。

次にヤングの年代をみることにする。ヤングの場合は、化粧品広告ページ全体のなかで「顔」写真入りページの占める割合が、64・9％である。雑誌別では、『ViVi』が90・0％で最も高く、『JJ』と『CanCam』はそれぞれ53・8％、52・6％で類似している。この世代の化粧品広告における化粧品種類別の割合をみると、メイク用化粧品広告の割合が64・9％と最も高く、基礎化粧品広告の割合が34・0％、コンビネーション広告の割合が1・1％である（図表6−3）。この結果からみると、ヤングの世代はハイティーンより基礎化粧品広告が21・4ポイント増加し、メイク用化粧品広告が6・0ポイント、コンビネーション広告が15・4ポイント減少している。すなわち、この世代では、コンビネーション広告が大きく減少し、その分基礎化粧品広告が増加している。なお、メイク用化粧品広告の割合はあまり変わらず、高い割合を維持している。

雑誌別にみると、「顔」写真入りページの割合が最も高い『ViVi』は他の雑誌よりメイク用化粧品広告の掲載率が高く、76・7％になっている（図表6－4）。

　では、この世代の「顔」写真は、ハイティーンのそれとどのように異なるのだろうか。この世代は、高校を卒業し、大学・短期大学・専門学校生になっているか、あるいは就職している女子を指している。彼女たちは高校時代の制服ではなく、好みのファッションを日常的に駆使し、それに合わせて化粧も自由に施している。したがって、彼女たちは、所属している高等教育の学生、あるいは会社の社員として相応しいと思う化粧を施すことになる。そこで、彼女たちは現在の自分の地位や身分に合わせて、新しいメイクの知識、方法を学習し、体得する必要がある。彼女たちのメイクの目的やノウハウも、高校時代のそれとは異なるものである。以上の考察によりこの世代の化粧品広告における「顔」写真は、メイク用化粧品と深く関係があることが理解できる。さらに、この世代には、ハイティーンよりも基礎化粧品によって肌の手入れと労わりを意識させていることがわかる。

　次に、ヤングアダルトの年代はどのような差異があるのかをみることにする。この世代では、化粧品広告全体において「顔」写真入りページの占める割合が52・0％になっている。ヤングの64・9％と比較すると12・9ポイントも減少し、この世代を境に減少し続けることになる。また、化粧品広告における化粧品を種類別にみると、基礎化粧品広告が50・4％、メイク用化粧品広告が42・9％、両方の化粧品を組み合わせたコンビネーション広告が6・7％である（図表6－3）。すなわち、この世代は、「顔」写真入り広告が約5割であり、また、基礎化粧品の広告率も約5割になっている。この世代では、ヤングのそれと比較して、基礎化粧品広告が16・4ポイント増加し、メイク用化粧品広告が22・0ポイント減少している。なお、コンビネーション広告は、5・6ポイント増加している。

雑誌別にみると「顔」写真入りページの割合は、『AneCan』が65・8％で最も高く、次に『More』と『Sweet』が54・8％で同率である。『AneCan』は、基礎化粧品の広告率が21・0％で最も低い（**図表6－4**）。したがって、この年代においても「顔」写真入りの広告は、メイク用化粧品広告率と関係があることがわかる。しかしながら、ヤングの年代と異なる部分は、『More』と『Sweet』からみることができる。それぞれの雑誌の基礎化粧品広告率は、『More』で72・6％とヤングアダルト誌のなかで最も高く、『Sweet』で51・6％とほぼ平均である（**図表6－4**）。すなわち、この世代の特徴は、「顔」写真入りの広告が、ハイティーンやヤングのように主にメイク用化粧品に関わっているのではなく、雑誌によっては基礎化粧品広告とも関わっていることである。

では、雑誌によってこのような化粧品種類の差が生じているのはなぜか。ヤングアダルトは、25歳から34歳までが対象であるため、女性のライフステージにおいてすでに正規雇用の社員、パート・アルバイトで仕事をしているか、専業主婦をしているかの人々が主である。したがって、「顔」写真入りの広告は、雑誌のコンセプトによっては化粧をして働く人々のためのメイク用化粧品に強い相関をみせるものもある。反面、主に専業主婦や育児中の人々のための基礎化粧品に強い相関をみせるものもある。

次に、ミドルエイジではどのような現象がみられるだろうか。まず35歳から39歳までのミドルエイジ30代をみることにする。この世代では、化粧品広告ページ全体のなかで「顔」写真入りページの占める割合が、49・2％である。そして化粧品広告における化粧品を種類別にみると、基礎化粧品広告の割合が60・8％、メイク用化粧品広告の割合が36・7％、コンビネーション広告の割合が2・5％

である（図表6－3）。雑誌別にみると「顔」写真入り広告の割合は、『Saita』が65・4％、次に『LEE』が62・3％であり、あまり差がない。ただし、『Saita』と『LEE』では掲載する化粧品の種類に差がみられる。『Saita』は他の雑誌よりメイク用化粧品広告の割合が最も高く46・2％であり、『LEE』は基礎化粧品広告の割合が最も高く67・5％である（図表6－4）。したがって、この世代では、ヤングアダルトより雑誌による差異が安定的に表れている。すなわち、雑誌のコンセプトや購読する読者層に合わせて、掲載する化粧品の種類に差異がみられる。

次にミドルエイジ40代をみることにする。40歳から49歳までのこの世代で、「顔」写真入りの広告率をみると全体で30・0％である。ミドルエイジ30代の49・2％と比較すると19・2ポイント減少している。この世代では、基礎化粧品広告の割合が76・5％、メイク用化粧品広告の割合が19・9％、コンビネーション広告の割合が3・6％である（図表6－3）。雑誌のなかでは、「顔」写真入りの広告率は『Story』が56・1％で最も高い。そしてその『Story』は、基礎化粧品広告率が80・7％で高い（図表6－4）。この世代は、基礎化粧品の広告率が全体で最も高く76・5％になっている。すなわち、40代では「顔」写真入りページの割合は、基礎化粧品広告の割合と深く関係があることがわかる。

最後に、シニアについてみることにする。シニアの世代では、化粧品広告における「顔」写真入りページの割合が40・9％である。ミドルエイジ全体の38・0％と比較すると、あまり大きな差異はみられない。しかしながら、ミドルエイジ40代だけと比較すると、40代が30・0％であるのに比べて、シニアでは40・9％であり、10・9ポイント増加している。また、「顔」写真入りページの割合を雑誌別にみると、『HERS』が最も高い52・4％である。また、『HERS』は、メイク用化粧品の比率も

57・1％で最も高い（図表6−4）。

この世代における化粧品種類別の広告率をみよう。基礎化粧品広告が53・1％、メイク用化粧品広告が43・9％、コンビネーション広告が3・0％である（図表6−3）。この世代では、基礎化粧品広告率がメイク用化粧品広告率より高くなっている。

しかしながら、これを40代と比較すると、それとは異なる傾向であることがわかる。基礎化粧品広告が40代で76・5％、シニアでは53・1％で23・4ポイント減少している。反面、メイク用化粧品広告においては、40代が19・9％、シニアが43・9％で、24・0ポイント増加している。コンビネーション広告は、40代が3・1％、シニアが3・0％で変わらない。したがって、この結果からみると40代と比較してシニアの世代は、「顔」写真入りの広告が増加し、メイク用化粧品広告率も増加していることがわかる。その理由は、新しい50代のライフスタイルのなかで、化粧においても趣向が強調され、メイクへの関心が高くなっているからである。以上によって、この世代を対象とする化粧品広告での「顔」写真の役割は、彼女たちに基礎化粧品による肌の手入れとともに、メイクの新しいトレンドや方法を教えることなのであると捉えることができよう。

2 化粧品広告における「顔」写真のコマ数

(1) ファッション雑誌の化粧品広告ページに占める「顔」のコマ数

ファッション雑誌における化粧品広告の「顔」写真入りのもののなかで、1ページ当たりの「顔」のコマ数はどの程度あるのか。また、年代別に「顔」のコマ数はどのように変化し、その理由はなんであるのか。さらに、「顔」写真のメタファーはどのようなものであり、年代によってどのような差異があるのか。以上のことについて分析していく。

では、まず「顔」のコマ数についてみることにする。

図表8－3でわかるように、化粧品関係ページにおける1ページ当たりの「顔」のコマ数の平均は、全体で3・0個である。各世代別に「顔」のコマ数をみると、ティーンエイジが最も多い8・8個である。なかでも特に、ローティーンは1ページ当たり11・6個で最も多く、次にハイティーンが8・1個になっている。また、ヤング世代になると、それが6・6個になっている。そして、ヤングアダルトになると3・2個に減少している。ミドルエイジでは、全体で1・3個であるが、その内訳は、ミドルエイジ30代では2・1個であり、40代では0・8個に減少していく。最後のシニアでは、1・4個である。これはミドルエイジ全体と比較するとほぼ変わらないが、40代だけと比較すると0・6個増加していることがわかる。したがって、化粧品広告における1ページ当たりの「顔」写真のコマ数は、世代が高くなるにつれ減少していて、世代とコマ数の関係はこのような比例の現象になってい

図表８－３　化粧品関係ページにおける「顔」のコマ数の平均（世代別）

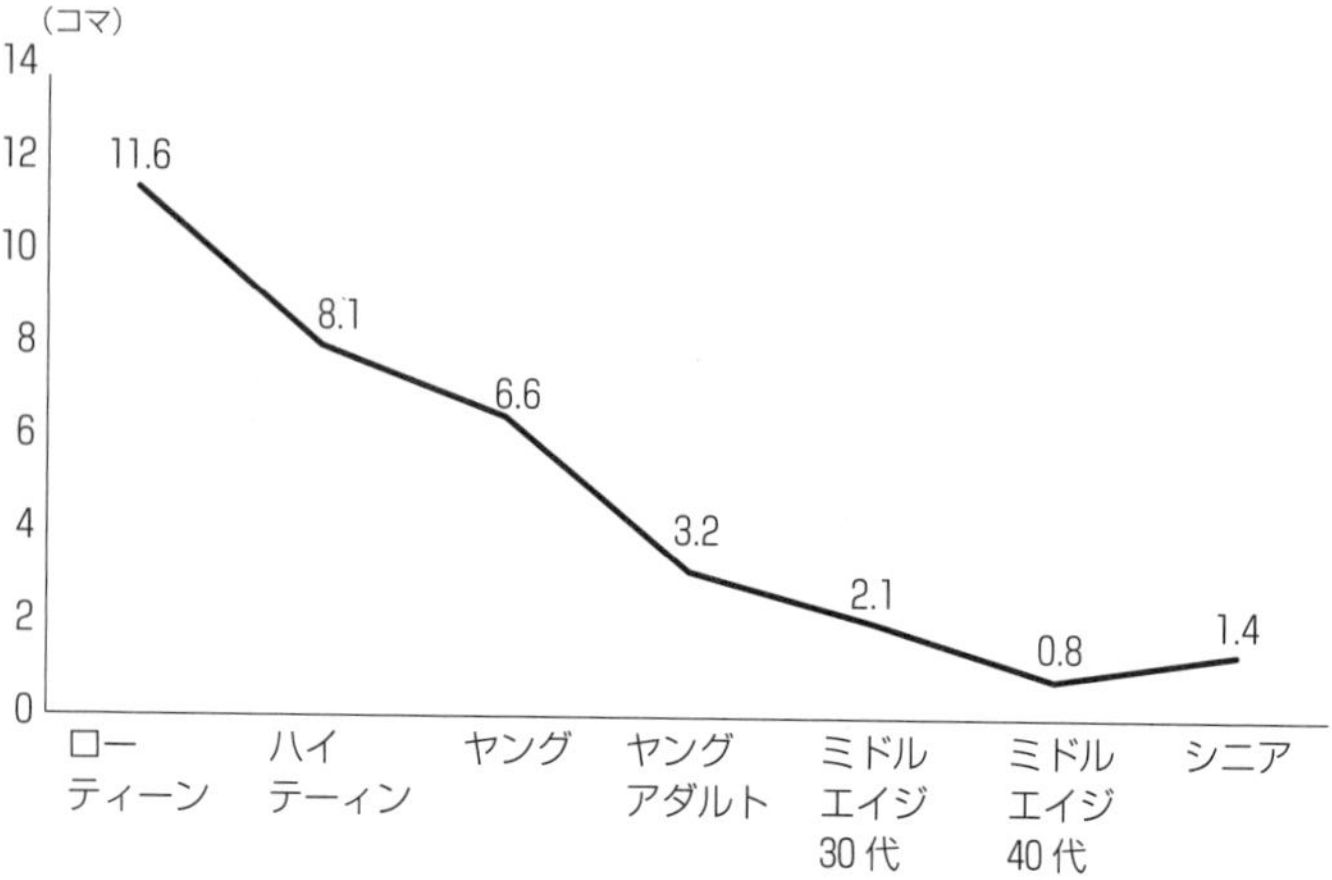

世代区分		顔のコマ数	化粧品関係のページ数	化粧品関係ページにおける「顔」のコマ数の平均
ティーンエイジ	ローティーン	231	20	11.6
	ハイティーン	641	79	8.1
	〈ティーンエイジの合計〉	872	99	8.8
ヤング		623	94	6.6
ヤングアダルト		798	252	3.2
ミドルエイジ	30代	411	199	2.1
	40代	210	277	0.8
	〈ミドルエイジの合計〉	621	476	1.3
シニア		91	66	1.4
全体の合計		3,005	987	3.0

ることがわかる。

(2) 化粧品広告における「顔」のコマ数の世代別差異についての社会学的考察

では、このような現象はなぜ生じるのか。社会学および社会心理学的分析を試みることにする。子どもはそれぞれの社会のなかで、化粧を巡る心的・身的性向を社会の構成員との相互作用を通して学習し、社会化していく。基礎化粧品を使用し肌を管理することや、メイクを施し、可愛く、美しく見せる審美性までも体得していく。したがって、化粧を施した顔で社会の構成員とコミュニケーションを行い、シンボルとして受け入れられ、評価されるのである。化粧が施された相手の顔についても同様の論理で評価する。

では、人はどのような化粧を施した「顔」を求めるのだろうか。第一に、人は当該社会や時代に流行・トレンドとして規範化されている化粧を基準にしている。同一の社会でも、時代が変われば化粧やファッションのスタイルが変化する。それを取り入れることによって「今風」・「流行」の化粧になり、取り入れなかった場合は、「古臭い」・「時代遅れ」のそれになる。したがって、人々は常に化粧の流行・トレンドに注目して取り入れることに気を使う。それを積極的に取り入れるか、それとも、せめて遅れないようにするかの違いはあるものの、時代による化粧の傾向を取り入れることになる。さもなければ、社会の構成員のまなざしによって「古臭い」・「時代遅れ」の「顔」として否定的な「ラベル」を貼られることになるからである。

では、人々が「今風」・「流行」を取り入れたトレンディな「化粧顔」で他者の肯定的な視線や評価を得るためにはどのようなことが必要なのか。それはいかにして成り立つのか。ここには、化粧における「模倣の原理」と「応用の原理」と称する機能が作用していると考えられる。人々が当該社会や時代に規範化されている化粧文化を取り入れるためには、構成員の化粧が施された「顔」を観察し、それを模倣することが重要である。ローティーンの子どもは化粧の領域における社会化を通して、他人の身体管理の方法、特に、基礎化粧品によって肌を清潔にし、保護することを学習し、化粧への親和性を身につけていく。そして、ハイティーンへの移行に伴い、生理的現象による肌トラブルに対して基礎化粧品によって予防・安全対策を行い、かつメイクへの関心を高め、実際に化粧を施す場合が多い。

その際に、化粧について与えてくれる助言を信用して受け入れ、そこから学ぶことができる他者、すなわち自分にとって重要な意味をもつ「重要な他者（Significant others）」が必要になる。「重要な他者」とは、人が価値観、考え方、行動様式、意思決定における意見や助言を重要だとみなし、それを自分の「準拠枠」にする他者を意味する。[1] 化粧において「重要な他者」は、親密な関係の人では友人、先輩等であり、自分と「社会的距離」が遠い人では、美容相談員、ファッションリーダー等である。

しかしながら、このような人々が周囲にいない場合はどうするのか。そこに「一般化された他者（Generalized others）」の存在がある。「一般化された他者」とは、社会的規範として構成員に内在化されたと見なす体系としての他者を意味する。[2] 具体的に化粧の領域に適応していくと、化粧に関する雑誌、化粧のマニュアル本、インターネットにおける化粧関係のサイトなどのメディアが「一般化された他者」になる。以上の分析に従うと、化粧品広告は人々にとって「一般化された他者」であり、さらに、化粧品広告の「顔」写真は、「一般化された他者」のアイコンであると考えることができる。

以上の分析にしたがって、化粧品広告における「顔」のコマ数の世代別変化を考えてみることにする。化粧品広告における「顔」のコマ数はローティーンからヤングにいたるまで多い。その後、ヤングアダルトを境に、ミドルエイジ、シニアにいたって減少していく。なぜ、ティーンエイジとヤングにおいて「顔」のコマ数は多いのか。上記のような化粧における「模倣の原理」を通してわかるように、これらの世代は化粧を巡る趣向、知識、技法、審美性等の総体的な規範を、「重要な他者」や「一般化された他者」の模倣を通して学習し、体得するからである。主に、ローティーンでは基礎化粧品、ハイティーンではメイク用化粧品広告におけるさまざまな「顔」のコマを通して、彼女たちの児童・生徒の時期に体得する。そのために、化粧品広告側では、数多くの他者の「顔」を提供し、読者が他者の化粧された顔と比較しながら自分自身の顔に化粧を施すように導く。ヤングでは、すでにティーンエイジの時代に学んだ「化粧知」を応用しながらも、彼女たちが大学生・社会人という新しい場面・状況に相応しい化粧について模倣し体得することになる。したがって、ヤング世代は、ティーンエイジの時期ほどの多様で数多くの「一般化された他者」は必要ではないが、新しい地位や場面と親和性の高い化粧を施すための「学習モデル」として適量の「顔」写真のコマ数は必要になっていることがわかる。

次に、ヤングアダルトからミドルエイジ世代をみることにする。この世代では「化粧知」の「応用の原理」が主に機能している。これらの世代においては「一般化された他者」としての「顔」のコマ数が少ない。すなわち、これらの世代では、すでに、「模倣の原理」による「化粧知」が、彼女たちの身体に蓄積し、自らの化粧を巡るノウハウ、習慣、性向を確立し、体系化している。すなわち、Ｐ・ブルデューの言う、心身の性向体系であるハビトゥスが化粧において特定の形態で構築されていることである。それを時代の流行・トレンドに合わせ、「応用の原理」に沿って自らの化粧のハビトゥスを調整することになる。

その際、第一には、個人がみずから認識している自分の「顔」タイプ、自ら演出したい「顔」、流行の色彩や化粧法の象徴としてのモデルの「顔」を取り入れて応用し、自らの「化粧顔」を作り上げるのである。

第二に、これらの世代では、当該者個人の社会的地位による役割や行動の規範を内面化し、それを個人の特性に合わせて応用・解釈し、化粧を施すことが強調されることが多い。すなわち、彼女たちは個人的に、結婚している・していない、仕事に従事している・していない、子育てをしている・していないなど、さまざまな社会的属性を有している。したがって、この世代の人々は、その属性に伴って期待される役割と規範を認識し社会化していく。規範を内面化した従順な行動を行うか、あるいは、それに適した演出をするかは別として、社会的他者を意識して「身だしなみ」として化粧を行う部分が大きい。ティーンエイジの年代と比較して、化粧に関する個人の趣向・目的だけでなく、他者に向けての「身だしなみ」として自らの化粧意識が必要になっている。

化粧意識の心理学的要因に関する研究は蓄積が多い。平松隆円は、自己化粧意識を次の三つの要因に区分し、調査を行った[3]。第一に〝魅力向上・気分高揚〟、第二に〝必需品・身だしなみ〟、第三に〝効果不安〟である。〝魅力向上・気分高揚〟は、「自分らしい化粧をしたい」、「化粧はおしゃれの一部だとおもう」、「いろいろな化粧をしてみたい」、「化粧をすると気分が良い」など「対自的な意識」要因である。さらに、〝必需品・身だしなみ〟は、「化粧をせずに他人に見劣りしたくない」、「化粧をしなくても平気だ」、「化粧をせずに知人に会うと恥ずかしい」、「化粧をしないと相手に失礼だとおもう」など「対他的な意識」要因である。また、〝効果不安〟は、「化粧をする必要がない」、「化粧をしても効果がないとおもう」、「学生のうちは化粧をすべきではない」、「若いときは化粧をしないほうがきれいだとおもう」など心身の「リスク・コスト」の意識要因である。

調査の結果、女性の場合、他者の外見に注意を払う傾向がある人ほど〝必需品・身だしなみ〟の意識が高い。また、他者だけでなく、自己の外見に注意を払う傾向がある人ほど〝魅力向上・気分高揚〟の意識が高いことが検証されている[4]。

同様に、化粧の心理的効果については、1991年、ポーラ研究所による「データから見た女性のおしゃれ意識の10年」においても、〝魅力向上・気分高揚〟、〝必要品・身だしなみ〟、〝効果不安〟の要因の構造が明らかにされた[5]。1999年の笹山郁生・松永亜矢による論文「化粧行動を規定する諸要因の関連性の検討」では、化粧の構造を「必需品としての化粧」「身だしなみとしての化粧」「他人に見せるための化粧」の三つの要因で明らかにした[6]。このように化粧構造の要因のなかで共通するものは、個人の内発的な好み・演出意欲によるもの、および他者の社会的・文化的まなざし・視線に応えるためのものであるといえよう。

以上の考察により、ヤングアダルト、ミドルエイジ向けの広告において「顔」のコマ数が減少していることには、次の要因が考えられる。第一の要因は、「化粧知」の「応用の原理」が主に機能するために、学習すべきモデルとしての他者の「顔」のコマ数はあまり必要でなくなるということである。第二の要因は、社会的地位・役割による他者を意識した〝必要品・身だしなみ〟の要因、および自己の美的欲求・趣向による〝魅力向上・気分高揚〟の要因である。そして、これらの要因は自己のこれまでの化粧の方法、性向の蓄積・習慣によって、自ら新たに変容・創出してきたものである。したがって、化粧品広告におけるモデルとしての「顔」のコマ数は、ヤングアダルト、ミドルエイジ世代には減少していくのである。

3 化粧品広告ページに占める「顔」のパーツ

(1) ファッション雑誌の化粧品広告ページに占める「顔」のパーツ（全体）

化粧品広告における「顔」写真のパーツはどのように構成されているのか。広告における「顔」写真は、「フェイス」、「アイ」、「リップ」、「チーク」のものがある。「フェイス」は顔全体の写真であり、「アイ」は目の写真である。また、「リップ」は唇の写真であり、「チーク」は頬の写真である。

広告で掲載された「顔」写真は、どのようなものが最も多いのだろうか。**図表8-4ab**にまとめてみた。

これをみると、広告全体では「フェイス」の写真が71・0％で最も多い。次に「アイ」が23・2％で「フェイス」とは差が大きい。次に「チーク」は3・6％、「リップ」は2・2％で最も少ない。

図表8－4a 「顔」コマ数におけるパーツの割合（図）（世代別）

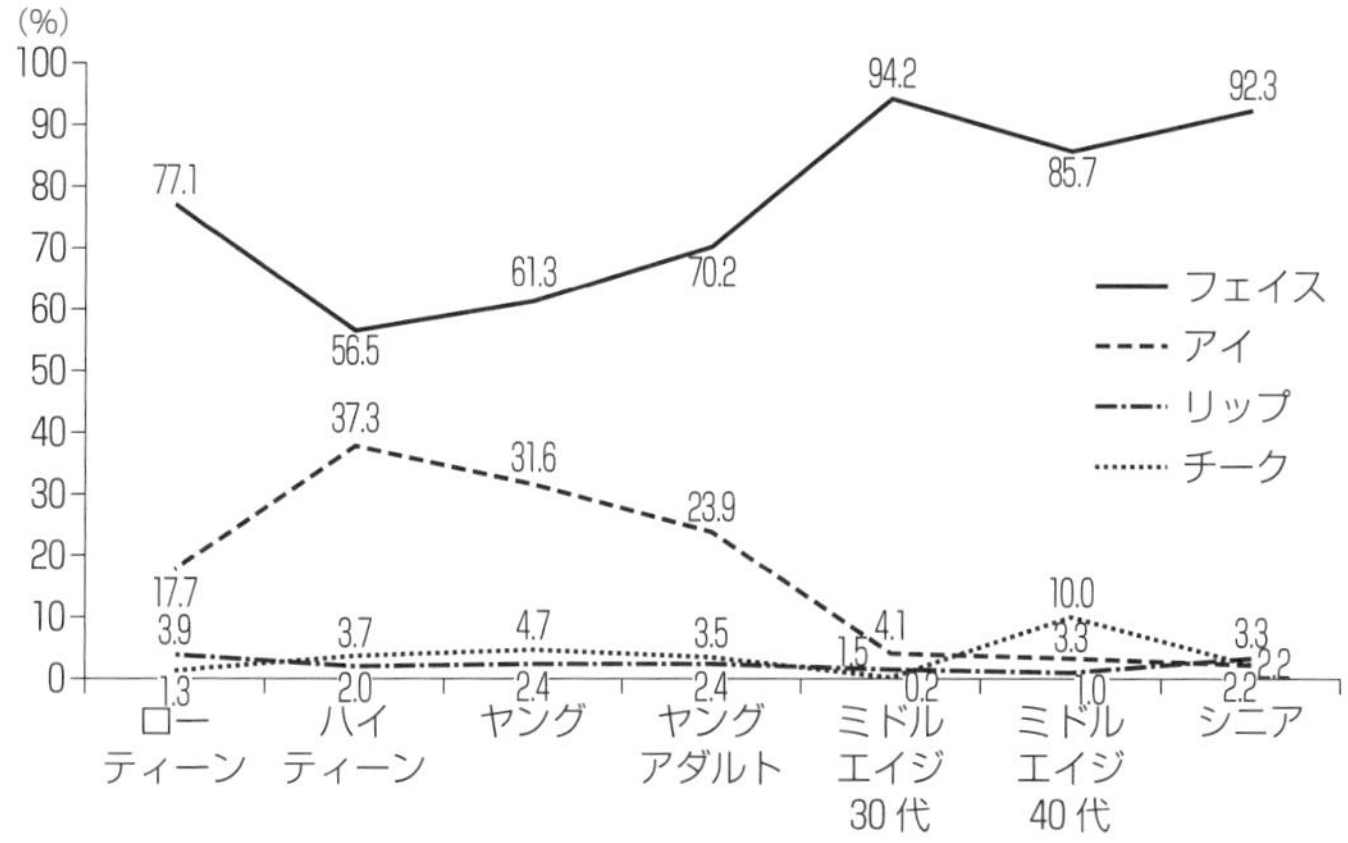

したがってこの結果から、化粧品広告の「顔」写真は、顔全体を写したものが7割であり、目だけを写したものが2割強であることがわかる。

(2) ファッション雑誌の化粧品広告ページに占める「顔」パーツの世代別差異（ティーンエイジからヤングアダルトまで）

化粧品広告の「顔」写真のパーツ別分布を世代別に比較してみることにする。まず、ティーンエイジ全体では、「フェイス」が全体の61・9％で高く、「アイ」が32・5％、「チーク」が3・1％、「リップ」が2・5％になっている。全世代の平均と比較すると、「フェイス」が全体より9・1ポイント少ない。しかし、「アイ」では、全体平均より9・3ポイント高くなっている。「チーク」と「リップ」においては全体平均に近い。

では、具体的に、ローティーンとハイティーンをみることにする。ローティーンは、「フェイス」が77・1％で、

図表８－４b 「顔」コマ数におけるパーツの割合（世代別）

世代区分		「顔」のコマ数	パーツのコマ数		「顔」のコマ数の合計
ティーンエイジ	ローティーン	231	フェイス	77.1%(178)	100.0%(231)
			アイ	17.7%(41)	
			リップ	3.9%(9)	
			チーク	1.3%(3)	
	ハイティーン	641	フェイス	56.5%(362)	100.0%(641)
			アイ	37.8%(242)	
			リップ	2.0%(13)	
			チーク	3.7%(24)	
	ティーンエイジの合計	872	フェイス	61.9%(540)	100.0%(872)
			アイ	32.5%(283)	
			リップ	2.5%(22)	
			チーク	3.1%(27)	
ヤング		623	フェイス	61.3%(382)	100.0%(623)
			アイ	31.6%(197)	
			リップ	2.4%(15)	
			チーク	4.7%(29)	
ヤングアダルト		798	フェイス	70.2%(560)	100.0%(798)
			アイ	23.9%(191)	
			リップ	2.4%(19)	
			チーク	3.5%(28)	
ミドルエイジ	30代	411	フェイス	94.2%(387)	100.0%(411)
			アイ	4.1%(17)	
			リップ	1.5%(6)	
			チーク	0.2%(1)	
	40代	210	フェイス	85.7%(180)	100.0%(210)
			アイ	3.3%(7)	
			リップ	1.0%(2)	
			チーク	10.0%(21)	
	ミドルエイジの合計	621	フェイス	91.3%(567)	100.0%(621)
			アイ	3.9%(24)	
			リップ	1.3%(8)	
			チーク	3.5%(22)	
シニア		91	フェイス	92.3%(84)	100.0%(91)
			アイ	2.2%(2)	
			リップ	3.3%(3)	
			チーク	2.2%(2)	
全体の合計		3,005	フェイス	71.0%(2133)	100.0%(3005)
			アイ	23.2%(697)	
			リップ	2.2%(67)	
			チーク	3.6%(108)	

「アイ」が17・7％である。「リップ」が3・9％で、「チーク」が1・3％で最も低い。したがって、ローティーンでは「フェイス」と「アイ」の差異が大きい分布を見せている。

これと比較して、ハイティーンは非常に異なる構造をみせている。すなわち、「アイ」の占める比率が37・8％で、ローティーンより20・1ポイント増加している。これはまた、全世代の平均よりも14・6ポイント高い。ローティーンとハイティーンの大きな差異は、化粧品広告における「アイ」の掲載率の差に存在するのである。他方、「フェイス」の掲載率において、ハイティーンは56・5％であり、ローティーンのそれより20・6ポイント減少している。したがって、ハイティーンはローティーンと比較して、「フェイス」は20ポイントほど減少し、「アイ」が20ポイントほど増加していることがわかる。

これは何を意味しているのか。10歳から14歳で主に小学生、中学生を対象にしたローティーンの年代では、「フェイス」の全体写真を多く掲載しているが、それは、基礎化粧品を主に使用した顔の化粧に関する広告が多いためである。

しかし、15歳から19歳で主に高校生、専門学校生を対象にした化粧品広告では、目の周りの化粧を中心に、アイブロー、アイライナー、マスカラ、アイシャドー等、「アイ」メイクを強調している。そのために、化粧する前と化粧した後の目の写真や、アイメイクの方法・マニュアルを紹介し、順序立てたアイメイクの写真を提示しながら、メイクの説明を記述する。したがって、ハイティーンでは、顔のパーツのなかで「アイ」の写真が特に多く掲載されているのである。

次に、ヤング世代についてみることにする。ヤングでは、「フェイス」が61・3％で、次いで「アイ」

が31・6％である。さらに、「チーク」は4・7％で、「リップ」は2・4％である。これは、ハイティーンの年代と比較してみると、「フェイス」は4・8ポイント増加し、「アイ」は6・2ポイント減少している。これらにおいて大きな差異はみられない。また、「チーク」や「リップ」についてみても、それぞれ、1・0ポイント増加、0・4ポイント増加で、ほとんど差異がない。したがってヤングの年代は、ハイティーンの年代の化粧品広告の構造と類似していることがわかる。20歳から24歳までの大学生、就職者を対象にした化粧品広告は、ハイティーンのそれと同様に、目の周りの「アイ」メイクを中心としたものである。そのために、「アイ」の掲載率が高いことが了解される。

次にヤングアダルトについてみることにする。ヤングアダルトでは、「フェイス」が70・2％で最も高く、次に「アイ」が23・9％である。また、「チーク」が3・5％、「リップ」が2・4％である。ヤングアダルトは、「フェイス」の掲載率が、ヤングのそれより8・9ポイント増加している。他方、「アイ」は7・7ポイント減少している。「チーク」は1・2ポイント減少し、「リップ」は変化がない。この結果から見えてくるのは、ヤングアダルトはヤング世代と異なった構造を見せているということである。つまりこの年代では、ヤングと比較して、目の周りの化粧を施すための「アイ」メイクの広告が減少し、基礎化粧品を使用させるための「フェイス」の広告が増加している。

このような「顔」のパーツ写真の構造変化はなぜ起こるのだろうか。第一に、化粧品広告における化粧品種類の割合の分布が異なるからである。基礎化粧品の広告は、ハイティーンで12・6％、ヤングで34・0％を占めていることに比べ、ヤングアダルトでは50・4％を占めている。また、メイク用化粧品広告は、ハイティーンで70・9％、ヤングで64・9％を占めていることと比較して、ヤングアダルトでは42・9%を占めている（図表6-3）。以上から、各世代において基礎化粧品とメイク用化粧品の占有率が異なるなか、ヤングアダルト世代は、ハイティーンやヤング世代に比較して、基礎化粧品が増加し、メイク用化粧品が減少している傾向であることが理解される。したがって、「顔」写真のパーツでは「フェイス」が増加するのである。

第二に、ヤングアダルトの世代向けの化粧品広告が、日常的にメイクをする人に対しても、加齢に伴う肌の手入れをしはじめるように啓蒙する時期にあたるからである。このことにより、この年代において、基礎化粧品を使用した「フェイス」の広告が増加する。

第三に、ヤングアダルト向け雑誌は「働く女性」をコンセプトにしているが、実際には、25歳から34歳までが対象者であるヤングアダルトには、独身、有職者だけでなく、既婚者、専業主婦、育児を行っている女性も含まれるからである。化粧行動に関する統計によると、普段の生活で毎日あるいはほぼ毎日メイクを行う女性の割合は有職者で77・5%、専業主婦で51・9%になっている[7]。つまり、有職者より専業主婦の場合において、メイクを行う比率が低いとされている。そして彼女たちはメイク用化粧品よりも基礎化粧品を多用している。したがって、この世代向けの化粧品広告は、メイク用化粧品だけでなく基礎化粧品を多く掲載し、掲載される「顔」写真のパーツでは「フェイス」が増加しているのである。

以上のように考察してくると、ヤングアダルト世代では、化粧品広告の「顔」写真のパーツ別分布が、顔全体の基礎化粧品を中心にした「フェイス」強調の方向に転換していくことが明らかになっている。反面、ハイティーンやヤング世代でメイク化粧品を中心にした「アイ」メイクの方法、マニュアルを教え込むための「アイ」の写真が、ヤングアダルト世代で大いに削減される方向への転換もまた理解される。したがって、化粧品広告におけるヤングアダルトは、全世代を通してみたとき、「広告の転換期」として機能している点で重要である。

(3) 化粧品広告ページに占める「顔」パーツの世代別差異（ミドルエイジからシニアまで）

化粧品広告で「顔」のパーツにおける世代別差異をミドルエイジでみることにする。ミドルエイジ全体では「フェイス」が91・3%、次に「アイ」が3・9%、「チーク」が3・5%、「リップ」が1・3%の順になっている。ミドルエイジの「顔」パーツの写真分布は、「フェイス」が最も多く、「アイ」と「チーク」がほぼ同値であり、「リップ」が最も少ない構造を示している。したがって、ミドルエイジは、ティーンエイジ、ヤング、ヤングアダルトとも異なる独自の構造を有しているのである。

まず、具体的にミドルエイジ30代をみることにする。ここでは「フェイス」が94・2%で、次に「アイ」が4・1%、「リップ」が1・5%、「チーク」が0・2%の順になっている。すなわち、この年代では「フェイス」が最も多く、「チーク」が最も少ない構造である。また、他の年代と比較しても、「フェイス」の占有率が他より高く、「チーク」が他より低いことで、同様の構造的特徴を有していることがわかる。

では、ヤングアダルトと比較してみよう。「フェイス」の占める率は、ヤングアダルトの70・2%より、24・0ポイントも高い。反面、「アイ」は、ヤングアダルトの23・9%より、19・8ポイントも減少している。さらに、「リップ」と「チーク」は、それぞれ0・9ポイント、3・3ポイント減少している。すなわち、ミドルエイジ30代では、「フェイス」の写真が急増し、「アイ」の写真が激減している。そして「チーク」の写真が減少している。結果、35歳から39歳までを対象にした化粧品広告では、基礎化粧品の使用を促進するための「フェイス」写真の必要性が高くなり、「アイ」メイクのための説明やマニュアルの必要性が低くなっている。そして、同様に「チーク」の説明の必要性も低下していることがわかる。

他方、化粧品種類別の割合をみても、ミドルエイジ30代は、ヤングアダルトと比較して基礎化粧品の広告率は50・4%から10・4ポイント増加し、60・8%となっている。反面、メイク用化粧品広告の比率は、ヤングアダルトの42・9%から6・2ポイント減少し、36・7%となっている。さらに、基礎化粧品とメイク用化粧品の組み合わせで行うコンビネーション広告も、ヤングアダルトの6・7%から4・2ポイント減少し、2・5%になっている（**図表6-3**）。このような傾向からも、ミドルエイジ30代の化粧品広告における「顔」パーツ写真の独自な構造をなす理由が了解される。

次に、ミドルエイジ40代はどのような構造であるのだろうか。40代向けの化粧品広告における「顔」パーツの写真をみることにする。この世代では「フェイス」が85・7%で最も多く、次が「チーク」で10・0%であり、「アイ」が3・3%、「リップ」が1・0%の順になっている。30代と比較してみると、「フェイス」は8・5ポイント減少し、「チーク」は9・8ポイント増加している。また、「アイ」は0・8ポイント減少し、「リップ」は0・5ポイント減少している。

したがって、この世代が他の世代と異なる特徴は、「フェイス」は30代より若干低いものの高いレベルを維持していること、そして、「アイ」の写真はほぼ変わらず、「チーク」の写真を最も多く掲載していることである。「リップ」の写真も、30代と変わらないほど掲載しているのである。

では、40代の「顔」パーツ写真の分布構造は、なぜこのような特徴をなしているのか。そしてその意味は何であるのか。「顔」パーツの写真において「アイ」に関しては、ミドルエイジ30代から急激に減少し、40代で若干減少しているものの同様の傾向を維持している。では40歳から49歳までを対象にしたこの年代で、なぜ「チーク」が増加しているのか。第一に、「チーク」は顔全体を、明るく、若々しさを演出するための道具として使用されるからである。時代の流行のなかで、チークは、顔を立体的に見せるために使用されてきた。以前は、頬骨の最も高いところから目、耳の方向へ楕円形にチークを描き、顔を平面的に見せず、欧米の女性のように立体的に見せるようにしていた。しかし、近年は、頬骨の高いところで円形にチークを描き、明るさ、可愛らしい雰囲気を演出する場合もある。それは、日本社会の女性の間に、西欧の女性の立体的な顔への憧れが低下し、平面的な顔への人気が増加した流行の文化現象に関係がある。したがって、色彩による可愛らしさを強調するために、40代の世代に相応しく、落ち着いた明るい色のチークを頬に丸い形に乗せ、若々しさを表現している。

第二に、40代では、「アイ」メイクで顔を華やかに見せるだけでなく、「チーク」をつけることで顔全体の明るさや雰囲気を演出することが必要だからである。この世代に向けた広告では、顔の「印象」を重視している。なぜなら、加齢に伴い、シミ、ソバカス、シワ、クスミの増加によって、顔色が全体的に暗く、くすみがちだからである。そのため、目の周りの化粧で「アイ」メイクを強調しただけでは、顔の暗さをカバーすることができない。つまり、「アイ」メイクよりも、「チーク」を適切に使用して、顔の「明るい印象」を作りあげるほうが効果的であるとされている。

したがって、この年代では、「チーク」を適切に使用することが、顔の「印象」を作り、操作するために有用な演出方法である。以上の理由によって、ミドルエイジ40代向けの化粧品広告に、「顔」パーツのなかでの「チーク」の割合が高い構造が理解される。

次にシニア世代についてみることにする。50代向けの化粧品広告における「顔」パーツの特徴は、「フェイス」が92・3％で最も高いことである。次に「リップ」が3・3％、「アイ」と「チーク」がそれぞれ2・2％で同率である。すなわち、「フェイス」だけの比率が突出して高く、他のパーツは低い。「フェイス」はミドルエイジ全体と比較するとあまり変化がなく1・0ポイントだけ増加している。「フェイス」の割合は、ミドルエイジ30代で94・2％、40代で85・7％、50代で92・3％となっている。これらの傾向は、ヤングアダルトの70・2％と比較した場合、ミドルエイジからは、「顔」の各パーツよりも、「フェイス」全体を掲載することが最も多いことを示している。

しかし、シニアにおける顕著な特徴は、化粧品広告で「顔」のパーツのなかで「アイ」の写真を掲載する比率が2・2％と全体の世代で最も低いことである。これは、比率が最も高いハイティーンの37・8％と比較すると35・6ポイントも差があり、全世代の平均の23・2％と比較しても、21・0ポイントの差があることになる。

では、このようにシニア世代において、なぜ「アイ」の写真が少ないのか考えてみる。第一に、50代では「アイ」メイクより「チーク」を強調することが、「アイ」メイクによるリスクを軽減するための消極的な方法であるからである。50代は加齢に伴い、目の周囲の肌にハリと弾力が減少し、シワができる場合が多い。そこに「アイ」メイクを行って目を強調する場合、目の周囲のシワが目立ち、それが強調されてしまう結果になる。「アイ」メイクにより目を大きく、美しく見せる目的であったにもかかわらず、加齢による老化の標、サインを他者に強調することで「予期せざる結果」に陥り、「美」への目的は失敗になる。このようなリスクを回避するためには、「アイ」メイクを行わず、目の周辺を強調しない戦略をとることになる。

たとえ、「アイ」メイクをする場合でも、シニア世代では、ハイティーンやヤング世代の人々のように、マスカラを使用してまつげを長くかつ多くあるように見せ、さらには多様なつけまつげを使用し、目の表情や雰囲気を演出するようなことはほとんどない。むしろ、「アイ」メイクの広告では、アイラインによって、落ちてきた目の周囲の皮膚が上がってみえるように演出するための描き方を説明する。その説明の理解を深めるために、目の周辺の写真を取り入れ、「アイ」メイクを施す写真を掲載する。以上によって、シニア向けの化粧品広告における「顔」写真で、「アイ」のパーツの掲載率が他の世代より最も少ない理由が理解される。

4 結論――「顔」写真の差異とメタファー

化粧品広告における「顔」入り写真の差異とメタファーについて以下の結論に達した。

(1) 「顔」写真の差異について

「顔」写真の差異について、以下の結果が得られた。

① 化粧品関係のページに占める「顔」入りページは、全世代において49・2％を示し、約5割である。

② 年代別にみると、ハイティーン向けの化粧品広告では、9割近くが「顔」写真を掲載している。特に、ハイティーンは87・3％で、全世代のなかで最も高い比率を示している。

② 化粧品広告における「顔」写真の比率はヤング世代では減少し、64・9％となっているが、これ以降も減少していく。

③ 「顔」写真の掲載率はミドルエイジ全体で38・0％であり約4割である。特に、ミドルエイジ40代では30・0％で最も低い。

④ シニア世代では、ミドルエイジ全体と比較すると40・9％であまり差異がみられず同じ傾向を示している。ただし、加齢していく時間軸でみると、40代より10・9ポイント増加している。

⑥ 雑誌別にみると、「顔」写真の掲載率は異なるものの、世代別の差異、雑誌のコンセプト・イメージ、対象とする読者層によって差異が生じている。

以上の結果により以下の知見が得られた。まず、化粧品広告における「顔」写真は、女性たちにとって学習・模倣の機能を果たしている。すなわち、広告における「顔」写真は「化粧顔」のアイコンであり、化粧の意味を表している。

化粧品広告において掲載される「顔」写真は、ローティーンには主に基礎化粧品、ハイティーンにはメイク用化粧品を施した「化粧顔」を提供している。また、化粧品広告の種類においても、ローティーンよりハイティーンで化粧品を使用する際のマニュアルを多く提供している。すなわち、「顔」写真はティーンエイジに広告のモデルを模倣し、自らと比較し、自分の「化粧顔」を構築させる「教育的機能」を果たしている。

他方、ヤング世代には、ハイティーンと同様、メイク用化粧品のマニュアル広告を通して化粧の学習を促している。しかしながら、ヤングアダルト世代からは「顔」写真の掲載率が減少していく。また、メイク用化粧品の広告は減少し、基礎化粧品の広告が増加していく。マニュアルを教える広告も減少し、化粧品広告の「顔」写真は、加齢に伴う肌の管理を強調する基礎化粧品のモデルになる。

そしてシニアになると「顔」写真は、メイク用化粧品を使用し顔色を明るく、幸福な印象を作るための化粧のマニュアルを提供する役割を果たすのである。「顔」写真は、シニアの女性に、すでに身体化され自明のものとなっているメイクの方法を見つめ、見直させる「鏡の役割」を果たす。そこで、彼女たちは「今風」、「幸せな顔」とみなされる「顔」写真を「鏡」にし、自らの「化粧顔」に照らして省察するようになる。したがって、化粧品広告の「顔」写真は、シニア世代の人々に、新しい流行を取り入れたメイクのテクニックを自らのイメージに適合するかを考えさせ、真似て、主体的に応用して体得させる、という「自己選択」の機能を果たしている。

以上のように、化粧品広告における「顔」写真の機能には、「模倣の原理」と「応用の原理」がある。この両方の原理はどの世代にも機能しているが、主にローティーンからヤングまでの世代では「模倣の原理」が強く働き、ヤングアダルトの世代以後には、「応用の原理」が強く働いている。

(2) 化粧品関係ページにおける「顔」のコマ数とメタファーについて

化粧品関係ページにおける「顔」のコマ数とメタファーについて以下の知見が得られた。

① 化粧品関係ページにおける「顔」のコマ数の平均は、全体で3・0個である。
② 世代別にみると、ティーンエイジが8・8個で最も多く、特にローティーンでは11・6個で最も多い。
③ 全世代を通してみると、ローティーン以後から減少の傾向であり、ミドルエイジ40代が0・8個で最も少ない。
④ 「顔」写真のコマ数は、各世代の女性が、自分の「化粧顔」を構築するための比較対象としての「準拠枠」の機能を果たしている。

以上の結果により次の知見が得られた。化粧品広告はティーンエイジ世代には、他者の「顔」を多く提示し、それらを「準拠枠」にして比較を通して自分の化粧を意識、学習させる。その過程を通して子どもは自らの「化粧顔」を構築していく。したがってこの世代には、他者と比較するための「準拠枠」として、数多くのコマの「顔」写真を提供するのである。

他方、ミドルエイジおよびシニア世代には、他者の「顔」と比較するのではなく、彼女たちが自らの化粧のスキルや習慣に基づいて、最新流行の情報やテクニックを得て、自分の化粧を「今風に」補強・修正していく。化粧品広告側は、この世代の女性たちがすでに「準拠枠」を身体化し「化粧知」も豊かであるため、他者の「顔」写真を数多く提供する必要があまりない。したがって、「顔」写真の掲載数が少なくなっている。

さらに、彼女たちは広告において「顔」写真が少数であっても、その「顔」写真によって、自らの「化粧顔」を「再帰的に省察」するようになる。したがって、化粧品広告における「顔」写真は、彼女たちの「化粧顔」を見直すための「自省」の役割を果たすのである。

以上の考察から、化粧品広告の「顔」写真のメタファーは、若い世代にとっては「比較・準拠枠」であり、中高年の世代にとっては「自省・再帰性」である。

(3)「顔」のコマ数におけるパーツの割合について

化粧品関係のページで「顔」のコマ数におけるパーツの割合について世代別差異をみると以下の結果を示している。

① 全体の平均は、「フェイス」が71・0%で最も高い。化粧品広告の約7割が顔全体を掲載している。

次は「アイ」が23・2%であり目に関する写真が全体の約2割強を占めている。「チーク」が3・6%、「リップ」が2・2%である。

② 「顔」のパーツの割合は世代別に異なる傾向を見せている。「フェイス」の場合、ミドルエイジ30代以降になると非常に高くなる。「フェイス」全体を掲載する比率は、ミドルエイジでは平均91・3%、さらにシニアでは92・3%になっている。両方とも「フェイス」が9割以上を占めている。

③ 「アイ」の割合は、ハイティーンが37・8%で最も高く、ヤングが31・6%になっている。ヤングアダルトが23・9%であるが、これを境にミドルエイジ以降は急激に低下していく。ミドルエイジ平均が3・9%、シニアが2・2%である。

以上の結果から以下の知見が得られた。化粧品広告の「顔」のパーツ別にみると、ハイティーンとヤングの若い世代では目を強調して「アイ」の写真を掲載し、ミドルエイジやシニアの中高年の世代では顔全体の「フェイス」写真を掲載することがわかる。

すなわち、化粧品広告は、若い世代にはアイ・メイクアップと結び付け化粧を強調する反面、加齢に伴い、ミドルエイジ以降の世代には顔全体の雰囲気づくり、肌の手入れを強調していることを意味している。

化粧品広告の顔のパーツの写真は、若い世代にはメイクアップを通した「個性」、「変身」へと導いているのである。これと比較して、中高年には生理的に衰えていく顔のパーツを強調し老化を目立たせるのではなく、顔全体の「雰囲気」「印象」「イメージづくり」へと導いていく。したがって、「顔」のパーツ別化粧品広告のメタファーは、若い人には「積極性」、「動的」、「挑戦」、「個性」、「変身」である。中高年の場合には、顔の老化に対して顔全体のスキンケアを試み、目元の老化を見せないためにパーツの化粧を強調しないで、それらを回避し、消極的な戦略を取る。さらに、コンシーラでシミを隠し、ハイライトで顔全体を若々しく明るい印象にする。したがって中高年には「消極性」、「情的」、「安定」、「印象」、「若さの維持」であることが理解されよう。

注

(1)「重要な他者」については以下の書物を参照。G・H・ミード著（稲葉三千男他訳）『精神・自我・社会』青木書店、1973年、およびG・H・ミード著（加藤一己他訳）『G・H・ミード―プラグマティズムの展開』ミネルヴァ書房、2003年

(2)「一般化された他者」についても右記の書物を参照。

(3) 平松隆円『化粧にみる日本文化―だれのためによそおうのか』水曜社、2009年、245―306頁

(4) 同右書、292頁

(5)「データから見た女性のおしゃれ意識の10年」ポーラ文化研究所、1991年、および平松隆円、前掲書、28頁

(6) 笹山郁生・松永亜矢「化粧行動を規定する諸要因の関連性の検討」『福岡教育大学紀要　第4分冊　教職科編』福岡教育大学、1999年、241―251頁

(7) ポーラ文化研究所「№112女性の化粧行動・意識に関する意識調査～スキンケア・メーク篇2009～」2009年、20頁

参考文献

和文献

阿部恒之・高野ルリ子「化粧と感情の心理学的研究概観」におい・かおり環境協会『におい・かおり環境学会誌』42(5)、２０１１年、３３８―３４３頁

石田かおり「わが国における化粧の社会的意味の変化について―化粧教育のための現象学的詩論―」『駒澤大学研究紀要』第14号、２００７年、13―24頁

伊藤公雄・橋本満編『はじめて出会う社会学』有斐閣、１９９８年

井上貴子・森川卓夫・室田尚子・小泉恭子『ヴィジュアル系の時代：ロック・化粧・ジェンダー』青弓社、２００３年

井上俊『遊びの社会学』世界思想社、１９７７年

――『悪夢の選択―文明の社会学』筑摩書房、１９９２年

――『スポーツと芸術の社会学』世界思想社、２０００年

岩田考「低成長時代を生きる若者たち」藤村正之編『いのちとライフコースの社会学』弘文堂、２０１１年、２１１―２２４頁

ヴィガレロ、Ｇ著、後平澪子訳『美人の歴史』藤原書店、２０１２年

ウィリアムスン、Ｊ著、山崎カヨル・三神弘子訳『広告の記号論Ｉ』柘植書房、１９８５年

上杉富之・及川祥平編『グローカル研究の可能性』成城大学民俗学研究所グローカル研究センター、２００９年

上谷香陽「化粧における『身体』――〈素肌〉の社会的構成」『応用社会学研究』立教大学、№48、２００６年、１５３―１６１頁

ＮＨＫ放送文化研究所編『ＮＨＫ中学生・高校生の生活と意識調査―楽しい今と不確かな未来』ＮＨＫ出版、２００３年

ＮＨＫ放送文化研究所編『失われた20年が生んだ〝幸せ〟な十代』ＮＨＫ出版、２０１３年

ＮＨＫ世論調査部編『現代中学生・高校生の生活と意識：ＮＨＫ世論調査』明治図書出版、１９９１年

エントウィスル、Ｊ著、鈴木信雄監訳『ファッションと身体』日本経済新聞社、２００５年

大澤秀男『ジェンダー関係の日本的構造』高文堂出版社、2000年
大野道邦・油井清光・竹中克久『身体の社会学―フロンティアと応用』世界思想社、2005年
大山昌彦「茨城県A市における『フィフティーズ・ファッション』の消費と変容」、沿道薫編『グローバリゼーションと文化変容』世界思想社、2007年
尾澤達也編『エイジングの化粧学』早稲田大学出版部、1998年
オニール、J著、須田朗訳、奥田和彦解説『語りあう身体』紀伊國屋書店、1992年
カイザー、S著、被服心理学研究会訳『被服と身体装飾の社会心理学』上・下、北大路書房、1994年
上長然「青年期・成人期・老年期の発達研究の動向と展望」『教育心理学年報』55巻、2016年、18―37頁
河合恒・股 高志・大塚理加・杉山陽一・平野浩彦・大渕修一「化粧ケアが地域在住高齢者の主観的健康感へ及ぼす効果―傾向スコア法による検証」『日本老年医学会雑誌』53(2)、2016年、123―132頁
河野銀子・藤田由美子編『教育社会とジェンダー』学文社、2014年
ギデンズ、A著、友枝敏雄・今田高俊・森重雄訳『社会理論の最前線』ハーベスト社、1989年
木戸彩恵・やまだようこ「ナラティヴとしての女性の化粧行為―対話的場所と宛先」日本パーソナリティ心理学会『パーソナリティ研究』21(3)、2013年、244―253頁
金聡希「化粧で人を幸せにするために」『東京作業療法』3巻、2015年、10―12頁
栗田宣義「ルックス至上主義社会における生きづらさ」『社会学評論』66巻4号、2015年、516―533頁
クロスリー、N著、西原和久・堀田裕子訳『社会的身体―ハビトゥス・アイデンティティ・欲望』新泉社、2012年
講談社編『ポスターワンダーランドーファッションと化粧品』講談社、1996年
コーソン、R著、石山彰監修、ポーラ文化研究所訳『新装版メークアップの歴史―西洋化粧文化の流れ』ポーラ文化研究所、1993年
ゴッフマン、E著、石黒毅訳『行為と演技』誠信書房、1995年
コンネル、R・W著、森重雄・菊池栄治・加藤隆雄・越智康詞訳『ジェンダーと権力―セクシュアリティの社会学』三交社、1993年
駒尺喜美編『女を装う―美のくさり』勁草書房、1985年

小山静子・赤枝香奈子・今田絵里香編著『セクシュアリティの戦後史』京都大学学術出版会、2014年
笹山郁生・松永亜矢「化粧行動を規定する諸要因の関連性の検討」『福岡教育大学紀要　第4分冊　教職科編』福岡教育大学、1999年、241―251頁
笹山郁生「接近回避志向と化粧意識・化粧行動との関連性」福岡教育大学編『福岡教育大学紀要』第4分冊、教職科編』64号、2015年、21―27頁
三栄書房『エステシャン』Vol.3、1996年
資生堂ビューティーサイエンス研究所『化粧心理学―化粧と心のサイエンス』フレグランスジャーナル社、1993年
神野由紀「表象としての少女文化」『デザイン学研究特集号』(Special Issue of Japanese Society for the Science of Design) 日本デザイン学会 (Japanese Society for the Science of Design) Vol.19(4)、No.76、2012年、28―35頁
ジンメル、G著、円子修平・大久保健治訳『ジンメル著作集7　文化の哲学（新装復刻）』白水社、1994年
―――、茅野良男訳『ジンメル著作集9　生の哲学（新装復刻）』白水社、1994年
―――、土肥美夫・堀田輝明訳『ジンメル著作集11　断想（新装復刻）』白水社、1994年
―――、北川東子編訳、鈴木直訳『ジンメル・コレクション』筑摩書房、1999年
―――、居安正訳『社会学　上巻』白水社、1994年
―――、居安正訳『社会学　下巻』白水社、1994年
―――、阿閉吉男編訳『ジンメル文化論』文化書房博文社、1987年
―――、北川東子監訳『ジンメル・コレクション』ちくま学芸文庫、筑摩書房、1999年
スクレアー、L著、野沢慎司訳『グローバル・システムの社会学』玉川大学出版部、1995年
鈴木ゆかり・互恵子「化粧をした時の気持ち」資生堂ビューティーサイエンス研究所編『化粧心理学』フレグランスジャーナル社、1996年、276―280頁
副田義也『日本文化試論―ベネディクト『菊と刀』を読む』新曜社、1993年
―――『社会学作品集第Ⅵ巻　『菊と刀』ふたたび』東信堂、2019年
高井奈緒「化粧の誘惑―フロベール、ゾラ、ゴンクールの小説における女性の化粧（研究論文）」『フランス語フランス文学研究』100(0)、2012年、205―221頁

高木修監修、大坊郁夫編『化粧行動の社会心理学―化粧する人間のこころと行動』北大路書房、2001年
高村是州「Back to the 00's」『研修紀要』日本利用美容教育センター、第156号、2010年、37―45頁
武内清編『キャンパスライフの今』玉川大学出版部
竹内洋・稲垣恭子編『不良・ヒーロー・左傾』人文書院、2002年
立川和美「米国女性誌における化粧広告に関する小考」経済学部学術研究委員会編『流通経済大学論集』流通経済大学、46(4)、2012年、185―197頁
――「首都圏における男子大学生の化粧意識に関する小考―大学1年生に対する調査を中心に」『流通経済大学論集』流通経済大学、48(2)、2013年、195―210頁
橘木俊詔『格差社会』岩波新書、2006年
ターナー、B著、小口信吉・藤田弘人・泉田渡・小口孝司訳『身体と文化―身体社会学試論』文化書房博文社、1999年
谷田正弘「地域包括ケアシステムにおける化粧活用への期待」『生体医工学』生体医工学会、2017年、55Annual, 4AM-Abstract、311頁
谷本奈穂『美容整形と化粧の社会学―プラスティックな身体』新曜社、2008年
チクセントミハイ、M著、今井浩明訳『楽しむということ』思索社、1991年
――、今村浩明訳『フロー体験　喜びの現象学』世界思想社、2008年
鶴岡真弓・西川直子・本田和子・波平恵美子・栗田博之・蔵持不三也『ポーラセミナーズ7「顕わす/隠す」―「顕わすシンボル/隠すシンボル」』ポーラ文化研究所、1993年
富川栄「メーキャップストーリー」資生堂ビューティーサイエンス研究所編『化粧心理学』フレグランスジャーナル社、1993年、313―320頁
中塚大輔『シュウ・ウエムラ―顔と化粧品を変えた人』女性モード社、1990年
中瀬剛丸「抑圧する学校から楽しい学校へ―「中学生・高校生の生活と意識」調査から(4)」NHK放送文化研究所編『放送研究と調査』53(3)、26―37頁
中西裕子『ジェンダー・トラック―青年期女性の進路形成と教育組織の社会学』東洋館出版社、1998年

日本雑誌広告協会「雑誌ジャンル・カテゴリー区分」２００９年　www.zakko.or.jp/subwin/genre.html
ハーヴェイ、Ｄ著、吉原直樹監訳『ポストモダニティの条件』青木書店、１９９９年
バウマン、Ｚ著、奥井智之訳『社会学の考え方　第２版』筑摩書房、２０１６年
――、森田典正訳『リキッド・モダニティ―液状化する社会』大月書店、２００１年
パケ、Ｄ著、木村恵一訳『美女の歴史：美容術と化粧術の５０００年史（「知の再発見」双書82）』創元社、１９９９年
早川洋平「流行の社会学」『社会学ベーシックス第７巻　ポピュラー文化』世界思想社、２００９年、１１７―１２６頁
春山行夫『化粧と生活文化史の本―春山行夫・コレクション』資生堂、１９８７年
樋口清之『装いと日本人』講談社、１９８０年
平松隆円『化粧にみる日本文化―だれのためによそおうのか』水曜社、２００９年
ファッション雑誌ガイド、CUTiE　http://www.magazine-data.com/women-magazine/cutie.html（最終閲覧：２０１７年２月20日）
黄順姫「「癒し」としてのスポーツ―ストレス・マネジメントする自己の身体から生成・成熟へ」『研修紀要』日本理容美容教育センター、第１５１号、２００８年、26―33頁
――「日本女性のファッション・化粧はグローバルか―ファッション雑誌からのアプローチ」『研修紀要』日本理容美容教育センター、第１５６号、２０１０年、31―35頁
――「「越境格差のツール」としての化粧・ファッション―「コスメ・ファン」とネット空間が創造するもの」『学習だより』日本理容美容教育センター、第１７２号、２０１２年、11―15頁
――「戦後化粧の文化史からみる若い女性の「化粧顔」」『研修紀要』日本理容美容研究センター、第１６５号、２０１３年、９―13頁
――「現代若い女性の化粧顔とインターネット―２０００年代から２０１０年代前半」『研修紀要』日本理容美容研究センター、第１６６号、２０１４年、10―14頁
――「化粧比較考」『化粧文化』№29、ポーラ文化研究所、１９９３年、46―47頁
――「化粧と文化」『研修紀要』日本理容美容教育センター、第94号、１９９４年、32―35頁
――「実践的『場』の身体資本と欲望の呪縛」『日本スポーツ社会学会会報』日本スポーツ社会学会、第13号、１９９６

年、8—9頁
——「変容するボディ・イメージ」『体育の科学』日本体育学会、第46巻、1996年、874—878頁
——「ファッション」伊藤公雄・橋本満編『社会学—社会学はカルチャー・スタディ』有斐閣、1997年、194—205頁
——「身体文化と象徴的権力—文化戦略としての化粧」日本スポーツ社会学会編『変容する現代社会とスポーツ』世界思想社、1998年、93—105頁
——「『美しい男』を解剖する」『学習だより』日本理容美容教育センター、第117号、1998年、24—27頁
——「ファッション形式の生成・破壊とリスク」『研修紀要』日本理容美容教育センター、第116号、2000年、26—29頁
——「身体の多様性に開かれた社会的空間」『研修紀要』日本理容美容教育センター、第122号、2001年、29—33頁
——「高等女学校同窓会の身体文化—戦時期の実践と記憶の再構築メカニズム」竹内洋・稲垣恭子編『不良・ヒーロー・左傾』人文書院、2002年、207—237頁
——「女性ファッション雑誌における化粧品広告の戦略と機能」『社会学ジャーナル』筑波大学社会学研究室、第42号、2017年、23—78頁
フィンケルシュタイン、J著、成美弘至訳『ファッションの文化社会学』せりか書房、1998年
フーコー、M著、田村俶訳『監獄の誕生』新潮社、1977年
——、田村俶訳『性の歴史Ⅲ　自己への配慮』新潮社、1987年
ブラック、P著、鈴木眞理子訳『ビューティー・サロンの社会学—ジェンダー・文化・快楽』新曜社、2008年
ブルデュー、P著、石崎晴己訳『構造と実践—ブルデュー自身によるブルデュー』新評論、1988年
——、今村仁司・港道隆訳『実践感覚1』みすず書房、1988年
——、今村仁司・福井憲彦・塚原史・港道隆訳『実践感覚2』みすず書房、1990年
——、石井洋二郎訳『ディスタンクシオン社会学的判断力批判Ⅰ』新評論、1989年
——、石井洋二郎訳『ディスタンクシオン社会学的判断力批判Ⅱ』藤原書店、1990年
——、田原音和監訳『社会学の社会学』藤原書店、1991年

ブルデュー、P&J-C・パスロン著、宮島喬訳『再生産』藤原書店、1991年
ブルデュー、P&H・ハーケ著、コリン・コバヤシ訳『自由-交換―制度批判としての文化装置』藤原書店、1996年
ブルデュー、P&L・ヴァカン著、水島和則訳『リフレクシヴ・ソシオロジーへの招待―ブルデュー、社会学を語る』藤原書店、2007年
ブルーマー、H著、後藤将之訳『シンボリック相互作用論』勁草書房、1991年
ブレイク、A著、橋本純一訳『ボディ・ランゲージ―現代スポーツ文化論』日本エディタースクール出版部、2001年
ベック、U著、東廉・伊藤美登里訳『危険社会』法政大学出版局、1998年
ベック、U、A・ギデンズ&S・ラッシュ著、松尾精文・小幡正敏・叶堂隆三訳『再帰的近代化』而立書房、1997年
ベラー、R・N著、島薗進・中村圭志訳『心の習慣』みすず書房、1994年
ボードリヤール、J著、竹原あき子訳『シミュラークルとシミュレーション』法政大学出版局、1984年
――、今村仁司・塚原史訳『消費社会の神話と構造』紀伊国屋書店、1995年
ポーラ文化研究所「データから見た女性のおしゃれ意識の10年」1991年
――「№112女性の化粧行動・意識に関する意識調査~スキンケア・メーク篇2009~」2009年
ポーラ文化研究所企画・NHKサービスセンター制作『日本の化粧』[ビデオカセット]ポーラ文化研究所、1994年
ポーラ文化研究所・NHKプロモーション編集『美しさへの挑戦:ヘアモード・メイクアップの300年―日本の美・化粧と髪型』NHKプロモーション、2006年
ホルクハイマー、M&T・アドルノ著、徳永恂訳『啓蒙の弁証法―哲学的断想』岩波書店、2001年
水尾順一『化粧品のブランド史―文明開化からグローバルマーケティングへ』中央公論新社、1998年
三田村蕗子『夢と欲望のコスメ戦争』新潮社、2005年
ミード、G・H著、稲葉三千男他訳『精神・自我・社会』青木書店、1973年
――、加藤一己他訳『G・Hミード―プラグマティズムの展開』ミネルヴァ書房、2003年
村沢博人・津田紀代編『化粧史文献資料年表』ポーラ文化研究所、1979年
村田孝子編著、駒田牧子訳『近代の女性美―ハイカラモダン・化粧・髪型』ポーラ文化研究所、2003年
村田ひろ子「厳しい将来に備えを―勉強を重視する親たち:「中学生・高校生の生活と意識調査2012」から②」N

ＨＫ放送文化研究所編『放送研究と調査』53⑵、２０１３年、2―19頁
メルロ＝ポンティ、M著、竹内芳郎・小木貞孝訳『知覚の現象学1』みすず書房、１９６７年
――、滝浦静雄・木田元訳『見えるものと見えないもの』みすず書房、１９８９年
――、中山元編訳『メルロ＝ポンティコレクション』筑摩書房、１９９９年
望月重信・春日清孝・原史子『ジェンダー化社会を超えて――教育・ライフコース・アイディンティティ』学文社、２０１６年
諸藤絵美「大人になりたくない中高生の親子関係：「中学生・高校生の生活と意識」調査から」ＮＨＫ放送文化研究所編『放送研究と調査』54⑾、２００４年、40―53頁
山内利香「社会よりも自分、未来よりも今が大事―「中学生・高校生の生活と意識」調査から③」ＮＨＫ放送文化研究所編『放送研究と調査』53⑵、２００３年、44―57頁
山内里香「女子高校生の意識の変化とその背景」ＮＨＫ放送文化研究所編『ＮＨＫ放送文化研究所年報：放送研究と調査』ＮＨＫ放送文化研究所、第48集、２００４年、１４５―１７８頁
山田登世子『ブランドの条件』岩波書店、２００６年
ヤング、J著、青木秀男・伊藤泰郎・岸政彦・村澤真保呂訳『排除型社会―後期近代における犯罪・雇用・差異』洛北出版、２０１０年
米澤泉『電車の中で化粧する女たち』ベスト新書、２００６年
――「美容・化粧の文化」井上俊・長谷正人編『文化社会学入門』ミネルヴァ書房、２０１０年
ユーウェン、S著、平野秀秋・中江桂子訳『浪費の政治学』晶文社、１９９０年
余語真夫・浜治世・津田兼六・鈴木ゆかり・互恵子「女性の精神的健康に与える化粧の効用」『健康心理学研究』3巻1号、１９９０年
ロバートソン、R著、阿部美哉訳『グローバリゼーション』東京大学出版会、２００１年
鷲田清一『ちぐはぐな身体―ファッションって何？』筑摩書房、１９９５年
――『顔の現象学―見られることの権利』講談社、１９９８年
――『モードの迷宮』中央公論社、１９８９年

和田博文『資生堂という文化装置―1872-1945』岩波書店、2011年

韓国文献

韓国日報、15面、韓国日報社、1997年2月10日（朝刊）
黄順姫「化粧品広告にみられる身体文化の比較研究」『日本学報』韓国日本学会、第38号、1997年、305―325頁
――「身体文化の比較社会学」『社会批評』ナナム出版社（韓国）第17号、1997年、63―99頁
――「（テーマ研究）韓国は今後日本の大衆文化をどのように受け入れるのか：身体文化の変容と文化的オムニボア」『日本文化研究』韓国日本学協会、第4号、2001年、54―61頁
コフマン、J著、キムジョンウン訳『女子の肉体、男子の視線』韓国経済新聞社、1996年

欧文献

Bourdieu, P., *Distinction: A Social Critique of the Judgement of Taste*, Cambridge, Harvard University Press, 1984.
――, "Sport and Social Class", *Social Science Information*, No. 17, Vol. 6, pp. 832-833.
Featherstone, M., *Consumer Culture &Postmodernism*, London, Sage, 1991.
Featherstone, M., Hepworth, M., and Turner, B.S., ed., *The Body*, Sage Publications, 1991
Featherstone, M., "The Body in Consumer Culture", in Featherstone, M., Hepworth, M., and Turner, B.S., ed., *The Body: Social Process and Cultural Theory*, pp.170-196, Sage Publications, 1991.
Lury, C., *Consumer Culture*, Polity Press, Oxford, 1996
Shilling, C., *The Body and Social Theory*, Sage Publications, 1993
Storey, J., *An Introductory Guide to Cultural Theory and Popular Culture*, University of Georgia Press, London, 1993.
Willis, P., *Common Culture*, Open University Press, Buckingham, 1990.

あとがき

本書、『身体文化・メディア・象徴的権力―化粧とファッションの社会学―』の出版作業が進むなか、長年の研究の道のりが思い出された。1991年12月に筑波大学に着任し、その後ポーラ研究所の日韓言葉研究プロジェクト『「顔」言葉の日本・韓国比較研究』に参加し、当時、ポーラ文化研究所の「化粧文化」編集者、韓国の嶺東専門大学（現在の江陵嶺東大學校）の先生方と一緒に共同研究を行った。1993年には「化粧比較考」を『化粧文化』No.29（ポーラ文化研究所）に掲載し、94年は「化粧と文化」『研修紀要』第94号（日本理容美容教育センター）での掲載を契機に本格的に取り組み、国内・国外の学会、シンポジウム、講演、および論文や著書の出版など、研究を続けてきた。

初出は一覧を設け明記したので、ここでは、長年の研究に影響を与えてくれた国内・国外の先生方に感謝の念を申し上げたい。紙面の関係上、全員のお名前を記すことは難しいが、心よりお礼を申し上げる。そして本テーマについて多様な観点から統合的な研究を進めていくなか、学部学生や大学院生たちへの教育に影響を与えたことにも喜びを覚えている。また、編集者の落合絵理氏は素晴らしくともに楽しく仕事ができたのでお礼を申し上げる。

最後に、父 故黄重奎、母 金寧に感謝の言葉を述べたい。父からは、私が子どもの時から女性でもきちんと自分の意見をいうようにと育てられたが、上品でおしゃれな母は、私が自然に化粧やファッションに関心をもち、身体文化の研究を続ける文化的な性向を無意識に作ってくれた。この場を借りて深く感謝申し上げる次第である。本書が読者の思考、認識のイノベーションに寄与することができれば幸いである。

2019年2月

黄 順 姫

初出一覧

序章・第4章　以下を再構成し、大幅改稿

・「化粧品広告にみられる身体文化の比較研究」韓國日本學會『日本學報』第38輯、1997年、305―324頁

・「身体文化の比較社会学」（特集身体の政治学：視線と権力）『社会批評』第17号、ナナム出版社（韓国）、1997年、63―94頁

・「身体文化と象徴的権力―文化戦略としての化粧」日本スポーツ社会学会編『変容する現代社会とスポーツ』世界思想社、1998年、93―105頁

・「（テーマ研究）韓国は今後日本の大衆文化をどのように受け入れるのか：身体文化の変容と文化的オムニボア」韓国日本学協会『日本文化研究』第4輯、2001年、54―61頁

第1章　以下を再構成し、大幅改稿

・「ファッション」伊藤公雄・橋本満編『社会学―社会学はカルチャー・スタディ』有斐閣、1997年、194―205頁

・「身体の多様性に開かれた社会的空間」『研修紀要』通巻122号、日本理容美容教育センター、2001年、29―33頁

・4節は書き下ろし

第2章　以下を再構成し、改稿

・「化粧と文化」『研修紀要』通巻94号、日本理容美容教育センター、1994年、32―35頁

・「特集（前編）戦後化粧の文化史からみる若い女性の「化粧顔」」『研修紀要』通巻165号、日本理容美容教育センター、2013年、9―13頁

・「特集（後編）現代若い女性の化粧顔とインターネット―2000年代から2010年代の前半―」『研修紀要』通巻166号、日本理容美容教育センター、2014年、10―14頁

第3章　以下を改稿

・「ファッション形式の生成・破壊とリスク」『研修紀要』日本理容美容教育センター、通巻116号、2000年、26―29頁

・「日本女性のファッション・化粧はグローバルか?」『研修紀要』通巻156号、日本理容美容教育センター、2010年、31―35頁

・「「越境格差のツール」としての化粧・ファッション―「コスメ・ファン」とネット空間が創造するもの―」『学習だより』通巻172号、日本理容美容教育センター、2012年、11―15頁

第5章・第6章・第7章　以下を改稿

・「女性ファッション雑誌における化粧品広告の戦略と機能」筑波大学社会学研究室『社会学ジャーナル』第42号、2017年、23―78頁

第8章　書き下ろし

【著者紹介】

黄　順姫（ファン・スンヒー）

1958年大韓民国に生まれる。1987年九州大学教育学研究科博士課程単位取得後退学、1990年筑波大学社会学博士学位取得、1991年筑波大学社会科学系専任講師、1994-95年米国アイオワ大学（University of Iowa）アジア太平洋研究所招聘在外研究員、2012年韓国高麗大学日本研究所招聘在外研究員、2012-13年米国エール大学（Yale University）人類学招聘在外研究員。

現在　筑波大学人文社会系教授

専攻　教育社会学、文化社会学、スポーツ社会学

著書　『日本のエリート高校―学校文化と同窓会の社会史』（世界思想社、1988年）、『同窓会の社会学―学校的身体文化・信頼・ネットワーク』（世界思想社、2007年）、『エリート教育と文化』（培英社新書［韓国］、1994年）

共著　「国旗ファションを巡る集合的記憶の再構築」（黄順姫編『W杯サッカーの熱狂と遺産』（世界思想社、2003年）、「高等女学校同窓会の身体文化―戦時期の実践と記憶の再構築メカニズム」（竹内洋・稲垣恭子編『不良・ヒーロー・左傾』人文書院、2002年）、「集団形成の原理」（井上俊・伊藤公雄編『日本の社会と文化』世界思想社、2010年）、"Korea and Japan: 2002 Public Space and Popular Celebration", Alan Tomlinson and Christopher Young（ed.）, *National Identity and Global Sports Events*, State University of New York Press［米国］2006, The Body as Culture: The Case of the Sumo Wrestler, Richard Giulianotti ed., *Sociology of Sport*, Vol.3., Sage Publications Ltd.［英国］2011, "The Circulation of Korean Pop: Soft Power and Inter-Asian Conviviality" Eric Tagliacozzo, Helen Siu, and Peter C. Perdue（ed..）*Asia inside Out Volume II: Connected Places*, Harvard University Press［米国］, 2015.　他多数。

索　引

さ行

た行

な行

は行

ま行

や行

ら行

身体文化・メディア・象徴的権力 ―化粧とファッションの社会学―

2019年３月25日　第一版第一刷発行
2020年１月30日　第一版第二刷発行

著　者　　黄　順姫

発行者　田中　千津子
発行所　株式会社 学文社
〒153-0064　東京都目黒区下目黒3-6-1
電話　03（3715）1501 ㈹
FAX　03（3715）2012
http://www.gakubunsha.com

印刷所　新灯印刷株式会社

ISBN978-4-7620-2880-9